Neue
Kleine Bibliothek 151

Claudia von Werlhof

West-End

Das Scheitern der Moderne als »kapitalistisches Patriarchat« und die Logik der Alternativen

PapyRossa Verlag

Gefördert mit Mitteln der Fakultät für
Politikwissenschaft und Soziologie der Universität Innsbruck

Luxemburger Str. 202, 50937 Köln
Tel.: +49 (0) 221 – 44 85 45
Fax: +49 (0) 221 – 44 43 05
E-Mail: mail@papyrossa.de
Internet: www.papyrossa.de

Umschlag: Willi Hölzel, Lux siebenzwo
Druck: Interpress

Autorin und Verlag danken
Drago Druskovic für die Überlassung seiner Grafik
»Pferd und roter Kopf«, Salzburg 2008, als Titelbild

Die Deutsche Bibliothek verzeichnet diese Publikation in der
Deutschen Nationalbibliografie; detaillierte bibliografische
Daten sind im Internet über http://dnb.ddb.de abrufbar

ISBN 978-3-89438-435-7

Inhalt

Einleitung

Von der feministischen Analyse der »Einen Welt« über die der Moderne als globales »kapitalistisches Patriarchat« bis zu dessen Alternativen – das Paradigma der »Kritischen Patriarchatstheorie«

Entstehungsgeschichte und Buch-Aufbau

Die Fragen, um die es heute geht und die heute überall diskutiert werden, waren schon zu Beginn der später als »Bielefelder Ansatz« bekannten feministischen Analysen der »*Einen Welt*« anstatt der »drei Welten« im Blick (Kap. 2, allgemein von Werlhof 2009c). Sie wurden in ihrer Tendenz und Brisanz schonungslos aufgezeigt. Leider hat die Vorausschau gestimmt.

Unsere Erkenntnisse waren zum Beispiel:

- dass auch der Osten immer schon zum »*kapitalistischen Weltsystem*« gehört hat, weil es nicht »drei« Welten, sondern »Eine Welt« zu analysieren gilt, oder
- dass sowohl Nationalstaat wie Sozialstaat *Illusionen* sind, die nur als vorübergehende Phänomene innerhalb der »Einen Welt« als hierarchisch und kolonialistisch organisiertem Weltsystem zu verstehen sind, oder
- dass nicht die Entwicklung des Nordens zum Modell der Entwicklung des Südens wird, sondern umgekehrt die Unterentwicklung – vielmehr das aktive *Unterentwickeln* – des Südens mit der »Globalisierung« nun auch zum Modell der Unterentwicklung und Kolonisierung des Nordens geworden ist, was beweist, dass

das Ergebnis von Entwicklung eben nicht Entwicklung, sondern Unterentwicklung ist, oder

- dass der sogenannte »informelle Sektor« und die »Informalisierung«, oder, wie wir sagen, die moderne *»Hausfrauisierung«* der Arbeit unsere Zukunft bestimmen werden und nicht eine weitere Ausbreitung der freien Lohnarbeit, sodass damit weder die allgemeine »Emanzipation« der Frauen noch der weitere Wohlstand des »weißen Mannes« garantiert sind, und
- dass die »ursprüngliche Akkumulation« als Beraubung der einstmals bäuerlichen und handwerklichen ProduzentInnen und ihre gewaltsame »Trennung« von den Produktionsmitteln nicht nur am Anfang des kapitalistischen Weltsystems stand, sondern dessen ununterbrochener Begleiter im Sinne einer *»fortgesetzten ursprünglichen Akkumulation«* bis heute und auf allen Ebenen kapitalistischer Produktion und Akkumulation ist. Deshalb kann von wirklichem Frieden und einer echten Demokratie, von Gewaltfreiheit ganz zu schweigen, gerade in der Moderne keine Rede sein;
- dass schließlich die von uns immer thematisierte Alternative durch die *»Subsistenz-Perspektive«* heute endlich ein zentrales Element der Diskussion um Alternativen (vgl. Shiva 2005) ist, wo sie früher am meisten und von den meisten als »unmodern« und »rückschrittlich« abgelehnt wurde. Dabei zeigt sich jetzt, dass und warum gerade das moderne System Rückschritte an Armut, Unterentwicklung und Zerstörung in einem Ausmaß produziert, die vor kurzem für die politische und wissenschaftliche »Mainstream«-Sicht noch undenkbar gewesen sind.

Alle diese verkehrten oder *»umgekehrten«* Verhältnisse, die den normalen Erwartungen und Prognosen diametral widersprechen, sind heute zur handgreiflichen Wirklichkeit der meisten Menschen auf der Welt geworden. Nicht Frieden, Wohlstand und Entwicklung kehren nach und nach überall ein, wie die politische und mediale, aber auch wissenschaftliche Propaganda uns nach wie vor weismachen will, sondern das Gegenteil. Wir sind sogar auf dem Weg in ein globales *»Kriegssystem«* (Mies 2004, von Werlhof 2006), das letztlich nur totalitär sein kann.

So sind wir heute also erst recht gezwungen, über den Kapitalismus und den per »Weltsystem« *dazugehörigen,* keineswegs »post-kapitalistischen« Sozialismus hinauszudenken und dabei insbesondere das zu thematisieren, was beide gemeinsam haben – die *patriarchale »Tiefenstruktur«*. In diesem Bereich habe ich weitergeforscht und zu einer neuen, grundlegenden und differenziert anwendbaren Definition des modernen Patriarchats als *»Alchemistisches System«* gefunden (vgl. Kap. 3). Dabei wird endlich deutlich, warum das Patriarchat seit seinem Beginn vor rund 5000 Jahren nicht einfach bloß »Männerherrschaft« bedeutet, sondern Herrschaft nur die Vorbedingung und Begleiterscheinung eines viel umfassenderen Projekts ist. Dieses Projekt des Patriarchats besteht in nichts Geringerem als dem Versuch der – insbesondere seit der Moderne gerade auch technologischen – *Ersetzung der frauen- und naturgeschaffenen Welt durch eine männliche »Schöpfung«*, die besser, edler, höher, ewig und vor allem in Zukunft gänzlich unabhängig sein soll von Frauen und Naturbedingungen überhaupt. Unter dieser *»utopischen«* Perspektive werden heutige Vorhaben und Tendenzen sowohl der »Entwicklung der Produktivkräfte« wie auch etwa des neuesten »technischen Fortschritts« bzw. der Globalisierung überhaupt erst verstehbar, nämlich als die des *»kapitalistischen Patriarchats«* (vgl. Kap. 1). Ja, diese Art von Technikkritik als die einer *»Schöpfung aus Zerstörung«* (Kap. 3) wird so zur Grundlage einer historisch und thematisch erweiterten Patriarchatskritik, die erst die wirklichen Dimensionen und Projekte dieser Zivilisation gerade heute erkennbar macht. Das ist in der bisherigen Patriarchatsdebatte generell nicht geschehen. Nur auf diese Weise aber war es möglich, die *»Kritische Patriarchatstheorie«* als neues, alle Disziplinen umfassendes *Paradigma* (Projektgruppe »Zivilisationspolitik« 2009, darin v.a. Behmann) überhaupt zu entfalten, die nun außer einer Gesellschaftstheorie auch eine Theorie der zivilisatorischen Verhältnisse insgesamt ist, gerade also auch des Verhältnisses zur Natur. Damit ist die Kritische Patriarchatstheorie dabei, eine *allgemeine Erkenntnistheorie* zu werden, die alle bisherigen Erkenntnistheorien hinter sich lassen könnte, weil diese allesamt das Patriarchat voraussetzen (Behmann ebenda).

Es kann damit eine disziplinäre Verengung der Analyse, wie sie in der Wissenschaft generell immer noch propagiert wird, immer weniger eingehalten werden, da sie die heute das Leben selbst bedrohenden Zusammenhänge zwischen kapitalistischer Waren-Produktion, neuer weltweiter Hungersnot, globaler Verelendung, neuen technologischen Entwicklungen, Natur-Zerstörung, neuen ideologisch-religiösen »Fundamentalismen«, neuer Frauenfeindlichkeit, neuen totalitären Tendenzen und neuen Kriegen nicht erklären kann (vgl. Kap. 7), ja auch gar nicht soll, wie mit gutem Grund zu vermuten ist. Denn gerade die allgemeine Verwirrung angesichts einer drohenden »Apokalypse«, die immer noch nicht als Ergebnis der Moderne des Patriarchats verstanden werden soll, – dessen Ideologie ja immer das allgemeine Paradies versprochen hat –, scheint sich einmal mehr als besonders gute Grundlage für einen neuen religiösen, auch christlichen, katholischen Fundamentalismus wie den René Girards zu eignen. Hier wird letztlich sogar an den *frühmodernen* Fundamentalismus der Inquisition und Hexenverfolgung angeknüpft, der die Neuzeit einleitete! (Kap. 7). Da kann uns Frauen geradezu angst und bange werden …

Dennoch oder eben deswegen hat inzwischen eine weitere, angeblich *»postmoderne«* Verschleierung der so notwendigen Erkenntnis der Zusammenhänge stattgefunden. Die Abhängigkeit der Gesellschaft von ihren *Naturgrundlagen* und von der tätigen und prinzipiellen *Akzeptanz seitens der Frauen* ist gerade in dem Moment völlig in den Hintergrund getreten, als sich diese Abhängigkeiten immer deutlicher bemerkbar machten: einmal als Krise des »Ökosystems«, das sich in Gestalt zunehmender Naturkatastrophen, also als Krise des gesellschaftlichen Naturverhältnisses in aller Welt zeigt, ein andermal z. B. als sowohl »humanökologisch« wie politisch zu interpretierender »Gebärstreik« der Frauen in den Industrieländern, der sich allerdings – wenn es sich nicht um das Problem zunehmender Unfruchtbarkeit handelt – als »Emanzipation« vom Hausfrauen- und Mutter-Dasein in der Neuzeit und als »Modernisierung« der Frauenexistenz präsentiert.

So wird entsprechend »von oben« aus wieder einmal ein angeblich »technologisch« möglicher Ausweg inszeniert, der jedoch ohnehin dem Ziel des patriarchalen Projekts schlechthin entspricht: dem

Versuch, den Frauenleib und den Leib der Natur generell zu *ersetzen,* insbesondere durch die Produkte der »life-industries« in Gestalt der Bio-, Gen- und Reproduktionstechnologien, denen die Nano-Technologie heute mit großen Schritten nach- bzw. vorauseilt. Ja, selbst die Atom-Technologie ist – ihrem eigenen Anspruch nach – immer noch oder wieder dazuzurechnen (Caldicott 2002).

Auf diese Weise erscheinen Gebärstreik und angebliche Frauenemanzipation sowie die Absage von Frauen an ihre Verbundenheit mit der Natur auf einmal in einem ganz neuen Licht. Denn sie passen haargenau zur patriarchalen Utopie! Frauen haben angefangen, den Weg frei zu machen für nichts Geringeres als den »*Tod der Natur*« (Merchant 1987) und ihre eigene *Abschaffung durch den »Fortschritt«*. Sie scheinen zu glauben, dass sie damit »befreit« werden von dem, was die patriarchale Gesellschaft an ihnen unterdrückt und ausgebeutet hat, nämlich vor allem ihren Leib, und dass diesem Leib etwas Neues und Besseres nachfolgen würde: ein Nicht-Mehr-Leib, ein unleiblicher »Körper«, der als solcher angeblich selbstbestimmt machbar oder/und technologisch herstellbar sein soll (von Werlhof 2009a und 2010, vgl. v. a. Kap. 3 und 8).

Damit sind sie mitten in der neuesten Phase des Patriarchats als »Alchemistisches System« gelandet, wo es eben darum geht, die Gesellschaft endlich von der Abhängigkeit von Müttern und Natur – also von diesen selbst – zu »befreien«. Das heißt aber keineswegs, dass das Patriarchat sich selbst oder die Frauen vom Patriarchat befreien will! Im Gegenteil, es will endlich selbst »schöpferisch« sein und eine *Gegen-Welt, Gegen-Natur* und einen *Gegen-Leib* schaffen. Dazu werden die bestehende Welt und Natur sowie der gegebene Leib erst einmal abgeschafft – *zerstört* –, um hinterher oder auch gleichzeitig angeblich eine höhere und bessere neue Welt, Natur und »Leiblichkeit« herzustellen.

Wo ist der Beweis, dass dieses Projekt im unterstellten positiven Sinne möglich ist? Wieso glauben Frauen an die Paradoxie, dass sie durch die Vervollkommnung des Patriarchats gleichzeitig von ihm befreit werden? Warum sind sie nicht misstrauischer gegenüber derartigen Versprechungen? Wo ist ihr Wissen um Leib und Natur geblieben? Denn bei diesem Unternehmen werden sie höchstens um ihren Leib gebracht, und das heißt um das Einzige, was sie als Lebensgrundlage und als Basis von Geist und Seele haben. Daher: Gibt es ohne Leib keine Leibeigenschaft? Was ist ein leibfreies Leben? Gibt es ohne Leib überhaupt ein Leben?

Wieso also machen diese Frauen es denn nicht umgekehrt? Sie könnten ja sagen, unser Leib und die Natur sind ja wohl nicht das Problem, sondern der patriarchale *Umgang* damit. *Den* sollten wir nicht mehr zulassen, anstatt den Leib – und mit ihm uns? – nun endgültig zu opfern und das Patriarchat genau damit auch noch beizubehalten, ja so zu stärken, dass es sich seiner »Reinheit« und Vervollkommnung tatsächlich annähern kann!

Denn Gebärstreik und Arbeitsverweigerung schädigen das Patriarchat nur dann, wenn die Frauen dies im *»matriarchalen Geist«* tun, also nicht zum Schaden des eigenen Leibes, der Natur, anderer Frauen und vor allem Kinder, und nicht als elitäre Absetzbewegung von der Masse angeblich »zurückgebliebener« Frauen, denen dann die verbliebene Last aufgehalst wird. Nur unter dieser Perspektive wird nämlich sichtbar, dass das, was wie ein *Widerstand* gegen patriarchale Bedingungen aussieht, lediglich eine *Anpassung* an deren Neuformierung und ein *Mitmachen* bei deren Etablierung ist.

So reagiert die patriarchale Gesellschaft bisher ohne Panik auf die Abkehr von Frauen. Denn sie geschieht meist im *»patriarchalen Geist«* und arbeitet ihm auf dem Wege von »Gleichstellung« und »Gleichberechtigung« auch noch zu. Wenn allerdings die Utopie des Patriarchats scheitert und wenn sich die Abkehr der Frauen auch noch ent-patriarchalisieren oder gar »matriarchalisieren« würde, dann sähe die Sache plötzlich ganz anders aus!

Nur in einer *post-patriarchalen* Gesellschaft gibt es kein grundsätzliches Problem mehr mit dem Leib und der Natur, der Mutterschaft und der ökonomischen Abhängigkeit, die dann nicht mehr existiert, oder dem Zusammenleben der Generationen und Geschlechter. Nur dann würden Frauen gewollt und gebraucht, die wirklich frei und eigenmächtig mit sich umgehen – allerdings auf der Basis ihres Leibes und nicht *gegen* ihn sowie dessen Geist und Seele, die nämlich dazu gehören –, weil es dann nicht mehr um die Unterordnung und Ausbeutung der Frauen ginge. Also wäre es selbstverständlich im Interesse aller Frauen, das Patriarchat zu überwinden, anstatt sich an seinen Projekten auch noch zu »beteiligen«!

Es gibt aber heute Frauen, die tatsächlich glauben, dass etwa die Gentechnik ihnen die Arbeit des Gebärens abnehmen würde und dass dies sogar zu begrüßen sei (von Werlhof 2009a und 2010). Hier zeigt sich, dass der Wahn und die geistig-seelische Verwirrung und Verkümmerung, die vor allem von den Naturwissenschaften ausgehen, inzwischen bei den Frauen angekommen sind, wenn sie an einen technischen Fortschritt mittels maßloser Gewalt glauben, die sich noch dazu auf, an und in ihrem eigenen Leib vollzieht (Collard/Contrucci 1980). Trotz FINRRAGE (Feminist International Network of Resistance to Reproductive and Genetic Engineering), der Bewegung von Frauen gegen die Gen- und Reproduktionstechnologien seit den 80er Jahren (vgl. Mies 1992), ist demnach auch eine Bewegung von Frauen *für* diese Technologien entstanden, die auf der Basis der Zerstörung des genetischen Erbes und der Lebensgrundlagen auf der Erde operieren (von Werlhof 2009c).

Das dazugehörige und von mir so genannte *»alchemistische« Denken* ist also von manchen Frauen übernommen worden: nämlich die bereits in der Alchemie vor langer Zeit propagierte Methode des »Teile und Herrsche« über die Materie, um aus ihr durch Transformation und Neuzusammensetzung der herausgelösten Stoffe zu einer *männlich gemachten, statt weiblich geborenen Ersatzwelt* zu gelangen (vgl. Kap. 8). Welch ein Sieg des Patriarchats, dass ausgerechnet seine Projekte einer *»Schöpfung aus Zerstörung«* auch bei Frauen Anklang finden!

Der alchemistische Wunderglaube ist heute also groß in Mode, sogar bei Frauen, obwohl niemand ihn (mehr) so nennt, ja, ihn gar nicht in einem Zusammenhang mit der historischen Alchemie sieht. Denn die Alchemie ist gescheitert, und deshalb hält man sie für eine Vergangenheit, die heute mittels »Fortschritt« als endgültig überwunden gilt (Kap. 8). Genau dieses Scheitern blüht ihr aber erneut. Das ist meine *These.* Denn auf ihrem Weg zur »Modernisierung« hat sie keineswegs auf ihre Ziele und Methoden verzichtet, im Gegenteil, diese erst wirklich wirksam und allgemein verfolgt und dabei inzwischen weltweit und massenhaft das Leben zum Teil unwiederbringlich zerstört (von Werlhof 2010, Man.). Ich sehe nicht ein, warum nun nach den meisten Männern auch immer mehr Frauen diesem Irrsinn auf den Leim gehen sollten!

Mein alter »Lieblingsbegriff« der »*fortgesetzten* ursprünglichen Akkumulation«, den ich in Erweiterung von Karl Marx und Rosa Luxemburg schon Ende der 70er Jahre zusammen mit Maria Mies und Veronika Bennholdt-Thomsen entwickelt habe, hat sich in seiner theoretischen Stringenz nicht nur immer mehr bewahrheitet, sondern er ist auch »kompatibel« mit meiner viel später entstandenen Alchemie-These. Denn die neuzeitliche Alchemie ist sozusagen als die technische Seite dieses Prozesses identifizierbar: Teile die Materie (die Zusammenhänge von Mensch-Natur-Produktion-Konsum), transformiere – und das heißt zunächst – töte sie (mache sie unwirksam), setze sie neu zusammen (als »Produktionsfaktoren« Kapital, Boden und Arbeit) und beherrsche sie auf diese Weise (übernimm das Kommando)!

Die »fortgesetzte ursprüngliche Akkumulation« wird technologisch, aber auch ökonomisch inzwischen auf die Spitze getrieben. Durch Abkommen wie das GATS, das Allgemeine Abkommen über den Handel mit Dienstleistungen der WTO, sollen auch noch jene Bereiche kapitalisiert, monetarisiert und kommerzialisiert, also in Kapital und Geld verwandelt werden, die bisher aus guten Gründen gerade davon ausgenommen waren, nämlich der öffentliche Sektor und die häusliche Sphäre sowie die noch »wilde« Natur. So ist auch die Zerschlagung der letzten Gemeingüter, Allmenden oder »commons« Ziel der Privatisierungspolitik des Neoliberalismus weltweit. Dieser sogenannte Neoliberalismus begann mit dem Putsch gegen Salvador Allende 1973 in Chile und der Installation einer US-gestützten blutigen Militärdiktatur in diesem Land. Das beweist auch, dass *Neoliberalismus und Militarismus* von Anfang an zusammengehören. Alle ursprüngliche Akkumulation/Alchemie ist eben unweigerlich mit Gewalt verbunden, das ist ihr »Geheimnis«, wie es Karl Marx nannte (Marx 1974, S. 741).

Mit dem GATS, aber auch mit anderen Abkommen wie dem gescheiterten MAI, mit dem 1997 die internationale zivilgesellschaftliche Antiglobalisierungsbewegung begann, sieht WTO-Politik vor, dass die Völker enteignet werden und allen noch vorhandenen Wohlstand auf dem Altar der Konzerne zu opfern haben. Auf der Basis einer derartigen fortgesetzten ursprünglichen Akkumulation, nämlich eines globalen kriegerischen Raubzuges, soll dann ein neues Wachstum möglich werden, eine sogar noch um die Möglichkeiten der Zukunft erweiterte Kapitalakkumulation zugunsten von immer weniger Reichen auf dieser Welt (vgl. Kap. 1).

Logisch ist, dass dabei die alte *Kapitalismusdefinition*, die wir immer schon kritisiert haben, vor aller Augen zerfällt: Kapitalismus bedeutet eben nicht einfach nur die Existenz von Kapitalisten und Lohnarbeitern, sondern Kapitalismus bedeutet die sukzessive Verwandlung aller Arbeitskraft, allen Bodens und allen Lebens, ja der Erde selbst in Waren/Geld/Maschinerie/»Kapital«. Ob und inwieweit dabei Lohnarbeit entsteht, ist eben *nicht* das Problem des Kapitals. Es ist höchstens das Problem der Gewerkschaften.

Wie wir aber sehen, setzt sich dabei die *Hausfrauisierung* – etwa als »Prekarisierung« – anstatt der sogenannten Proletarisierung der Lohnarbeit nicht nur unter Frauen, sondern heute auch unter Männern durch, und zwar selbst dem »weißen Mann« in den nördlichen Zentren. Alle produzieren Waren, aber oft nur als neue Sklaven oder Leibeigene, neue Zwangsarbeiter und unfreiwillige »Hausfrauen«, das heißt praktisch umsonst. Das sichert viel mehr Profite und Wachstum für die Konzerne als die reguläre »proletarische« Lohnarbeit! (vgl. Kap. 2) Dass damit aber auch der Rassismus, der Sexismus und der Rechtsradikalismus zunehmen »müssen«, ist politisch noch kaum analysiert worden.

Es erlebt heute jeder am eigenen Leibe, was wir vor 30 Jahren schon prognostiziert haben (vgl. a. von Werlhof 2009c, Mies 2009). Wegen des GATS kommt heute aber noch verschärfend hinzu, dass durch die allmähliche Privatisierung aller Dienstleistungen sich das Leben auf der einen Seite enorm verteuert, während die Löhne auf der anderen Seite ebenso enorm sinken. Gerade Frauen sind davon besonders betroffen, weil sie nicht nur ihre Arbeitsplätze, etwa im öffentlichen Sektor, verlieren und damit gezwungen sind, sich auf die Jagd nach »prekären« Jobs zu machen. Gleichzeitig werden sie verantwortlich gemacht für die häusliche Versorgung von Kranken, Alten und Kindern, die aus Kostengründen nun (bald) immer weniger in Altersheime, Krankenhäuser oder Kindergärten gehen können.

All dies zusammen werden sie nicht leisten können. Manche Frauen haben daher schon an einen internationalen *Frauenstreik* gedacht, wie er einmal 1975 lokal in Island stattgefunden hat. Da wurde klar: Wenn die Frauen nicht mitmachen, dann geht in Wirtschaft und Gesellschaft nichts mehr – und zwar ganz plötzlich!

Auch das Problem der Abhängigkeit von Geldeinkommen durch Verschuldung wird heute viel mehr erkannt und diskutiert. Damals konnten wir noch kaum begreiflich machen, dass es im Interesse des Kapitals wäre, dass auch kleine und fast mittellose Produzenten und Produzentinnen sich verschulden. »Kredite für Hausfrauen« und generell Arme, wie sie die inzwischen durch Mohammed Yunus berühmt gewordenen Grameen Bank in Bangladesh vergibt, sind eben keine Sozialpolitik, sondern eine »*Investition in die Armen*«, aus denen auf diese Weise auch dann noch Kapital geschlagen werden kann, wenn sie gar keine Lohnarbeiter (mehr) sind. Das hatte allerdings die Weltbank schon lange vor Yunus begriffen (Bennholdt-Thomsen 1980), von Rosa Luxemburg ganz zu schweigen (von Werlhof 1991).

Was aber bisher in Politik, Wissenschaft und Bewegung am allerwenigsten verstanden wird, ist, dass es letztlich überhaupt *nicht um Verteilungsprobleme* geht, sondern darum, dass die »alchemistische« Verwandlung von Mensch und Natur in Boden, Arbeitskraft und Kapital (Waren, Geld, Maschinerie, Kommando) kein produktiver, sondern ein zutiefst *destruktiver* Vorgang ist. Er kostet das Leben – alchemistisch gesprochen ist er eine allgemeine »Mortifikation« – eine *Tötung*.

Das bedeutet – und wir erleben es jetzt täglich –, dass der allererste Schritt darin bestehen muss, die alchemistische Zerstörung der Welt und des Lebens durch Warenproduktion, Maschineneinsatz und Kapitalakkumulation bzw. Geld- und Profitstreben auf der Stelle zu beenden.

Hierbei ist zu sehen, dass die »Ökologiefrage«, also das die ganze Zivilisation und die Erde selbst bedrohende Problem des kapitalistisch-patriarchalen *Naturverhältnisses*, zwar langsam ins Bewusstsein der Öffentlichkeit dringt, aber – genauso wie die Frauenfrage – immer noch nicht wirklich ernst genommen wird, weil man meint, auch ihr mit technologischen Lösungen beikommen zu können. Schließlich waren technische Natur-Beherrschung, -Kontrolle und -Ersetzung moderne Projekte seit eh und je. Aber die Natur erweist sich – anders als manche Frauen – inzwischen als weder manipulierbar noch käuflich, und sie gerät zunehmend *außer* Kontrolle. Sie handelt per se in ihrem eigenen, sozusagen im ohnehin »matriarchalen« Geist und lässt sich von patriarchalen Utopien und Beschwörungen nicht beeinflussen.

So aktuell wie noch nie ist daher unsere Debatte über die *Subsistenz-Perspektive* (vgl. Kap. 4 und 5). Denn dort, wo die Warenproduktion zur neuen Zwangs- und zunehmend zur Vernichtungsarbeit wird, nicht nur im Süden, sondern neuerdings auch im Norden – was uns übrigens in den 80er Jahren niemand glauben wollte –, kann letztlich nur mit einem Ausstieg aus der Warenproduktion in Richtung Subsistenz-Produktion geantwortet werden. Diese Diskussion über eine mögliche neue Subsistenz, die ein völlig neues Naturverhältnis und mit ihm eine andere als die Maschinen-Technik voraussetzen bzw. schaffen würde, vom Umgang mit den Frauen und ihrem Selbstverständnis ganz zu schweigen, wurde uns immer am meisten verübelt. Denn die »Modernisierung« des Patriarchats und seine futuristischen Utopien haben etwa seit den 30er Jahren des letzten Jahrhunderts bei vielen Menschen, gerade auch Frauen, den Eindruck erweckt, eine Alternative zum Patriarchat als etwas Rückständigem zu sein. Auch der Nationalsozialismus und der 2. Weltkrieg haben diesem Fortschrittsoptimismus offenbar nichts anhaben können. Dass sich das Patriarchat dabei nur seiner eigenen Logik entsprechend weiterentwickelt hat, und dass man/frau lediglich vom Regen in die Traufe geriet, wurde und wird trotz der ständig anwachsenden Leichenberge bis heute nicht gesehen, denn diese werden nicht dem Fortschritt angelastet, sondern irgendeiner Vergangenheit, die es immer noch zu überwinden gälte.

Inzwischen sind aber auch im Norden Initiativen entstanden, die eine neue Subsistenz *jenseits* des Patriarchats in allen seinen Varianten befürworten, insbesondere dort, wo der vollends ungeschminkt zerstörerische Neoliberalismus – wie in Großbritannien oder in den USA – schon länger wütet (vgl. von Werlhof / Bennholdt-Thomsen / Faraclas 2003).

Die Frage nach den *Alternativen* zur sogenannten Globalisierung hat uns also weiter beschäftigt, und immer noch steht das Problem der Einbeziehung der Frauen- und Ökologiefrage als Frage des Verhältnisses zur Natur im Mittelpunkt des Problems einer weiteren Entwicklung der sozialen Bewegungen (vgl. zuerst von Werlhof 1985) heute.

Zusammenfassend ist zu sagen, dass es besonders für Männer und zunehmend auch Frauen schwer zu sein scheint, sich vom Glauben an den technischen Fortschritt und die kapitalistische Wohlstandspropaganda und insbesondere vom Patriarchat zu verabschieden. Um diese Fragen wird der Streit wohl noch lange dauern, und er wird zur Zeit immer heftiger bei denen, die noch an die bürgerlichen Institutionen glauben, obwohl sie längst zerfallen – wie der Nationalstaat, der Sozialstaat, die Parteien, die heutige Demokratie als »politisches System«, die Gewerkschaften, die Familie, die Ehe, der Arbeitsplatz und die Menschenrechte (von Werlhof 2009b).

Die Diskussionen, die wir vor 20 Jahren in der Peripherie über Alternativen gehabt haben (von Werlhof 1985, Bennholdt-Thomsen 1982), werden also jetzt langsam auch im Zentrum geführt. Denn das *Zentrum peripherisiert sich* und wird ebenso kolonisiert wie die Peripherie. Das anzuerkennen ist für die meisten am allerschwersten, auch wenn man es hat kommen sehen können. Denn es bedeutet, dass die Menschen im Norden nun selbst konfrontiert werden mit dem, was sie einst nur den anderen zugedacht hatten: kolonialer Gewalt, Diktatur, Unterentwicklung und Versklavung.

Man sieht, die Geschichte verschwindet nicht in der Vergangenheit, sondern hat ihre eigene Logik, die sich unerbittlich und konsequent bemerkbar macht. Denn: »Was Du nicht willst, das man Dir tu', das füg' auch keinem andern zu!«

Da der Streit unter den Frauen in der Frauenbewegung, wie beschrieben, beträchtlich zugenommen und zu einer inzwischen und momentan offenbar unüberbrückbaren Spaltung geführt hat, wird die Suche nach Alternativen aber auch schwer behindert. Auf der einen Seite Ökofeministinnen, Matriarchatsforscherinnen und Kritikerinnen des »kapitalistischen Patriarchats«, auf der anderen Seite *»Gender-Frauen«*, die eigentlich gar nicht mehr als Frauen angesprochen werden wollen, weil das als »essenzialistisch« gilt, die keine Patriarchatskritik, zumal nicht im hier definierten Sinne, wünschen, und schon gar kein Interesse an einer Matriarchatsforschung oder gar an einem neuen Verhältnis Frauen–Leib–Natur haben. Sondern die »Gender«-Bewegung will, dass Frauen innerhalb des modernen Patriarchats als den Männern Gleiche und Gleichberechtigte anerkannt werden, ganz einfach erst einmal *aufsteigen* und wie Männer an die Macht kommen. Damit werden sie auch politisch zu »aktiven Objekten« (Genth 2002) und »bewussten Mittäterinnen« (Thürmer-Rohr 1989) im heutigen Drama, in Demokratien ebenso wie in Diktaturen (von Werlhof 2010). Daran zeigt sich, dass die Spaltung zwischen den Frauen ein wirklicher *Antagonismus* (geworden) ist und die ganze zivilgesellschaftliche Bewegung lähmt (vgl. dazu vorher von Werlhof 1996, von Werlhof/Ernst/Schweighofer 1996, zuletzt von Werlhof 2009c).

Nachdem 1997/98 die Auseinandersetzung mit den Projekten der Globalisierung begonnen hatte, zunächst dem MAI, dem Multilateralen Abkommen über Investitionen, das den Konzernen jegliche Narrenfreiheit hätte geben sollen (vgl. Mies/von Werlhof 1998 [2003]), habe ich zu den unermüdlichen Aktivistinnen gegen Globalisierung, Konzernherrschaft, Krieg und neoliberale Politik gehört und auch an verschiedenen nationalen und internationalen Sozialforen, wie zuletzt den Weltsozialforen in Brasilien, Indien, Mali und Kenia, teilgenommen (vgl. Kap. 1, 5 und 6).

Dabei ist auch der bereits erwähnte Zusammenhang zwischen Globalisierung und Krieg immer deutlicher geworden. Die Bedrohung ist also keineswegs »nur« ökonomischer und technologischer, sondern zunehmend auch direkt militärischer Natur, wie es zuletzt der Jugoslawien- (Kap. 6), Afghanistan- und der Irak-Krieg und generell der Krieg gegen den *»Terrorismus«* zeigen. Denn der sogenannte Terrorismus ist ein weitgehend nicht von den Unterdrückten, sondern den Herrschenden selbst erfundenes Phänomen, mit dem heute Politik gemacht wird, wie es unter anderen der Kollege Michel Chossudovsky, zunächst anhand von »9/11«, schon früh nachgewiesen hat (M. Chossudovsky 2003).

Des Terrorismus beschuldigt aber werden in diesem Sinne »logischerweise« vor allem jene, die sich gegen die Projekte der Globalisierung wehren, und die ja bereits in Abkommen wie dem GATS *kriminalisiert* werden: So kann ein Konzern – und zwar mit allergrößter Aussicht auf Erfolg –, beim WTO-Schiedsgericht gegen Staaten oder auch Gemeinden klagen, in denen ein Widerstand gegen sein »Engagement« besteht (Kap. 1).

In Europa trägt die Ausarbeitung einer Europäischen Verfassung dazu bei, die schlimmsten Befürchtungen zu bestätigen. Wird doch das Europa der Zukunft ein militaristisches und verfassungsmäßig (!) dem Neoliberalismus verpflichtetes sein, wenn es nach dem EU-Konvent bzw. dem *Vertrag von Lissabon* geht. Aber selbst wenn sich die Europäer eine demokratischere Verfassung geben würden, so haben sie sich – wenn sie gleichzeitig Verträgen wie dem GATS zustimmen – sowieso letztlich für eine Diktatur entschieden. Denn Abkommen wie das GATS sehen nur noch die Interessen der Konzerne als legal und legitim an, alle anderen als illegal und illegitim. Sie sind nämlich Abkommen auf dem Niveau des Völkerrechts, das damit im Handstreich gleich völlig neu und im Sinne der »Neuen Welt-Ordnung« à la Bush und den Neo-Konservativen in den USA definiert wird, und stehen damit als globale Verfassung eines erweiterten »Weltsystems« und neues »internationales Recht« automatisch über jeder anderen Verfassung und Rechtsauffassung.

Dieses Buch ist ein »Bewegungs-Buch« und es will Praxis und Theorie auf neue Weise miteinander verbinden. Es versucht, globale Zusammenhänge, ihre Geschichte und die Geschichte ihrer Erkenntnis sowie ihre Akteure auf allen Seiten des Spektrums und auch in ihren Widersprüchen in den Blick zu nehmen, damit das Panorama des heutigen dramatischen Weltgeschehens besser oder überhaupt in seiner Logik erkennbar und die ebenso logischen Alternativen sichtbar werden. Dazu verhilft uns immer deutlicher der in den letzten zwei Jahrzehnten entstandene Gesamt-Ansatz der Kritischen Patriarchatstheorie. Wir müssen es uns nämlich nicht gefallen lassen, dass uns gesagt wird, die Zerstörung der Welt sei angeblich eine Art Naturgesetz, ihr würden eine viel bessere Welt und Natur nachfolgen und daher sei der ganze Vorgang ohne Alternative.

West-End – und dann?

Die Aufsätze und Reden in diesem Buch stammen aus zehn Jahren eines umfassenden und unermüdlichen Anti-Globalisisierung- und Anti-Kriegs-Aktivismus im In- und Ausland: 1999-2008.

Ich widme dieses Buch der Projektgruppe »Zivilisationspolitik«, mit der ich als meinen DoktorandInnen an der Universität Innsbruck seit einer Reihe von Jahren an diesen Fragen arbeite: Sibylle Auer, Mathias Behmann, Theresa Frick, Martin Haselwanter, Simone König, Franco Ruault, Ursula Scheiber, Birgit Scherer, Sebastian Sojer, Matthias Walch und Simone Wörer.

Claudia von Werlhof
Innsbruck

Literatur

Behmann, Mathias, 2009: Idee und Programm einer Matriarchalen Natur- und Patriarchatskritischen Geschichtsphilosophie. Zur Grundlegung der Kritischen Patriarchatstheorie angesichts der ›Krise der allgemeinsten Lebensbedingungen‹, in: Projektgruppe »Zivilisationspolitik«, S. 107-177

Bennholdt-Thomsen, Veronika, 1980: Investition in die Armen. Zur Entwicklungspolitik der Weltbank, in: Lateinamerika. Analysen und Berichte 4, Berlin (Olle & Wolter), S. 74-96

Bennholdt-Thomsen, Veronika, 1982: Bauern in Mexiko zwischen Subsistenz- und Warenproduktion, Frankfurt a. M. / New York (Campus)

Caldicott, Helen, 2002: The New Nuclear Danger. George W. Bush's Military-Industrial Complex, New York

Chossudovsky, Michel, 2003: War and Globalisation. The truth behind September 11th, Ottawa

Collard, Renée / Contrucci, Joyce, 1989: Die Mörder der Göttin leben noch. Rape ot the Wild, München (Frauenoffensive)

Genth, Renate, 2002: Über Maschinisierung und Mimesis. Erfindungsgeist und mimetische Begabung im Widerstreit und ihre Bedeutung für das Mensch-Maschine-Verhältnis, Frankfurt a. M. (Peter Lang, Beiträge zur Dissidenz Nr. 10)

Marx, Karl, 1974: Die sogenannte ursprüngliche Akkumulation, in: MEW 23, Berlin (Dietz), S. 741-792

Mies, Maria, 1992: Wider die Industrialisierung des Lebens, Pfaffenweiler (Centaurus)

Mies, Maria, 2004: Krieg ohne Grenzen. Die neue Kolonisierung der Welt, Köln (PapyRossa)

Mies, Maria, 2009: Das Dorf und die Welt, Köln (PapyRossa)

Mies, Maria/Werlhof, Claudia von (Hg.), 2003 (1998): Lizenz zum Plündern. Das Multilaterale Abkommen über Investitionen – MAI – Globalisierung der Konzernherrschaft und was wir dagegen tun können, Hamburg (Rotpunkt/EVA)

Merchant, Carolyn (1987): Der Tod der Natur. Ökologie, Frauen und die neuzeitliche Naturwissenschaft, München (C. H. Beck)

Projektgruppe »Zivilisationspolitik«, 2009: Aufbruch aus dem Patriarchat – Wege in eine neue Zivilisation? Frankfurt a. M. (Peter Lang, Beiträge zur Dissidenz Nr. 23)

Shiva, Vandana, 2005: Earth-Democracy, Cambridge (South End Press)

Thürmer-Rohr, Tina u. a. (Hg.), 1989: Mittäterschaft und Entdeckungslust, Berlin (subrosa)

Werlhof, Claudia von, 1985: Wenn die Bauern wiederkommen. Frauen, Arbeit und Agrobusiness in Venezuela, Bremen (Edition CON/Peripheria)

Werlhof, Claudia von, 1991: Kredite für Hausfrauen: Traum oder Alptraum? Zur Geschichte und Aktualität der »Investition in die Armen«, in: dies.: Was haben die Hühner mit dem Dollar zu tun? Frauen und Ökonomie, München (Frauenoffensive), S. 134-149

Werlhof, Claudia von, 1996: Mutter Los. Frauen im Patriarchat zwischen Angleichung und Dissidenz, München (Frauenoffensive)

Werlhof, Claudia von, Ernst, Werner und Schweighofer, Annemarie (Hg.), 1996: Herren Los. Herrschaft – Erkenntnis – Lebensform, Frankfurt a. M. (Peter Lang)

Werlhof, Claudia von, Bennholdt-Thomsen, Veronika und Faraclas, Nicolas (Hg.), 2003: Subsistenz und Widerstand. Alternativen zur Globalisierung, Wien (Promedia)

Werlhof, Claudia von, 2006: Das Patriarchat als Negation des Matriarchats. Zur Perspektive eines Wahns, in: Göttner-Abendroth, Heide (Hg.): Gesellschaft in Balance. Dokumentation des 1. Weltkongresses für Matriarchatsforschung 2003 in Luxemburg, Stuttgart (Kohlhammer), S. 30-41

Werlhof, Claudia von, 2009a: Das Patriarchat: »Befreiung« von Mutter (und) Natur?, in: Projektgruppe »Zivilisationspolitik« 2009, S. 59-103

Werlhof, Claudia von, 2009b: Einleitung: Sieben Jahre im freien Fall, in: Projektgruppe »Zivilisationspolitik« 2009, S. 7-28

Werlhof, Claudia von, 2009c: Vom Diesseits der Utopie zum Jenseits der Gewalt. Feministisch-patriarchatskritische Analysen – Blicke in die Zukunft? Freiburg (Centaurus)

Werlhof, Claudia von, 2010: Natur–Los? Die Dystopie des Patriarchats und das »Gender«-Dilemma, Münster (LIT in Vorb.)

Werlhof, Claudia von, 2010: Die Zivilisation der Alchemisten, Innsbruck (Man. in Vorb.)

1. Die Globalisierung des Neoliberalismus, seine Folgen und einige Alternativen[1]

Vorbemerkung 2009

Nach der weltweiten Finanzkrise von 2008, deren Folgen noch unübersehbar sind und die inzwischen auch den Arbeitsmarkt eingeholt hat, sollten die folgenden Ausführungen eigentlich obsolet sein und als Teil einer Vergangenheit von Irrtümern, Gefährdungen, Verbrechen und (selbst)mörderischen Aktivitäten in die Geschichte eingehen. Aber das ist nicht der Fall, im Gegenteil: Hunderte Milliarden Dollar und Euro der Steuerzahler wurden auf der Stelle vor allem in den USA und Europa aufgewendet, um erst einmal die Finanzspekulanten des globalen Neoliberalismus zu retten und um damit ein System aufrechtzuerhalten, das dennoch »notwendig« seinem nicht mehr fernen Ende entgegengeht.

Der Anlass

- Gibt es eine Alternative zur Plünderung der Erde?
- Gibt es eine Alternative zu Krieg?
- Gibt es eine Alternative zur Zerstörung der Welt?

Solche Fragen werden nicht gestellt, denn sie sind absurd. Aber jetzt stellen sie sich, und zwar allen. Also müssen sie gestellt werden.

---

1 Ausarbeitung des Beitrages zur Podiumsdiskussion »Alternativen zur neoliberalen Globalisierung« im Rahmen der »Wiener Vorlesungen« mit Ferdinand Lacina, Ex-Finanzminister, Ewald Nowotny, BAWAG-Bank-Chef, und Claudia von Werlhof im Rahmen des »Dallinger-Symposiums« vom 21.-23.11.2005, AK Wien, 21.11. 2005; publiziert bei Picus, Wien 2007

Das Absurde schlechthin ist in der Welt, und zwar in Gestalt ihrer beschleunigten Annihilation. Sie ist das inzwischen überall zu beobachtende Resultat der »Globalisierung« des sog. »Neoliberalismus«.

Dieser selbst hält sich allerdings für alternativlos. TINA – »There Is No Alternative!« Denn: Es geht um das Geschäft der Geschäfte, das große Fressen, die letzte Schlacht – Armageddon.

- Falsch?
- Maßlos übertrieben?
- Kein österreichisches Problem?

Es ist zu klären, was Globalisierung und Neoliberalismus sind, woher sie kommen, wer sie betreibt, was sie von sich selbst behaupten, was sie tun, warum sie derart fatale Wirkungen haben, warum sie vor dem Scheitern stehen und warum dennoch an ihnen festgehalten wird.

Danach ist zu klären, welche Antworten auf sie seitens derer gegeben werden, die mit den Folgen des globalisierten Neoliberalismus im wahrsten Sinne des Wortes nicht (werden) leben können.

I. Was »neoliberale Globalisierung« ist

1. TINA, angeblich alternativlos

Wenn man über Alternativen zur neoliberalen Globalisierung – bzw. der Globalisierung des Neoliberalismus – reden will, ist zunächst einmal anzuerkennen, dass es damit überhaupt ein Problem gibt, und worin es besteht.

Hier beginnt die Schwierigkeit. Denn wir werden jetzt seit ungefähr 20 Jahren damit traktiert, dass es angeblich keine Alternative zur neoliberalen Globalisierung/der Globalisierung des Neoliberalismus gibt, noch eine solche notwendig ist. Es handelt sich um TINA: »There Is No Alternative!« Das betonte immer wieder die eiserne Lady, Margaret Thatcher – peinlich genug für die Frauen, wenn ausgerechnet eine Frau an der Macht die Politik der Erbarmungslosigkeit anführt.

Gleichzeitig wird mit TINA aber auch eine Art Sprech- und Denkverbot ausgesprochen nach der Devise: Es lohnt sich gar nicht, den Neoliberalismus und die sogenannte Globalisierung zu analysieren und darüber zu diskutieren, weil sie wie eine Art höhere Gewalt ohnehin unvermeidlich sind. Ob man nun akzeptiert, was geschieht, oder nicht, die Dinge gehen sowieso ihren angeblich unaufhaltsamen und dennoch – angeblich – so schwer verständlich zu machenden Gang.

Also: Friss oder stirb!

Es wird suggeriert, dass es beim Neoliberalismus und seiner Globalisierung, also einer ganz bestimmten, historisch entstandenen und definierbaren Wirtschaftspolitik, um nichts Geringeres als ein Naturgesetz gehe. Das entsprechende Handeln der Wirtschaftssubjekte, so sehr es auch von Eigennutz, Rücksichtslosigkeit, Gier und sozialer Kälte geprägt sein könne oder gar solle, stehe daher im Einklang mit der »menschlichen Natur« und sei am Ende auch noch für alle von Vorteil.

Wieso aber ist die von Adam Smith, dem Begründer des ökonomischen Liberalismus im 18. Jahrhundert, sogenannte »unsichtbare Hand«, die hinter dem Einzelnen den Wirtschaftsprozess angeblich zum allgemeinen Wohl steuere (Binswanger 1998), inzwischen zur sichtbaren Faust geworden? Warum beschert der heutige Wirtschaftsliberalismus lediglich einer winzigen Minderheit enorme – wenn am Ende auch vorübergehende – Vorteile, während er der Mehrheit, ja der Erde selber so große Nachteile bringt, dass sogar ihr Überleben gefährdet ist, und das noch dazu auf Dauer?

Überall auf der Welt schweigen sich die meisten Medien, insbesondere das Fernsehen, die ganze Zeit über das Problem aus, indem sie z. B. darauf verweisen, es sei dem Publikum nicht verständlich darstellbar (Mies / von Werlhof 2003, S. 23 ff, 36 ff). Das hat natürlich damit zu tun, dass die meisten Medien inzwischen in Konzernhand sind und der Neoliberalismus Konzernpolitik ist. In Österreich aber wird noch nicht einmal der Begriff »Neoliberalismus« einschlägig verwendet, und auch die Globalisierung hat es schwer, als österreichisches Problem anerkannt zu werden (Salmutter 1998, Dimmel / Schmee 2005). Es herrscht ein eigentümlicher Provinzialismus vor, als wäre Österreich irgendwie von all dem ausgenommen, was sonst in der Welt inzwischen los ist. Ja, wenn man den damaligen Bundeskanzler Schüssel reden hörte, zweifelte man nachgerade daran, dass es überhaupt irgendwelche Schwierigkeiten gibt.

Motto: Wo kein Begriff, da kein Problem! Namenlos und unaussprechlich, undenkbar und damit nicht vorhanden? Felix Austria …

Obwohl der österreichische EU-Beitritt 1995 nicht zu übersehende Folgen hatte und hat, und zwar genau die, die überall auftreten, wo der Neoliberalismus praktiziert wird, wird bisher dennoch kaum ein Zusammenhang mit jenem gesehen. Dabei ist die EU neben und zum Teil noch vor den USA der Hauptmotor des Neoliberalismus und seiner Globalisierung.

Doch der Reihe nach.

2. Was das Neue am Neoliberalismus ist

Der Neoliberalismus als Wirtschaftspolitik begann in Chile 1973. Und zwar wurde für seine Einführung seitens der US-Regierung extra ein Putsch gegen einen demokratisch gewählten sozialistischen Präsidenten organisiert und eine wahrlich blutige Militärdiktatur samt systematischer Folter eingerichtet. Nur so konnte das neoliberale Modell der sog. »Chicago Boys« unter Milton Friedman, Schüler des österreichischen Landsmannes Friedrich von Hayek, in der Praxis durchgesetzt werden.

Dieses Modell orientiert sich am Wirtschaftsliberalismus und der Freihandelsidee des 18. und 19. Jahrhunderts, von denen schon Johann Wolfgang von Goethe sagte: »Freihandel, Piraterie und Krieg – dreieinig, nicht zu trennen!« (Faust 2).

Im Mittelpunkt des alten und neuen Wirtschaftsliberalismus stehen:

- »Eigennutz und Individualismus;
- Ausgrenzung von ethischen Prinzipien aus dem Wirtschaftsgeschehen, bzw. ›Entbettung‹ der Wirtschaft aus der Gesellschaft;
- Wirtschaftliche Rationalität als reines Kosten-Nutzen-Kalkül mit dem Ziel der Profitmaximierung;
- Konkurrenz als wichtigste Triebkraft für Wachstum und Fortschritt;
- Spezialisierung und Ersetzung des Prinzips der Selbstversorgung durch profitablen Außenhandel (komparative Kostenvorteile);
- Keine Kontrolle des Marktes durch die öffentliche Hand (Staat)« (Mies 2005, 34).

Neu an diesem Modell ist heute, dass all dies nun für sämtliche Beteiligte und Bereiche des Wirtschaftens, ja der gesamten Gesellschaft, und zwar in aller Welt gelten soll, wobei diese Art des Wirtschaftens auf das gesamte Leben und die gesamte Natur ausgedehnt wird. Das heißt:

- dass die einstmals »entbettete« Wirtschaft auf diese Weise inzwischen selbst das »Bett« für alles andere zu sein beansprucht und damit auch für die politische Macht;
- dass eine neue, umgekehrte »Wirtschafts-Ethik« und mit ihr ein Menschenbild definiert wurde, die den Altruismus, das uneigennützige Helfen, das Versorgen Anderer und das Übernehmen von Verantwortung als sogenanntes »Gutmenschentum« verhöhnt (Gruen 1997). Es wird sogar behauptet, dass das Gemeinwohl in allen seinen Aspekten realistischerweise nur vom ungebremsten Egoismus des Einzelnen sowie insbesondere vom Wohl der transnationalen Konzerne, die inzwischen das Wirtschaftsgeschehen bestimmen, abhängt. Entsprechend müsse »die Wirtschaft«, worunter letztlich paradoxerweise nur die Konzerne verstanden werden, »frei« sein, und das heißt frei von jeder Verantwortung und frei von jeder Leistung für die Gesellschaft;
- dass das rationale Kosten-Nutzen-Kalkül mit dem Ziel der Profitmaximierung inzwischen nicht nur für den unternehmerischen Produktionsbereich und die damit zusammenhängenden Dienstleistungen und Handelsaktivitäten gelten soll, sondern auch für den bisher vom Profitmotiv gerade ausgenommenen und historisch deshalb geschaffenen öffentlichen Sektor und für den ebenfalls ausdrücklich vom Kosten-Nutzen- und Profit-Denken frei gedachten Reproduktionsbereich, insbesondere in Gestalt der privaten Haushalte;
- dass die Profitmaximierung in kürzester Zeit – also lediglich spekulations- und »shareholder-value«-orientiert – und deswegen möglichst grenzenlos, globalisiert orientiert erfolgen soll, also nicht mehr etwa am nationalen Eigenbedarf oder gar anderen, »außerökonomischen« Interessen, denn die Konzerne verstehen sich heute nicht mehr zugehörig zu einer bestimmten Nation oder Gesellschaft (Sassen 2000);

- und dass dafür ein »ebenes Spielfeld« – das sog. »level playing field« – geschaffen wird, welches für die »globalen Spieler« – die »global players« – die von ihnen selbst definierten günstigsten Bedingungen ohne »Hemmnisse« legaler, sozialer, ökologischer, kultureller oder eben nationaler Art bietet (Mies/von Werlhof 2003, S. 24),
- sodass die Konkurrenz damit auf einem Markt stattfindet, der frei von allen nicht marktkonformen bzw. außerökonomischen oder »protektionistischen« Einflussnahmen ist, sofern sie nicht den »großen Spielern«, den Konzernen selbst, dienen, sodass deren maximalem »Wachstum« und »Fortschritt« – und somit angeblich auch dem der kleineren Unternehmen und insbesondere dem der Arbeitsplätze – nichts mehr im Wege steht.

Der Unterschied zum alten Wirtschaftsliberalismus ist einmal ein quantitativer: Nach einer Phase der teilweisen Unterbrechung durch »Systemkonkurrenz«, Krise des Kapitalismus und Nachkriegs-»Keynesianismus« (nach John Maynard Keynes) mit seiner Orientierung am Sozial- und Wohlfahrtsstaat, an der internen Massenkonsum-Nachfrage (sog. »Fordismus«) und am Ziel der Vollbeschäftigung im Norden werden nun erneut die wirtschaftsliberalen Prinzipien der Vergangenheit durchgesetzt und darüber hinaus verallgemeinert und »globalisiert«. Denn die Systemkonkurrenz ist weggefallen. Warum? Der Streit geht darüber, ob nun »der Kapitalismus« in Gestalt des »Goldenen Westens« über »den – finsteren? – Sozialismus« gesiegt habe, oder ob – ganz anders – das beide enthaltende »Moderne Weltsystem« (Wallerstein 1979, 2004) heute insgesamt in einer Krise ist, die in eine totale, alle Rücksichtnahme ausschließende Konkurrenz um die globalen Ressourcen und »Investitions«-, d.h. Kapitalverwertungs-Möglichkeiten in aller Welt führt.

Die laufende Globalisierung des Neoliberalismus zeigt, wer Recht hat. Denn dieser Prozess hat auch qualitative Folgen, die zu völlig neuen Phänomenen führen:

Anstatt einer mit der angeblichen »Freiheit des Marktes« gegebenen demokratischen »vollständigen Konkurrenz« vieler kleiner Anbieter setz(t)en sich nun die bereits vorhandenen großen Unternehmen durch, und es entstehen am Markt neue Oligopole und Monopole von bisher unbekannter Größe. Der Markt ist damit nur noch frei für die Großen, heute die transnationalen Konzerne, und für alle anderen »unfrei«. Sie werden zu abhängigen Zwangsproduzenten, -arbeiterInnen und -konsumenten bzw. fallen ganz aus dem Markt heraus, indem sie dort weder mehr anbieten, noch nachfragen können. Das soll inzwischen schon für über 50% der Weltbevölkerung gelten, Tendenz wachsend (George 2001).

Das Kartell-Recht greift nicht mehr, weil als Norm nun die Transnationalen gelten. Die Konzerne – nicht »der Markt« als anonymer Mechanismus – bestimmen nach und nach sämtliche Spielregeln, z.B. die Preise und die Gesetzgebung, und geraten außer politischer Kontrolle. Das Spekulantentum mit durchschnittlich über 20% Profitrate (Altvater 2005) setzt sich gegen seriöse Produzenten durch, die im Vergleich »unrentabel« werden. Das Geld wird »zu schade«, um es in vergleichbar wenig lohnende, langfristige oder gar »nur« dem Leben dienende Projekte zu stecken. Es »wandert« nach »oben« ab. Das »Finanzkapital« bestimmt immer mehr, was »die Märkte« sind und tun (Altvater/Mahnkopf 1996), ja es hat sich bzw. wurde – nämlich durch Nixons Abkoppelung des Dollars vom Goldstandard 1971 – inzwischen vom Produktivkapital weitgehend »emanzipiert« und bildet nun eine Finanz-»Blase«, die das durch Produktion »gedeckte« Geld-Volumen um ein Zigfaches übersteigt (Lietaer 2006, Kennedy 1990). Außerdem sind inzwischen die meisten von uns wie auch alle Regierungen logischerweise beim Finanzkapital verschuldet, weil das Geld dort ist und nicht bei uns (Creutz 1995).

Diese »neoliberalen« Entwicklungen bewirken:

- dass kleinere, mittlere und selbst größere Unternehmen wegen ihrer im Vergleich zu Spekulationsgewinnen »unterdurchschnittlichen« Ergebnisse – man denke an ein generelles Wirtschaftswachstum von 1-2% – in die Pleite gehen, wegkonkurriert oder geschluckt werden;
- dass der öffentliche Sektor als historisch absichtlich installierter Bereich einer nicht Profit orientierten Wirtschaft und Verwaltung in seine »lohnenden« Bestandteile aufgeteilt und umgestaltet wird,

die »Gustostücke« von Konzernen übernommen – »privatisiert« – werden und der Gesamtbereich des »Öffentlichen« und des Sozialstaats »schlank« gemacht, also um seine nicht Gewinn versprechenden Anteile, um die es ja ursprünglich gerade ging, reduziert wird. Dadurch gehen immer mehr öffentliche Sozialleistungen für die sog. Daseinsvorsorge und ein wachsender Teil der bisherigen »Normalarbeitsverhältnisse« im öffentlichen, aber auch im bisherigen privaten Sektor der Klein- und Mittelbetriebe verloren, die immerhin bisher rund 80 % der Arbeitsplätze stellten. Der angebliche Zusammenhang von Wachstum und Arbeitsplätzen ist nicht vorhanden. Ja, sie gehen sogar immer mehr verloren, wo das Wachstum lediglich in der Fusion von Unternehmen besteht (Mies / von Werlhof 2003, S. 7 ff);

- dass die meisten neuen Arbeitsverhältnisse, wo es sie überhaupt gibt, »prekär« sind, also nur auf Teilzeit vorhanden bzw. niedrig entlohnt, was bedeutet, dass man von ihnen allein nicht mehr leben kann (Ehrenreich 2001). Damit werden die Arbeitsbedingungen im Norden denen im Süden, und die der Männer denen der Frauen tendenziell angeglichen, anstatt umgekehrt, wie man und frau bisher annahmen. Denn nun drohen die Konzerne damit, andernfalls noch mehr in den Süden – bzw. in den Osten – abzuwandern, oder/und vor allem weibliche Billig-Lohnarbeit ohne gewerkschaftlichen »Anhang« zu verwenden, wie es seit den 70er Jahren bereits in der »Freien Produktionszonen« (FPZ, »Weltmarktfabriken« oder »Maquiladoras«) geschieht, wo seitdem etwa Computerchips, Turnschuhe, Kleider und Elektronik herkommen (Fröbel / Heinrichs / Kreye 1977). Dort haben kolonialkapitalistische und generell autoritär-patriarchale Verhältnisse seit Jahrhunderten dafür gesorgt, dass Massen von solchen Arbeitskräften zur Verfügung stehen (Bennholdt-Thomsen / Mies / von Werlhof 1992). Die »Auslagerung« nicht nur von Industrien in eben diese FPZ, sondern nun auch von Dienstleistungen, ist dabei vor allem ein Ergebnis der sog. »dritten industriellen Revolution« in Gestallt der neuen Informations- und Kommunikationstechnologien. Viele Arbeitsplätze verschwinden dabei überhaupt, weil die Computerisierung dafür sorgt, dass nun auch im Verwaltungs- und Bürobereich die Automation bzw. Maschinisierung Einzug gehalten hat (Fröbel u. a. 1977). Die von Fortschrittsbegeisterten nicht vorgesehene Kombination von »high tech« und »low« oder gar »no wage« sorgt dafür, dass die für den Außenhandel so zentralen »komparativen Kostenvorteile« heute vor allem im Bereich der Arbeitskosten anfallen, so lange, bis im Prinzip auch in Österreich »chinesische Löhne« Einzug halten. Dabei zählt letztlich auch das Argument nicht, dass »die Wirtschaft« die Massennachfrage braucht. Denn einer Konzern-Wirtschaft ist es gleich, ob Österreicher kaufen oder z.B. chinesische und indische Konsumenten. Außerdem steht immer noch die heute wieder aktuelle Option offen, das Geschäft von der Konsumgüter- in die Rüstungsindustrie zu verlagern (Chossudovsky 2003);

- dass der Produktionsmittelbesitz in immer weniger Händen konzentriert wird, zumal das Finanzkapital, weil es selbst prekär ist, immer aggressiver alle Sachwerte okkupiert. Es entstehen dabei auch neue Formen des Privateigentums, z.B. durch den bereits erwähnten »Ausverkauf« öffentlichen Eigentums und durch die Transformation ehemals öffentlicher, aber auch privater Dienstleistungen bzw. Produktionen in solche, die dann durch Konzerne angeboten werden können, gerade auch in Bereichen, die vom Profitmotiv bisher zum Teil bewusst ausgenommen waren – z.B. Bildung, Gesundheit, Energie oder Wasserver- und -entsorgung. Dazuzurechnen sind auch neue Formen der sog. »Einfriedung« (»enclosure«, Enklaven) ehemals öffentlicher, privater, noch in Gemeinbesitz befindlicher (Allmende, »commons«) oder noch gar nicht ökonomisch genutzter Gebiete, wie z.B. der Meere, der Regenwälder und von Gegenden, die Bodenschätze oder genetische Vielfalt aufweisen bzw. von geopolitischem Interesse sind, wie Gebiete, durch die Pipelines gehen (sollen) (Isla 2005). Aber auch technologisch neu geschaffene virtuelle Räume, wie Informationsnetzwerke und der Zugang zu Medien, werden in neues Privateigentum verwandelt (Hepburn 2005). Das heißt, dass auch dieses neue Privateigentum im Wesentlichen durch mehr oder weniger räuberische Formen der Aneignung zustande kommt, also eine Neuauflage und Fortsetzung des historischen Prozesses der sog. »ursprünglichen Akkumulation« darstellt (von Werlhof 1991, 2003), die jetzt weltweit eine bedeutende Konjunktur hat: Wachstum durch Enteignung!

Dadurch, dass die meisten Menschen aber immer weniger Zugang zu Produktionsmitteln haben, nimmt die Abhängigkeit von immer spärlicher vorhandener bzw. entlohnter Arbeit auch noch zu. Da mit dem Abbau des Sozialstaats auch die öffentlich garantierte »Daseinsvorsorge« immer mehr zugrunde geht und auf die Dauer nur mehr privat, und d. h. teuer, in oft schlechter(er) Qualität bzw. nicht mehr »flächendeckend« nachgefragt werden kann – denn es hat sich inzwischen als Mythos herausgestellt, dass Private immer Besseres leisten als Öffentliche –, kommt es zur Unterversorgung, die wir sonst nur vom kolonialen Süden kennen. Statt dass also der Süden in Richtung Norden »entwickelt« würde, wie immer behauptet wird, findet umgekehrt eine Unterentwicklung des Nordens statt, der dem Süden des »Weltsystems« immer ähnlicher wird. Und diese Unterentwicklung ist – wie im Süden auch – das Ergebnis von Entwicklung (Frank 1969), von der neuesten zumal! Denn wo keine Unterentwicklung, da keine Entwicklung (Mies 2005). (Das dürfte nun langsam auch den »Entwicklungshelfern« auffallen).

Frauen werden zunehmend dazu angehalten, die drohende Unterversorgung durch zunehmende Versorgungsarbeit im Haus wettzumachen. Die Arbeitsbelastung und Unterbezahlung der Frauen nimmt dabei unerträgliche Ausmaße an, zumal diese generell gerade auch außerhalb des Hauses nur mehr miserabel bezahlte, nämlich »hausfrauisierte« Arbeit (Bennholdt-Thomsen u. a.1992,) vorfinden, auf die sie dennoch angewiesen sind. Gleichzeitig macht die Kommerzialisierung auch vor der Haustür nicht halt. Selbst die Hausarbeit wird z. T. vergesellschaftet und zum »Arbeitsplatz« umfunktioniert – neue Dienstmädchenfrage –, ohne deswegen aber ihren Charakter als prinzipiell nicht oder kaum entlohnte Arbeit endlich zu verlieren (von Werlhof 2004). Außerdem werden Frauen immer mehr in die Prostitution gezwungen (Isla 2003, 2005), die inzwischen eines der größten Geschäfte weltweit ist. Das zeigt nicht nur, wie wenig »Emanzipation« dazu führt, dass Frauen Männern »gleichgestellt« werden, sondern auch, dass »kapitalistische Entwicklung« keineswegs in einer Zunahme »freier« Lohnarbeitsverhältnisse bestehen muss, wie bisher von Links meist behauptet (Wallerstein 1979). Wäre dies der Fall, dann würde Neoliberalismus bedeuten, dass der Kapitalismus gerade – und auch noch freiwillig – in dem Moment verschwindet, wo er seine größte Ausdehnung erreicht!

Im »Weltsystem« gibt es inzwischen mit Hunderten von Millionen Quasi-Sklaven mehr davon als jemals in der Geschichte (Bales 2001), und das autoritäre Modell der »Freien Produktionszonen« erobert den Osten und zunehmend auch den Norden.

Die Schere zwischen arm und reich hat noch nie so weit auseinandergeklafft wie heute, weil durch all diese Phänomene eine verstärkte und beschleunigte rigorose Umverteilung von unten nach oben stattfindet. Die Mittelschichten steigen ab.

Es zeigt sich, dass der Neoliberalismus nicht das Ende des Kolonialismus, sondern ganz im Gegenteil auch die Kolonisierung des Nordens bedeutet. Diese »neue Kolonisierung der Welt« (Mies 2005) verweist zurück auf die Anfänge des »modernen Weltsystems« im »langen 16. Jahrhundert« (Wallerstein 1979, Frank 2005, Mies 1996), als die Eroberung Amerikas, seine Ausplünderung und seine koloniale Umgestaltung den Aufstieg und die »Entwicklung« Europas erst ermöglichten. Man sieht, die sog. »Kinderkrankheiten« der Moderne sind im Gegensatz zur üblichen Sichtweise auch die ihres fortgeschrittenen Alters, ja werden zum allgemeinen Prinzip ihrer neuesten Entwicklung, indem sie auch noch ausgedehnt anstatt eingeschränkt werden. Denn, wo kein Süden, da kein Norden, wo keine Peripherie, da kein Zentrum, wo keine Kolonie, da keine – zumindest keine »westliche« – Zivilisation (von Werlhof 1996).

Da nun aber Österreich Teil dieses Weltsystems ist, wird es nun immer mehr selbst zu einer Kolonie der Konzerne (zunächst vor allem der deutschen), was nicht ausschließt, dass es – vorläufig – selbst kolonisierend unterwegs ist, z.B. im Osten (Hofbauer 2003, Salzburger 2006).

Soziale, kulturelle, traditionelle und ökologische Rücksichtnahme wird entsprechend abgeschafft und macht einer neuen Plünderungsmentalität Platz. Alle weltweit noch vorhandenen Naturressourcen – Bodenschätze, Wälder, Wasser, Gen-Pools – geraten ins Visier der »Verwertung«. Eine rapide ökologische Zerstörung durch Raubbau macht sich breit. Wer mehr Gewinn dadurch macht, dass er Bäume fällt anstatt pflanzt, lässt sich heute nicht daran hindern, sie zu fällen (Lietaer 2006). Die Öffentlichkeit bzw. der Staat schreitet selbst dann nicht ein, wenn der Klimawandel bereits eingetreten und absehbar ist, dass eine weitere Abholzung der letzten Regenwälder das Erdklima unwiederbringlich zerstören wird, von anderen Effekten einmal abgesehen (Raggam 2004). Klima-, Tier-, Pflanzen-, Menschen- und allgemein Naturschutzrechte werden bisher nicht gegen Konzerninteressen eingeklagt, geschweige denn durchgesetzt, obwohl der Regenwald keine erneuerbare Ressource ist und das gesamte Ökosystem der Erde von ihm abhängt.

(Wären die Gier und der Rationalismus ihrer Durchsetzung wirklich eine anthropologische Konstante, hätten wir den heutigen Tag längst schon nicht mehr erlebt.)

Die Kommandantin des Space Shuttles, das 2005 die Erde umrundete, stellte beim Blick auf unseren Planeten fest: »Das Zentrum Afrikas brennt!« Es handelt sich um den Kongo, in dem sich der letzte große Regenwald des Kontinents befindet, und ohne den es keine Regenwolken über den Quellen des Nil mehr geben wird. Dafür wird man dann endlich an die schon so lange begehrten Bodenschätze des Kongos herankommen, um die seit Jahren Kriege toben, – Kriege um Koltan für Handys, das es nur dort zu geben scheint, um Erdöl, Diamanten und so weiter.

Auch die Wälder Asiens brennen seit Jahren, und das brasilianische Parlament hat Ende 2005 der Abholzung von 50% seines noch verbliebenen Regenwaldes am Amazonas zugestimmt. Währenddessen verdichten sich Gerüchte, dass Brasilien und Venezuela ihre Anteile am Amazonas überhaupt verkauft haben, aber nicht an die Amerikaner, sondern – »links«, wie sie angeblich sind, – an die Chinesen, die inzwischen unter chronischem Holzmangel leiden und ihr riesiges Wirtschaftswachstum sowie ihre Rolle als werdende ökonomische Weltmacht nicht ohne Ressourcen aus aller Welt aufbauen können.

Beim heutigen Rennen um die letzten Ressourcen der Erde fragt sich, was eigentlich die Welthandelsorganisation (WTO) gedacht hat, als sie China 2001 als neues Mitglied aufnahm: Sie dachte vermutlich an den chinesischen Riesenmarkt, aber nicht an die chinesische Riesenkonkurrenz. Immerhin lebt in China ein Viertel der Menschheit, und es ist längst ausgerechnet, dass die weitere Ausdehnung der westlichen Lebensweise um so eher zum ökologischen Kollaps führen wird, desto umfassender und schneller sie geschieht (Sarkar 2003).

Tendenziell wird nun alles, was auf der Erde existiert, in »Waren« verwandelt. Alles wird zum Objekt des »Handels« und der Kommerzialisierung gemacht, also eigentlich zum Objekt der »Liquidierung«, der Verwandlung in liquide Geldmittel. Mit dem Kapitalismus in seiner neoliberalen Phase wird nun auch global nicht nur die kostengünstigere, mehr oder weniger »lohnlose«, anstelle der regulär entlohnten Warenproduktion bevorzugt; sondern es wird als offensichtliches Hauptziel verfolgt, alles in Waren zu verwandeln (Wallerstein 1979), einschließlich das Leben selbst. So geht es nun in rasantem Tempo der gewaltsamen Vollendung, der lückenlosen Vervollständigung dieser »Produktionsweise« entgegen, der allgemeinen Kapitalisierung bzw. »Ver-Geldung« (Genth 2006) von allem, was da kreucht und fleucht.

Deshalb entsteht nicht nur das Lob des Marktes, sondern geradezu ein »Marktfundamentalismus«. An den Markt wird förmlich wie an einen Gott geglaubt, weil ohne ihn das alles gar nicht geht. Wenn der einzige Zweck des Wirtschaftens die totale, globale und maximale Akkumulation von Geld/Kapital als abstraktem Reichtum ist, muss überall und für alles ein im Sinne der Konzerne »freier« und mit kapitalistischem Geld funktionierender Welt-Markt da sein. In der globalen Eile, mit der diese Bedingung für die Realisierung der neuen Profitmöglichkeiten dort geschaffen wird, wo es sie noch nicht gab – z. B. im Irak, in Osteuropa oder in China – wird aber grundsätzlich eines übersehen: Die abstrakte Form des Reichtums, die geschaffen wurde, um angehäuft werden zu können, setzt die Zerstörung der

Natur als konkreten Reichtum voraus. Was bleibt, ist »ein Loch im Boden« (Galtung) und daneben eine Müllhalde aus nicht mehr verwendbaren Waren, ausrangierten Maschinen und nicht mehr gültigen Geldscheinen. Denn der abstrakte Reichtum kann, wenn kein ausreichend konkreter mehr da ist, heute vor allem in Gestalt der letzten Bodenschätze ganz plötzlich wieder verschwinden. Er »verdunstet«, sagte Marx. Das bedeutet, dass er eigentlich gar kein Reichtum ist. So fragt sich überhaupt, wo denn der ganze Reichtum geblieben ist, den das moderne Wirtschaften angeblich geschaffen hat. Er ist letztlich v.a. in Form von virtuellem bzw. Buch-Geld vorhanden – als eine jegliche Vielfalt entbehrende Mono-»Kultur«, die nur mehr einige Wenige kontrollieren, während immer mehr Menschen buchstäblich nicht mehr wissen, wovon sie eigentlich leben sollen: ohne »Ressourcen«, ohne Produktionsmittel und ohne Geld.

Das ist der Nihilismus dieser Wirtschaftsweise. Die ganze Welt wird in Geld verwandelt und ist dann sozusagen weg. Man kann Geld ja nicht essen. Was also nicht berücksichtigt wird, ist die Unmöglichkeit, Ware-Geld-Kapital-Maschinerie in Natur bzw. konkreten Reichtum zurückzuverwandeln. Man geht praktisch davon aus, dass die »Ressourcen«, die »Springquellen des Reichtums« (Marx), erneuerbar bzw. ebenso unendlich sind, wie das daraus geschöpfte »Wachstum« sein soll (von Werlhof 2003 b). Das ist natürlich ein Irrtum und er beginnt heute aufzufallen, nachdem z.B. gerade der »peak« bei der Ölförderung überschritten wurde, also die 50%-Marke in der Ausbeutung der Gesamtvorhaben.

Aber gerade die Aussicht auf ein Ende mancher Ressourcen scheint das Rennen weiter anzuheizen. Die Natur wird immer knapper, weil sie immer mehr, immer schneller und mit technisch immer »perfekteren« Mitteln in die Verwertung gerät. Dadurch werden vorübergehend zwar neue Investitions- und Gewinnmöglichkeiten, also neue Wachstumspotentiale, geschaffen, die sogar jetzt schon den Zugang zu den noch in der Zukunft liegenden Akkumulationsmöglichkeiten herstellen. Aber auf die Dauer ist diese Politik schon aus materiellen Gründen nicht möglich. Sie führt notwendig in den ökologischen, ökonomischen, monetären, sozialen, politischen und gesellschaftlichen Kollaps (Diamond 2005), der in weiten Teilen der Welt längst läuft: West-End.

Oder was sonst bedeutet es, wenn auf der höchsten Zivilisationsstufe, die angeblich je erreicht wurde, jede Sekunde ein Mensch auf der Welt verhungert? (Ziegler 2004). Diese Politik entbehrt daher, höflich gesprochen, jeder Seriosität. Sie ist stattdessen in jeder Hinsicht ein Verbrechen. Aber die banale Rationalität, mit der sie angeblich »vernünftig« daherkommt und die Hannah Arendt »die Banalität des Bösen« genannt hat, macht sie für Viele immer noch unsichtbar. Sie erkennen den Charakter dieser Politik nicht. Das wiederum ist als Ausdruck einer enormen geistigen und seelischen Krise zu interpretieren, welche die von den Meisten noch gar nicht wahrgenommene materielle Krise begleitet – nämlich die der Annihilation der Materie durch ihre Transformation, die wir irgendwie irreführend als »Materialismus« bezeichnen (ich dagegen als »Patriarchat«, von Werlhof 2003 b). Die Fülle der Materie von »Mutter Erde« ist nämlich dabei, einer unfruchtbaren gemachten Öde zu weichen, welche die Meisten nicht sehen können, solange ihnen der »Fortschritt« mit seinem angeblich »besseren« Ersatz den Blick verstellt. Die letzte Stufe des Patriarchats, der Kapitalismus, ist sinn-los und am Ende auch das Sein los: Kaputtalismus.

Wie konnten wir es nur zulassen, wird man sich bald überall fragen, dass die gesamte Wirtschaft, und nicht nur sie, sondern auch die Politik, die Wissenschaft, die Kunst und die gesamte Gesellschaft lediglich auf ein einziges Motiv reduziert wurden: den Monismus des Geld Machens?

Dass Kapitalismus und Demokratie angesichts des herrschenden »monetären Totalitarismus« (Genth 2006) typischerweise zueinander gehören, entpuppt sich im Neoliberalismus als Mythos schlechthin. Der Primat der Politik vor der Wirtschaft ist verloren gegangen. Die PolitikerInnen aller Parteien an der Macht haben ihn selbst abgeschafft. Konzerne diktieren die Politik. Demokratische Regeln gelten nicht mehr, wenn es um Konzerninteressen geht. Eine öffentliche Kontrolle findet nicht mehr statt. Öffentliche Räume verschwinden. Die »res publica« wird durch eine »res privata« bzw. »res privata transnationale« abgelöst, wobei »privare« mit »rauben« übersetzt wird.

Recht haben nur noch die neuen Machthaber. Sie stellen sich alle Lizenzen aus, die sie brauchen, die »Lizenz zum Plündern« ebenso wie die »Lizenz zum Töten« (Mies / von Werlhof 2003; Mies 2005). Wer sie behindert oder ihnen dieses »Recht« abspricht, wird ins Unrecht gesetzt, kriminalisiert, demnächst als »Terrorist« definiert oder – wie im Falle unbotmäßiger Regierungen – als sog. »Schurkenstaat« mit Krieg bedroht, wenn nicht gleich überzogen – wie Jugoslawien, Afghanistan, der Irak und demnächst vielleicht Syrien und der Iran. US-Präsident Bush hat jüngst sogar mit dem »präemptiven«, also dem vorbeugenden Erstschlag mit Atomwaffen gedroht, falls sich die USA durch Massenvernichtungsmittel bedroht fühlen sollten (Chossudovsky 2005). Die EU hat dem bisher nicht widersprochen (Chossudovsky 2006).

Neoliberalismus und Krieg sind die zwei Seiten derselben Medaille (Altvater / Chossudovsky / Roy / Serfati 2003, Mies 2005). Freihandel, Piraterie und Krieg sind auch und erst recht heute »dreieinig, nicht zu trennen«. Ja, der Krieg ist nicht nur »gut für die Wirtschaft« (Hendersen1996), sondern geradezu zu ihrer Voraussetzung und gewissermaßen zur »Fortsetzung der Wirtschaft mit anderen Mitteln« geworden. Wirtschaft und Krieg sind kaum mehr voneinander unterscheidbar (von Werlhof 2005 b). Kriege um Ressourcen (Klare 2001), insbesondere Öl und in naher Zukunft vor allem Süßwasser, haben – z. B. mit den Golfkriegen – schon angefangen. Der Militarismus tritt wieder »als Vollstrecker der Kapitalakkumulation« auf (Luxemburg 1970), nun allerdings potentiell überall und immer.

– Menschen- und Souveränitätsrechte sind von Menschen, Völkern und Regierungen auf Konzerne übergegangen (Clarke 1998). Das Volk als Souverän ist praktisch abgesetzt. Es hat eine Art Putsch stattgefunden. Das politische System des Westens und der bisherige Nationalstaat als Garant und Ausdruck der internationalen Arbeitsteilung im modernen Weltsystem lösen sich immer mehr auf (Sassen 2000) und entwickeln sich gemäß ihrer neuen untergeordneten Rolle zu »peripheren Staaten« in einer tendenziell despotischen »Neuen Welt-Ordnung« (Hardt / Negri 2001, Chomsky 2003). Die Demokratie gilt zunehmend als überholt. Angeblich »schadet sie der Geschäftsfähigkeit« – das gilt auch für Österreich (von Werlhof 2005 a).

In dieser neuen Ordnung gibt es auch eine neue Arbeitsteilung, die aber im Prinzip nicht mehr grundsätzlich zwischen Nord und Süd, Ost und West unterscheidet – das heißt, alles gilt als Süden. Dementsprechend wird ein neues »Internationales Recht« geschaffen, das »top down«, von oben nach unten gilt und alle noch vorhandenen nationalen, regionalen, lokalen und kommunalen Rechte verdrängt, ja sogar vor- und rückwirkend zu Fall bringt (vgl. die »roll back«- und »stand still«-Klauseln in den WTO-Abkommen, Mies / von Werlhof 2003).

Die Logik des Neoliberalismus als eine Art totaler Neo-Merkantilismus heißt also: Alle Ressourcen, alle Märkte, alles Geld, alle Profite, alle Produktionsmittel, alle »Investitions«-Möglichkeiten, alle Rechte und alle Macht auf der Welt den Konzernen! »Die Konzerne kriegen alles!« (frei nach Sennett 2005) – und zwar sofort. Sie können damit sogar machen, was sie wollen. Niemand hat ihnen dreinzureden. Und sie dürfen den ganzen Globus buchstäblich auf's Spiel setzen, denn man muss ihnen gestatten, einen Weg aus ihrer Krise zu finden. Eine Verantwortung tragen sie nicht. Der bisherige Gesellschaftsvertrag ist aufgekündigt (von Werlhof 2003 a).

Die Konsequenzen zu thematisieren, ist verboten. Widerstand gilt – schon oder erst demnächst – als »Terror« und wird verfolgt (Chossudovsky 2005).

3. Neoliberale Politik in Aktion

Die Logik des Neoliberalismus wird keineswegs sich selbst überlassen. Sondern sie wird seit Chile tatkräftig in Politik und Unrecht im globalen Maßstab umgesetzt, und zwar seitens westlicher Regierungen und Konzernvereinigungen wie der Internationalen Handelskammer (ICC) oder dem European Round Table of Industrialists (ERT), der Organization for Economic Co-operation and Development (OECD), dem European Services Network (ESN), dem amerikanischen Dienstleistungs-Industrie-Verband, US Coalition of Service Industries (USCSI) etc. sowie den neu organisierten Bretton-Woods-Institutionen der Nachkriegszeit: der Weltbank (WB), dem Internationalen Währungsfonds (IWF) und der Welthandelsorganisation (WTO), in

Nachfolge des General Agreement on Tarifs and Trade (GATT) seit 1995 (Perkins 2004).

Dem angeblichen Naturgesetz kapitalistischen Wirtschaftens in Zeiten des Neoliberalismus wird also massiv nachgeholfen, und zwar so, dass der ganze Prozess nicht nur globalisiert, sondern vor allem auch beschleunigt wird. »Speed kills!« ist der obszöne Spruch dafür, den auch österreichische PolitikerInnen im Munde führen. Das zeigt im Übrigen, dass sie sehr wohl wissen, was sie tun. Der Spruch besagt, dass durch beschleunigte »Reformen«, die eigentlich De-Formen sind, so schnell die Weichen gestellt werden, dass die Betroffenen gar nicht rechtzeitig merken können, was hinter ihrem Rücken und über sie hinweg beschlossen wurde. Wenn die Wirkungen nach einem time-lag eintreffen, sind die verantwortlichen Politiker nicht mehr da, oder/und es kann »legal« nichts mehr rückgängig gemacht werden (von Werlhof 2005 a). Protest und Widerstand kommen durch solche Überrumpelung chronisch zu spät. Es ist alles schon passiert und scheinbar irreversibel, so, als hätte eine Naturkatastrophe stattgefunden.

Die PolitikerInnen, die uns weismachen, dass die »Reformpolitik« keineswegs ein Problem, sondern die Lösung aller Probleme sei, und uns ansonsten mitteilen, dass gegen die Globalisierung kein Kraut gewachsen sei, haben den global ausgerichteten Neoliberalismus, von dem sie nicht sprechen, eigenhändig eingeführt und durchgesetzt. Und sie haben das sowohl im nationalen Rahmen wie auch durch die Regierungsbeteiligungen in den Gremien der EU und WTO, WB und des IWF getan. Sie erklären uns allerdings nicht, wieso sie dazu bereit waren und weiterhin ausnahmslos (?) sind, und das quer durch alle Parteien, die an dem, was von der »Macht« noch geblieben ist, sind oder in ihrer Nähe (Dimmel/Schmee 2005). Ja, sie scheinen sich noch nicht einmal daran erinnern zu können, dass sie vor kurzer Zeit noch durchaus gegenteilige Positionen gekannt und vertreten haben. Was ist mit ihnen allen geschehen? Wurden sie gekauft und bedroht, erpresst und »gehirngewaschen«?

Eines ist jedenfalls sehr klar: Die PolitikerInnen leiden nicht am Elend der Welt, das sie täglich mit herbeiführen und legitimieren. Es geschah und geschieht mit ihrer Hilfe, so als seien sie die politischen

Angestellten der Konzerne, die ja nicht selber und unmittelbar die Alltagspolitik machen können, geschweige denn wollen.

Doch nun wieder der Reihe nach.

Seit den 80er Jahren dienen zur Durchsetzung des Neoliberalismus zunächst die Strukturanpassungsprogramme, SAP, von WB und IWF gegenüber den Ländern des Südens, die wegen ihrer Verschuldung erpressbar sind. Damit gehen zahlreiche Militärinterventionen und neue Kriege einher, die der Übernahme von verbliebenen Werten dienen wie der Sicherung von Rohstoffen, aber auch der dauerhaften Einführung des Neoliberalismus als Wirtschaftspolitik, der Niederschlagung von Widerstandsbewegungen, im Vorhinein schon zynisch als »IWF-Aufstände« bezeichnet, und die außerdem das Geschäft des Wiederaufbaus organisieren (Chossudovsky 2002, Mies 2005, von Werlhof / Bennholdt-Thomsen / Faraclas 2003).

Mit Ronald Reagan und Margret Thatcher wird der Neoliberalismus in den 80er Jahren gleichzeitig in Anglo-Amerika eingeführt. 1989 wird der sog. »Washington Consensus« formuliert, der mit »Deregulierung, Liberalisierung und Privatisierung« weltweit zu allgemeiner Freiheit, allgemein steigendem Wohlstand und ebensolchem Wachstum zu führen behauptet. Dies wird zum Credo aller Neoliberalen, zu ihrer Rechtfertigung und zu ihrem Versprechen. Wir wissen inzwischen, dass es nur für die Konzerne Wirklichkeit geworden ist, während alle anderen dafür aufkommen mussten.

Im Festland-Europa beginnt der Neoliberalismus mit der Krise Jugoslawiens, die durch die Anwendung der SAPs seitens der WB und des IWF hervorgerufen wird, die zur Ausplünderung und zum Zerfall des Landes und am Ende in einen Bürgerkrieg um die letzten Ressourcen führt (Chossudovsky 2002). Heute, nach dem NATO-Krieg von 1999 (Richter / Schmähling / Spoo 2000), ist der Balkan zersplittert, besetzt und geopolitisch unter neoliberaler Kontrolle, u. a. wegen des zukünftigen Erdöl- und Gastransports vom Kaukasus aus in den Westen (z. B. für die »Nabucco«-Gas-Pipeline, die ab 2011 den Transport vom Kaspischen Meer durch die Türkei und den Balkan leisten soll, Lietaer 2006). Der Wiederaufbau am Balkan ist inzwischen ein Geschäft westlicher Konzerne.

Bereits in den 80er Jahren kommt es zum Krieg zwischen dem Irak und dem Iran, wo Saddam Hussein noch vom Westen unterstützt wird, und Anfang der 90er Jahre zum Golfkrieg gegen den Irak, der schon damals die dauerhafte US-Präsenz im wichtigsten Ölgebiet der Welt ankündigt.

Gleichzeitig gibt es die EU-Verträge, zunächst von Maastricht und Amsterdam, die ungeschminkt neoliberal ausgerichtet sind (Boulboullé 2003). Hier wird Europa endgültig und alternativlos der Neoliberalismus verschrieben. Und alle Regierungen, ob links, rechts, liberal oder grün machen mit. Eine Analyse dieser Politik des Neoliberalismus, ihrer Geschichte, ihrer Hintergründe, ihrer bisherigen Wirkungen in anderen Teilen der Welt und ihres Zusammenhangs mit einem neuen Militarismus findet nicht statt. Das gilt auch für Österreich, dessen Bevölkerung 1995 mit ca. 60 % für einen Beitritt zur EU stimmt, ohne auch nur im Geringsten darüber aufgeklärt worden zu sein, was das bedeuten würde. Zuerst kommen die sog. »Sparpakete«, die in etwa den SAPs entsprechen und die Umverteilung nach oben einleiten, dann die Steuerreformen, der Beginn der Privatisierungen, die Pensionsreform und der Euro, der wie eine Inflation wirkt, die bis heute nicht zugegeben wird, aber einen zusätzlichen Einkommensverlust von mindestens 30 % mit einem Schlag bedeutet hat. Daneben steigt die Arbeitslosigkeit kontinuierlich an und es verschlechtern sich überall die Arbeitsbedingungen (Sozialministerium 2005).

Inzwischen werden 80 % aller Gesetze, die Österreich betreffen, in Brüssel gemacht. Die österreichische Bundesregierung hat nichts Wesentliches mehr zu sagen und ihre Verantwortung für die Bevölkerung praktisch aufgegeben.

Auch heute, über 10 Jahre später, ist immer noch nicht öffentlich geklärt worden, was der Neoliberalismus mit der EU und Österreich, mit Chile oder dem Kongo zu tun hat.

Im Jahr der Gründung der WTO 1995 werden auch die WTO-Abkommen zur konkreten und beschleunigten Durchsetzung des Neoliberalismus von allen EU-Mitgliedern, die alle auch Mitglied in der WTO sind, übernommen, vor allem:

- das »Multilateral Agreement on Investments«, MAI,
- das »General Agreement on Trade in Services«, GATS,
- das »Trade Related Aspects of Intellectual Property Rights«-Abkommen, TRIPS, und
- das »Agreement on Agriculture«, AoA, das nun noch von den
- »Non-Agricultural-Market Access«-Verhandlungen, NAMA, ergänzt wird.

Alle diese Abkommen zielen in den Bereichen, für die sie zuständig sind, auf eine schnelle globale Durchsetzung, ja sogar der Erzwingung der jeweiligen Konzerninteressen ab.

So sah das MAI vor, das in dieser Form allerdings zunächst nicht durchsetzbar war (s. II), sämtliche Aktivitäten der Konzerne, definiert als »Investitionen«, von irgendwelchen Eingriffen, Rechten oder Regeln seitens staatlicher oder ziviler Akteure zunächst in den 29 OECD-Mitgliedsländern, auf die Dauer in allen ca. 150 WTO-Mitgliedsländern, zu befreien. (Mies/von Werlhof 2003). Noch nie zuvor, nicht einmal in den Kolonien, hat es eine solche »Freiheit« der Mächtigen von jeglicher Verantwortung für ihr Handeln gegeben. Es ist deshalb erklärlich, warum dieses Abkommen jahrelang geheim gehalten wurde. Dabei haben aber auch die Gewerkschaften mitgemacht, die über die TUAC, das Trade Union Advisory Committee, an den MAI-Verhandlungen bei der OECD in Paris dabei waren. Nur eine gezielte Indiskretion brachte das MAI 1997 ins Licht der Öffentlichkeit. Aber auch dann noch versuchte das dabei für Österreich federführende Wirtschaftsministerium, das Bekanntwerden des Abkommens zu verhindern und, als dies nicht möglich war, seinen Inhalt zu verharmlosen und dessen Kritik höhnisch als »Feigheit« vor dem Neuen, als »Ausländerfeindlichkeit« gegenüber internationalen Konzernen und als »Verschwörungstheorie« abzutun. Dabei ist der jede Phantasie bei weitem übertreffende Inhalt dieses Abkommens gerade keine Theorie, sondern klärt die Praxis des Neoliberalismus. Und er stellt insofern gerade keine Verschwörung dar, als ihm ja alle an den Verhandlungen Beteiligten aus Regierungen, bestimmten NGOs (Non-Governmental Organizations), Gewerkschaften und Konzernen zugestimmt haben. Für die nichts ahnenden Bevölkerungen, die ja über den Charakter des Neoliberalismus bewusst im Unklaren gelassen werden, aber ist dieses Abkommen wie eine tatsächliche »Verschwörung« der Machthaber und -repräsentanten gegen die Menschen.

Teilweise ist das MAI allerdings bereits Realität, nämlich in bilateralen Verträgen und in der bereits 1994 eingeführten Nordamerikanischen Freihandelszone, NAFTA, der die USA, Kanada und Mexiko angehören. Der Versuch, ganz Amerika in eine Freihandelszone, die FTAA, zu verwandeln, scheitert allerdings zurzeit am Widerstand der meisten lateinamerikanischen Regierungen. Dass am Ende die ganze Welt eine Freihandelszone wäre, kann im Moment als unrealisierbar angesehen werden.

Das GATS, das sog. Dienstleistungsabkommen, dessen konkrete Verhandlung seit Ende der neunziger Jahre ebenfalls geheim gehalten wurde, beschreibt die Pläne einer durchgehenden Konzern-»Privatisierung« und -Kommerzialisierung aller Lebens- und Naturbereiche ohne Ausnahme und in möglichst kurzer Zeit und den Weg ihrer Umwandlung in »handelsbezogene« (trade related), also kommerzielle »Dienstleistungen« bzw. in Waren. (Mies / von Werlhof 2003, S. 7ff). GATS ist zu verstehen als ein Prozess der sukzessiven »Liberalisierung« des Umgangs mit »Dienstleistungen« weltweit. Dabei werden von allen Mitgliedsländern Angebote eingeholt und Forderungen an sie gestellt. Es hat sich als schwierig herausgestellt, die jeweils aktuellen Listen einzusehen. »Sensible« Bereiche wie Bildung, Gesundheit und Wasserversorgung werden von der Politik regelmäßig als (noch) nicht zur Verhandlungsmasse gehörig dargestellt, was nachweislich gelogen ist. So hat in Österreich die Gründung von Medizin-Universitäten eindeutig mit der kommenden Privatisierung des Gesundheitswesens zu tun, und das Universitätsgesetz 2002, das UG02, mit der Privatisierung des Bildungswesens im Hochschulbereich (von Werlhof 2005 a), die international längst läuft und in Österreich jahrelang lediglich für eine »schwarzblaue« Schikane gehalten wurde, als ob etwa von Rot-Grün etwas anderes zu erwarten wäre. Dabei wird bereits u. a. der freie Hochschulzugang abgeschafft wie auch die Mitbestimmung und die längerfristige Beschäftigung, während Studiengebühren und konzernartige autoritäre Organisationsstrukturen im Stile eines höchst undurchsichtigen neoliberalen Absolutismus eingeführt, die Geisteswissenschaften reduziert und die Mitarbeiterleistungen nach Kriterien der Privatwirtschaft »evaluiert« werden (Progress). Die Umorganisation und Ökonomisierung der akademischen Forschung und Lehre zum Zwecke ihrer höheren Profitabilität für Investitionen der transnationalen Bildungsindustrie ist im vollen Gange. Auch in den Hochschulen gilt jetzt: Wissenschaft ist, was Geld einbringt, – fürwahr, eine intellektuelle Bankrotterklärung (von Werlhof 2003 c).

In Österreich werden seit Jahren, gerade auch im Wasser- und sonstigen Infrastrukturbereich, Privatisierungen durchgeführt; z.B. mit den Cross-Boarder-Leasing-Verträgen (CBL), die von Gemeinden mit US-Investoren überall abgeschlossen wurden (Rügemer 2004, Oberhöller 2006). Dabei kassierten die Gemeinden für die Überlassung und das Zurückleasen ihrer Einrichtungen zugunsten des US-Investors den sog. Barwertvorteil, den die Investoren ihnen von ihren Steuervergünstigungen für ausländische Direktinvestitionen abgaben. Was damit geschah, ist nicht bekannt. Bekannt ist nur, dass diese Lücke im US-Steuerrecht inzwischen geschlossen wurde und alle CBL-Geschäfte rückwirkend ab Anfang 2004 illegal sind (Der Standard 2005). Dadurch wird noch Einiges ans Licht der Öffentlichkeit kommen, sodass man auch in Österreich irgendwann einmal wissen wird, welches Tafelsilber schon verscherbelt wurde und ob und welche Formen der Korruption – die typisch ist bei Privatisierungen (Barlow / Clarke 2003, Shiva 2003) – dabei eine Rolle gespielt haben.

Generell sind »Dienstleistungen« im GATS definiert als – wie jemand einmal ironisch formulierte – »alles, was einem nicht auf den Fuß fallen kann«. Das bedeutet, dass es hier nicht nur um traditionell als Dienstleistungen geltende Tätigkeiten geht, sondern auch um das menschliche Denken, Fühlen und Handeln überhaupt. Selbst die Elemente Luft, Wasser, Erde und Feuer (Energie) sollen zunehmend in Waren verwandelt werden, wo das noch nicht der Fall ist, um auch aus dem Atmen und Trinken, dem Stehen- und Gehen-Müssen noch Profit zu schlagen (Barlow 2001, Isla 2003).

So soll es nach den Plänen zur Wasserprivatisierung in Nicaragua, z.B. bei Strafe in Höhe von 10 Mindestlöhnen verboten werden, einem durstenden Nachbarn, der sich keinen Wasseranschluss leisten kann, mit einem Eimer voll Wasser auszuhelfen (Südwind 2003). Wenn es nach den Wasserkonzernen ginge, deren größte übrigens französische und deutsche sind (Vivendi Universal, Suez, RWE), weshalb die Wasserprivatisierung ein im Wesentlichen europäisches Anliegen ist, dann soll der Nachbar eben verdursten! Mitleid stört nur das Geschäft.

In Indien wurden schon ganze Flüsse verkauft. Als dann Frauen mit ihren Büffeln, Kindern und der Wäsche zum Waschen wie immer am Ufer auftauchten, wurden sie als »Wasserdiebinnen« beschimpft und von der Polizei verjagt. Selbst die in Indien heilige »Mutter Ganges« soll verkauft werden (Shiva 2003).

Süßwasser, das gerade einmal 2% des Wassers auf der Erde ausmacht, ist als solches weder erneuer- oder wesentlich vermehrbar, noch eignet es sich generell überhaupt zur Ware, weil es zentral zu den jeweiligen Ökosystemen gehört. Man kann es also nicht einfach abtransportieren, ohne größere Konsequenzen vor Ort auszulösen (Barlow/Clarke 2003, Shiva 2003), wie z.B. Coca Cola im südindischen Kerala, wo der Konzern das gesamte Grundwasser abgesaugt hat, bevor er die Gegend praktisch als Wüste wieder verließ.

Auch »Investitionen« können, der absichtlich »weichen« Definition von Konzerntätigkeiten gemäß, im Übrigen als Dienstleistungen, z.B. Finanzdienstleistungen, bezeichnet werden, sodass das MAI-Abkommen doch noch existiert, indem es prinzipiell im GATS untergebracht werden konnte. Das GATS ist sozusagen ein um den Rest der Welt erweitertes MAI. (Es gibt zurzeit auch neue Bestrebungen, das MAI wieder auf OECD -Ebene durchzusetzen).

Als neueste Variante des GATS kann die sog. Bolkestein-Richtlinie (nach dem ehemaligen EU-Kommissar Bolkestein, vgl. Dräger 2005) angesehen werden, die eine Art Privatisierung der Entlohnung innerhalb der EU vorsieht. Demnach können Arbeitskräfte, die in der EU mobil sind, zu den Löhnen ihrer jeweiligen Herkunftsländer bezahlt werden, unabhängig davon, ob im Land, wo sie arbeiten, im entsprechenden Bereich etwa höhere Löhne gelten. Wird dies beschlossen, stehen quasi chinesischen Bedingungen nicht mehr viele

Hindernisse im Weg, und die europäischen Gewerkschaften können sich endgültig als obsolet betrachten. Warum, übrigens, haben sie so wenig bis gar nichts Wirkungsvolles gegen den Neoliberalismus unternommen?

Das GATS ist insgesamt der radikalste Denkansatz des militanten Neoliberalismus, weil er formuliert, was bisher gerade nicht getan wurde: dass es auf die Dauer überhaupt keine außerökonomischen Bereiche mehr geben solle.

Das GATS ist zu verstehen als Versuch, alles in der Welt, die gesamte Natur, Tiere und Pflanzen, Stoffe und Landschaften, den gesamten Menschen mit Haut und Haar und alles, was Menschen ausmacht, Arbeit und Freizeit, Sexualität und Schwangerschaft, Geborenwerden und Leben, Sterben, Töten und Tod, Frieden und Krieg, Wünsche und Wille, Geist und Seele ... in »Waren« bzw. kommerzielle »Dienstleistungen« zu verwandeln, um daraus Profit zu schlagen (Frauennetz Attac 2003).

Was ist, wenn es keine nicht-kommerziellen Bereiche mehr gibt? Was ist, wenn die zum ersten Mal im Nationalsozialismus vorgenommene, geradezu futuristische (Ruault 2006) – vonwegen rückwärtsgewandte! – Wert- wie Unwert-Setzung von Leben zur normalen gesellschaftlichen Praxis wird? Was ist, wenn der Umgang mit Menschen als sog. »Humankapital« Alltag geworden ist?

Was ist, wenn alles zur Ware geworden ist? Und: Ist das überhaupt möglich? Jedenfalls wäre dann logischerweise nichts mehr da, was noch verwandelt werden könnte, und der Prozess käme notgedrungen, mangels Masse, zum Erliegen. Wir Lebewesen aber auch. Es wäre der allgemeine Tod, allerdings einer, dem kein neues Leben mehr nachfolgt. Denn die Ware ist nur das ehemals Lebendige. Sie kann aus sich kein neues Leben hervorbringen (von Werlhof 2006).

Es ist einer jahrtausendelangen Tradition patriarchal-»alchemistischen« Denkens zuzuschreiben (von Werlhof 2003 b), dass die angeblich »schöpferische« Transformation von Naturdingen oder Lebewesen in teilweise oder gänzlich künstlich »gemachte« nicht als Zerstörung wahrgenommen, sondern als das »Höhere«, »Edlere« und »Bessere« angesehen wird. Erst der moderne Typus dieser Transformation, die Warenproduktion, zeigt uns aufgrund ihrer globalen und tendenziell lückenlosen Durchsetzung am Ende, dass die Meisten einem »alchemistischen Wunderglauben« an diesen sog. »Fortschritt« aufgesessen sind. Diese Art von Religion hat bisher verhindert, dass die Gewalt, die damit andauernd ausgeübt wird, und die Bedrohung, die davon ausgeht, früh genug erkannt und abgewehrt worden sind. Denn selbst wenn das »GATS-Denken« niemals gänzlich in die Realität umgesetzt werden kann, so richtet es doch bereits heute riesige und zum großen Teil auch nicht wieder gutzumachende Schäden an.

Das TRIPS überschneidet sich insofern mit dem GATS, als es einerseits versucht, sich der Ergebnisse des Denkens und der oft Jahrtausende alten Erfahrung anderer Kulturen zu bemächtigen, nämlich ihres geistigen Erbes. Ziel der entsprechenden Konzerne ist es, sich die Inanspruchnahme dieses zunächst fremden, nun aber angeeigneten geistigen Eigentums bezahlen zu lassen. Die Definition als »handelsbezogene« intellektuelle Eigentumsrechte grenzt dabei nicht dieses Eigentum ein, sondern bezeichnet nur die Tatsache, dass damit ein Geschäft gemacht werden soll. Das gilt auch für Innovationen aus dem Norden, die man anderswo absetzen will, und zwar für Geld und – wenn nötig – mit Gewalt. Für beides wird das Patentrecht benutzt, insbesondere auch das der sog. »Patente auf Leben«, die v.a. mit der Entwicklung der Gentechnik einhergehen (Shiva 2004). Meist wird bisher das Eigentum an fremden Erfindungen oder Errungenschaften dann beansprucht, wenn man eine technische Veränderung daran vorgenommen hat, z.B. durch Genmanipulation, sodass man behaupten kann, man hätte es insgesamt selbst erfunden. Inzwischen wird aber sogar versucht, Pflanzen, Tiere, selbst das genetische Erbe von Menschen und genetische Ressourcen auch ohne vorherige Veränderungen direkt zu stehlen, indem man z.B. seine Entdeckung behauptet. Diese »Biopiratierie« (Thaler 2004) hat den Zweck, ohne jede Eigenleistung in den Genuss der Nutzung der entsprechenden Ressourcen zu kommen, bzw. allen anderen Nutzern einen Monopol-Preis für deren Mitnutzung abzuverlangen. Dies ist z.B. inzwischen beim »Basmati«-Reis der Fall, während ein Patent auf den indischen Neem-Baum rückgängig gemacht werden musste.

Für den Fall der Vermarktung eigener Erfindungen ist inzwischen der Fall des Monsanto-Konzerns am bekanntesten. Dieser versucht, möglichst alle Bauern und Farmer der Erde von seinem gen-modifizierten Saatgut abhängig zu machen, das absichtlich nur einmal fruchtbar ist – weswegen es »Terminator«-Saatgut heißt –, sodass die Bauern das Saatgut jährlich neu bei Monsanto kaufen müssen. Wegen solcher Abhängigkeiten haben in Indien Zigtausende von Bauern aufgegeben oder Selbstmord begangen (Shiva 2004). Die indische Physikerin, Ökologin und Globalisierungskritikerin Vandana Shiva nennt diesen Vorgang »Trading our lives away« (Shiva 1995). »WTO kills farmers!« ist inzwischen der Slogan der genauso betroffenen südkoreanischen Bauern.

Die interessierten Agrarkonzerne diskutieren jetzt sogar die Durchsetzung eines allgemeinen Verbots »traditioneller« Anbaumethoden überhaupt (arte 2005). So wurde Im Irak nach der US-Okkupation bereits die Bestimmung erlassen, dass irakische Bauern ihr Saatgut zu verbrennen und nur noch genmodifiziertes Saatgut zu verwenden hätten – nach Jahrtausenden der Landwirtschaft im Zweistromland, der Wiege der Agrarkultur (junge Welt 2004). Hieran zeigt sich, dass es bei der Gentechnik nicht um Verbesserungen geht, sondern um die Errichtung von globalen Monopolen. Dies geschieht zurzeit insbesondere über den Versuch, die Monopolkontrolle über die Vermarktung grundlegender Produkte und Dienstleistungen, die letztlich jeder Mensch in Anspruch nehmen muss, durchzusetzen nach der Devise: »Agrobusiness ist the biggest business!« Weizen als Waffe! (Krieg 1980) Allerdings häufen sich inzwischen die Probleme mit der Anwendung von gen-modifizierten Organismen, GMOs, etwa beim Saatgut (Grössler 2005). Es erweist sich als teuer, anfällig und von schlechter Qualität, benötigt immer mehr, statt weniger Pestizideinsatz und »verschmutzt«, d.h. zerstört die nicht modifizierten Parallelarten. Es wird immer mehr sichtbar, dass GMOs die irreversiblen Zerstörung eines noch unbekannten Teils der Pflanzenwelt und, je nach Anwendung, auch der Tierwelt mit sich bringen, weil auch dort die modifizierten Arten die anderen ausrotten und selbst nicht oder nur eingeschränkt fortpflanzungsfähig sind. Dabei vererben sie diese Schwäche an die nächste Generation weiter, ohne dass diese Prozesse rückgängig gemacht werden könnten (Verhaag 2004). Auf diese Weise wird statt einer neuen »Schöpfung« eine neue Unfruchtbarkeit in die Welt gebracht, die einen künstlich herbeigeführten Tod für immer auslöst, von dem niemand weiß, wie er zu stoppen wäre (von Werlhof 2006).

Das alles ist wie ein Alptraum, aber leider Realität. So gibt es z. B. in Kanada keinen natürlichen Raps mehr, in Argentinien und China werden Millionen von Hektar mit GMO-Saatgut angebaut, Hilfslieferungen in Notgebiete bestehen fast nur noch aus GMO-Getreide, und Kühe, die in Deutschland mit GMO-Futter ernährt wurden, sind nach zweieinhalb Jahren eines jämmerlichen Todes gestorben (Glöckner 2005). Selbst in Österreich, in dem immer so getan wird, als ginge es hier besonders naturbewusst zu, gibt es zurzeit generell kein GMO-freies Viehfutter am Markt und trotz aller bisherigen Erfahrungen soll Gen-Raps auch in Österreich angebaut werden (Karg 2005).

Die Erfindung von Lebensmitteln, die töten, und die Erzwingung ihres Konsums, noch dazu für teures Geld – eine derartige Verkehrung der Welt ist wohl kaum mehr zu überbieten. Dazu gehört schließlich auch die Erfindung eines GMO-Mais' seitens der Schweizer Firma Syngenta, der empfängnisverhütend sein und dort verbreitet werden soll, wo man die Bevölkerungszahl reduzieren will. Er enthält »Spermizide«, die aus den Genen unfruchtbarer Frauen gewonnen wurden (Reiter 2005). Fürwahr: Gen-Ozid, Mord und Geschäft in einem!

Es zeigt sich immer deutlicher, dass ein technischer Fortschritt, der an der Maschinentechnik orientiert ist, selbst dann keine Perspektive bietet, wenn er nicht tödlich sein soll. So kann aus der Zerstörung von Lebenskreisläufen, der Manipulation von daraus gelösten Lebens-»Bestandteilen« und der erzwungenen Neu-Zusammensetzung solcher Bestandteile kein wirklicher und schon gar kein besserer Ersatz für unmanipuliertes Leben entstehen (von Werlhof 1997). Bezeichnenderweise starben nämlich die Kühe des besagten Bauern an verschiedenen Arten des Kreislaufversagens. Die Kühe hatten also gewissermaßen den Zusammenhang ihres körperlichen (und geistigen?) Daseins verloren (vgl. die Symptome von BSE, dem sog. Rinderwahn). Was im Übrigen den Bauern nach seinem Schock am meisten wunderte, war, dass sich niemand in Politik und Wissenschaft für das Kuhsterben interessierte!

Währenddessen haben es die USA erreicht, dass die EU gezwungen werden kann, GMO-Produkte in allen Bereichen einzuführen und anzuwenden (Felber 2005). Und schon bemühen sich PolitikerInnen, wie z. B. der derzeitige deutsche Landwirtschaftsminister, dies auch zur Durchführung zu bringen (Alt 2005), obwohl die europäischen KonsumentInnen mehrheitlich klar und deutlich GMO-»Nahrung« ablehnen (Greenpeace 2004).

Das AoA, das Landwirtschaftsabkommen der WTO, zeigt in besonders deutlicher Weise, dass Freihandel keineswegs dasselbe für alle bedeuten soll. So zwingt der Norden dem Süden seine Agrarüberschüsse mit hoch subventionierten Dumping-Preisen auf und zerstört damit die internen Absatzmöglichkeiten der einheimischen Bauern, deren Produkte ansonsten ihrerseits durch Zollschranken vom nördlichen Markt ferngehalten werden. Da die Hälfte der Weltbevölkerung, 3 Milliarden Menschen, immer noch Kleinbauern sind (Amin 2004), bedroht das AoA deren konkretes Überleben massiv. Das AoA verwandelt aber nicht nur die Märkte zugunsten der Agrar-Konzerne, sondern führt zusammen mit dem TRIPS immer mehr zur Aufgabe bäuerlicher Existenzen. Das Land gerät wieder zunehmend in den Besitz von ausländischen Unternehmen, die ihr neues Saatgut durchsetzen wollen oder lediglich an Luxusprodukten wie Shrimps und Blumen für die Märkte der Wohlhabenden interessiert sind, aber nicht daran, dass die Menschen im Süden sich selbst ernähren können (Widerspruch 2004). Es ist wie in kolonialen Zeiten, nur noch krasser, weil die Subsistenz, die Selbstversorgung, inzwischen fast überall der zuerst kolonialen, nun der neokolonialen Vernichtung anheim gefallen ist (Bennholdt-Thomsen / Mies / von Werlhof 1992). Geschäfte und Profite sind mit Subsistenz eben nicht zu machen. Nachdem nun aber immer mehr Bauern Waren produzieren, nützt dies ihnen auch nichts. Die Geschäfte machen immer die anderen (Shiva 2004).

Die NAMA-Verhandlungen traten jüngst anlässlich des Hongkonger WTO-Gipfels im Dezember 2005 in den Vordergrund. Nun wird auch alles das als unbedingt verwertbar definiert, was in der äußeren Natur nicht mit der Landwirtschaft zu tun hat, z. B. die Fischerei und die »Bewirtschaftung« der Wälder, ja sogar des Sauerstoffs (Isla 2005). Auf diese Weise gerät – ganz im Stil der übrigen WTO-Abkommen – alles in die Verwertungsperspektive, was bisher eventuell ausgelassen worden ist, z. B. auch die Lebensräume indigener Völker, und zwar so, dass auch hier der Widerstand dagegen nun als »Enteignung« der Konzern(recht)e kriminalisiert werden kann (Goldman 1998).

Die WTO-Abkommen kann man allesamt als wirklich bösartig bezeichnen. Sie gehen bewusst allein vom Konzerninteresse aus. Das Leben ist ihnen gleichgültig. Entweder kann man es ausbeuten, oder es steht im Weg. Die Begriffe sind vage, ausgedehnt und beliebig interpretierbar, wenn es die Konzerntätigkeiten wie Investition, Dienstleistung und geistiges Eigentum betrifft; und sie sind scharf und eindeutig, wenn es darum geht, die mögliche Beeinträchtigung von Konzerninteressen – sog. »Hemmnisse« oder die sog. »schleichende Enteignung« – zu verhindern. Die wirklichen Sachverhalte werden umgekehrt: Wer den Konzern behindert, »enteignet« ihn angeblich. Stattdessen enteignen in Wirklichkeit die Konzerne die Menschen. Aller »Protektionismus« wird auf das Schärfste verurteilt, wenn er nicht den Konzernen zugute kommt. Dasselbe gilt für Zölle und Subventionen. »Öffnen« sollen sich immer nur die anderen. Der »Liberalismus« gilt nur da, wo er den Konzernen nützt.

Nur Konzerne haben hier so etwas wie Menschen-Rechte. Menschen, die ihre Rechte gegen Konzerne in Anspruch nehmen wollen, haben noch nicht einmal die Möglichkeit, dies überhaupt als Problem anerkannt zu bekommen, während umgekehrt Konzerne jeden verklagen können, der nicht in ihrem Interesse handelt – mit bester Aussicht auf Erfolg. Denn die WTO kann sich auch gegen Widerstand durchsetzen. Dafür ist sie mit dem sog. Streitbeilegungsmechanismus (Dispute Settlement Mechanism) ausgerüstet, einer Art international tätigem Gericht, das es ihr ermöglicht, ihre Abkommen und Beschlüsse, wo nötig, auch mit empfindlichen Strafmaßnahmen – vor allem finanzieller Art – durchzusetzen. Vor diesem Gericht, das wie die WTO selbst keiner demokratischen Kontrolle untersteht, können Konzerne und ihre Vertretungen ihre »Rechte« im Sinne der WTO-Abkommen gegen Staaten und alle Arten von Regierungen einklagen und bekommen fast immer Recht. Umgekehrt haben Staaten und Regierungen, von anderen Gruppierungen ganz zu schweigen, vor diesem Gericht aber noch nicht einmal ein Klagerecht. Das heißt, andere Rechte als die der Konzerne gibt es nicht einmal mehr der Theorie nach! (von Werlhof 2003 a).

Wie kann diese Politik den Menschen so erklärt werden, dass sie ihr zustimmen? Gar nicht, natürlich. Daher wird das ja auch nicht getan. Im Neoliberalismus findet die Ideologie ihr Ende. Denn der Neoliberalismus ist ein bewusster Betrug an den Interessen von 99% der Menschen auf diesem Globus, er legalisiert direkt Raub und Plünderung überall, und er ist der Intention ebenso wie der Wirkung nach ein wahres Massenvernichtungsmittel auch ohne direkte Kriegshandlungen. Wie viele Menschenleben wurden dem Neoliberalismus schon geopfert? Es wird geschätzt, dass sie bereits in die Hunderte von Millionen gehen (Ziegler 2004, Widerspruch 2004).

Generell sind die WTO und ihre Abkommen paradoxerweise auf Völkerrechtsebene angesiedelt, obwohl sie doch die Plünderung der von ihnen entrechteten Völker betreiben. Ein Verstoß gegen sie gilt aber als Verletzung der internationalen Rechtsordnung, die allemal über nationales und lokales Recht gestellt ist.

Auf diese Weise werden, wie noch 2005 in Österreich geschehen, z. B. Verfassungsklagen abgewiesen, die das WTO- oder auch EU-Recht als unvereinbar mit nationalen Verfassungen ansehen.

Die WTO und ihre Abkommen können demnach als Ermächtigungsgesetze für eine politische Globalverfassung zugunsten von Oligarchen verstanden werden und als erster Versuch, eine Art neototalitäre Weltregierung im Sinne einer »global corporate governance«, wenn schon nicht eines »global corporate government«, zu installieren. Es ist, als solle die Despotie, nun aber weltweit, wieder auferstehen, eine Art neue APW, die einstmals sog. »Asiatische Produktionsweise«, die nun aber nicht mehr asiatische, sondern amerikanische Ursprünge hätte.

Ich nenne die WTO inzwischen WKO, Weltkriegsordnung, oder auch W k.o. Wie ein Tsunami fegt sie über die Welt, um dabei alles Verwertbare aus ihr herauszusaugen.

4. Neoliberalismus und Militarismus der EU

Auf europäischer Ebene soll dasselbe qua EU-Verfassungsvertrag erreicht werden. Dabei ist dieser Vertrag genau denselben neoliberalen Prinzipien verpflichtet:

1. einer erstmalig in einer Verfassung überhaupt verankerten einzigen Wirtschaftspolitik, nämlich der neoliberalen, und
2. einer ebenfalls erstmalig in einer Verfassung verankerten Aufrüstungs- und militärischen Beistandsverpflichtung aller Mitgliedstaaten (Oberansmayr 2004).

Neoliberalismus und Militarismus treten auch hier wie die siamesischen Zwillinge auf (Lechthaler 2005). Die Wirtschaft ist wie ein Krieg nach innen und außen konzipiert, und die militärische »Verteidigung« ist definiert als die der eigenen ökonomischen Interessen »auch noch am Hindukusch« (ehem. deutscher Verteidigungsminister Struck), mit der realistischerweise zu rechnen ist.

So ist dies zwar im Verfassungsentwurf nachlesbar, wird aber dennoch als Beitrag zur europäischen Friedenssicherung ausgegeben. Denn Kriegshandlungen Europas gelten – wenn nicht lediglich als neue Art von Verteidigung, für die gar kein militärischer Angriff von außen vorliegen muss, – als »humanitäre Intervention«. Auf diese Weise wird auch der NATO-Krieg gegen Jugoslawien nicht als Krieg definiert, und Europa erscheint als »Friedensordnung« (Attac EU-AG Stuttgart und Region 2005). Dabei soll es bald sogar einsetzbare Atomwaffen in Europa geben (Galtung 1993, S. 145, Oberansmayr 2004, S. 114ff). Von einer Ächtung der Atomwaffen ist nicht mehr die Rede. Vor allem Frankreich, inzwischen aber auch Deutschland haben dieses Tabu mittlerweile hinter sich gelassen, und aus Österreich kommt keineswegs Protest (guernica 2006).

Für die europäische Art der Vermengung von Neoliberalismus und Krieg gibt es noch ein anderes Beispiel. Es ist im Dokumentarfilm »Darwin's Nightmare« (Sauper 2005) dargestellt. Der Film zeigt den Aufbau einer mit EU-Geldern geförderten modernen Fischindustrie am Viktoria-See in Tansania. Dafür wurde eine besondere Züchtung des Nil-Barsches, der so groß wie ein Mensch wird, im See ausgesetzt. Der Barsch frisst inzwischen die Gewässer leer, und es ist eine Frage der Zeit, wann der größte tropische See der Welt tot sein wird. Die einheimischen Fischer sind nun in ihrer Mehrheit AIDS-krank, arbeits- und einkommenslos, die Frauen prostituiert und die Kinder in Banden organisiert. Sowjetische Piloten fliegen mit großen Iljuschin-Maschinen die in der Fabrik verpackten Fischfilets zu den europäischen Konsumenten, und wenn sie wiederkommen, haben sie heimlich Schmuggel-Waffen für den Kongo und andere afrikanische Kriegsgebiete an Bord – von wegen »Stammeskriege«!

In Österreich kann man jedenfalls mit der Sprachregelung, die EU sei vor allem eine Friedensordnung, so tun, als sei die Neutralität weiterhin vorhanden und offiziell ihr Jubiläum feiern, wie 2005 geschehen. Dabei gibt es schon seit 1998 den § 23f in der Verfassung, den sog. Kriegsermächtigungsparagraphen der Bundesregierung, der sicherstellt, dass sich österreichische Soldaten an EU-Kriegen beteiligen können (Oberansmayr 2004, S. 46f). Dennoch wurde davon öffentlich kaum Notiz genommen. Ähnlich verniedlichend gelten auch die Eurofighter angeblich nur für die Luftraumüberwachung Österreichs und die Beteiligung Österreichs an den EU-»Schlachtgruppen« bei kommenden Kriegseinsätzen in aller Welt als Friedenseinsätze.

Der Trick ist, einfach das Gegenteil von dem zu behaupten, was der Fall ist. Die Worte haben inzwischen eine 180 Grad Wendung in ihrer Bedeutung genommen. Jedenfalls werden in Österreich die Ausgaben fürs Militär von 2004-2007 zunächst um 30% steigen (Werkstatt Frieden und Solidarität 2005). Da kann man jedenfalls schlecht sagen, dass es sich um Einnahmen handelt. Und der Erfolg ist, dass die EADS, die European Aeronautic Defence and Space Company, seit 2001 mit österreichischer Hilfe zum europäischen Rüstungsgiganten und größten Machtfaktor auf europäischer Ebene heranwächst (Oberansmayr 2004., S. 126ff).

Wie und wogegen die angesichts der beiden Eckpfeiler des EU-Verfassungsvertrages ebenfalls ausgeführten Grundrechte eingeklagt werden können – z.B. auch gegen Militarismus und Konzernwirtschaft –, bleibt dagegen nebulös. Sie sind das legitimatorische »Lametta«, ohne das man nicht auskommt und das von den BefürworterInnen einer solchen EU-Verfassung als Rechtfertigung für ihre sonst vollends unerklärliche Zustimmung missbraucht wird. Diese Politik des »Sowohl-als-auch« tut so, als sei es möglich, dem Fluch einen scheinbaren Segen an die Seite zu stellen, um ihn auch für die Verfluchten akzeptabel zu machen.

Von den BefürworterInnen der EU-Verfassung fragt jedenfalls niemand danach, was geschieht, wenn die neoliberale Wirtschaftspolitik scheitert und es dann keine verfassungsmäßige Antwort darauf gibt. Kommt dann vielleicht das Militär auch im Inneren zum Einsatz?

Gerade weil aber all diese Zusammenhänge so gut wie nie öffentlich diskutiert, sondern in ihrer Existenz regelrecht unterschlagen werden, sind die Ablehnung der EU-Verfassung durch die Bevölkerungen Frankreichs und der Niederlande sowie der vorläufige Stopp weiterer Abstimmungen darüber umso bemerkenswerter. Wir ÖsterreicherInnen wurden ja wie unsere deutschen Nachbarn gar nicht erst gefragt. Wie die Abstimmungen wohl ausgegangen wären?

Wozu dann aber noch die österreichische Verfassung im sog. Verfassungskonvent reformiert werden soll, wurde bisher auch nicht gesagt. Im Grunde ist sie ja längst abgeschafft. Aber vielleicht soll das ja durch ihre nachträgliche Anpassung an EU-Verfassung und WTO-Abkommen unkenntlich gemacht werden.

Wie weit ist die EU in die Krise geraten? Kann sie mit der neoliberalen Politik an ihre Grenzen kommen? (Widerspruch 2005). Wie viel mehr Arbeitslose als derzeit 30 Millionen und wie viel mehr als rund 70 Millionen Arme (Armutskonferenz) kann die EU verkraften? Wie oft kann sie das Scheitern von Privatisierungen, wie das der englischen Eisenbahn, durch die sog. ppp, die »public private partnership«, will sagen, die Einspeisung von Steuergeldern in Konzernprojekte, auffangen? Was geschieht überhaupt nach dem allgemeinen Ausverkauf der Nationen? Wie kann die EU mit einer dramatischen Reduktion der bisher tragenden Mittelschichten umgehen? Was tut sie mit den frustrierten jungen Männern, die selbst als Weiße ihre Perspektiven verlieren? Bedeutet die Revolte in den französischen Vorstädten, dass der Bürgerkrieg auch im europäischen Norden schon begonnen hat? Was tut die EU mit dem bisher nicht integrierten Rechtsradikalismus, der hier anknüpft? Was hat die EU vor, wenn die Gas- und Benzinpreise explodieren, ja das Öl und – wie in Südeuropa aufgrund des Klimawandels schon jetzt – das Süßwasser knapp werden? Wo doch weder Industrie, noch Landwirtschaft, Transport oder Atomkraftwerke ohne diese auch nur einen Moment auskommen, und wo auch die Solartechnologien beileibe noch keine umfassende Antwort auf die Energiekrise sind (Sarkar 2003)?

Bei einer europäischen Sicherheitskonferenz 2005 wurden Szenarien durchgespielt, in denen die Bürger sich gegen ihre Verarmung erheben (Genth 2006). Wie wird die EU angesichts ihrer angeblichen »Werte« ihren BürgerInnen einen unter Umständen möglichen Militäreinsatz nicht nur nach Außen, sondern auch im Inneren erklären? Muss sie dafür erst ihre eigene Politik mit dem Terror erfinden? (Chossudovsky 2003)

Die österreichische EU-Präsidentschaft im ersten Halbjahr 2006 hatte aber erst einmal genug damit zu tun, die EU-Verfassung, die »nicht tot, nur noch nicht in Kraft ist« (Bundeskanzler Schüssel, Januar 2006), wiederzubeleben und den »Bolkestein-Hammer« vorzubereiten. Außerdem droht gerade jetzt nichts Geringeres als ein eventuell beginnender Atomkrieg des Westens gegen den Iran (Chossudovsky 2006, Petras 2006)! Dabei geht es um die Kontrolle westlicher Konzerne über Öl- und Gasvorkommen in Mittelasien, die inzwischen nicht nur von Russland, sondern auch von Indien und vor allem China infrage gestellt wird. Ob es dann reicht, hinter den Kulissen »Reformen« durchzupeitschen, nach außen hin aber »Immer mit der Ruhe« und »Alles in Ordnung« zu signalisieren?

II. Alternativen als Folge der Globalisierung des Neoliberalismus

Dass der Magistrat der Stadt Wien im November 2005 zu einer Veranstaltungen über »Alternativen zur neoliberalen Globalisierung« in die Arbeiterkammer einlud, entbehrt nicht der Ironie. Zwar ist das Problem offiziell noch gar nicht anerkannt, dennoch soll es bereits um Alternativen dazu gehen. Das war deshalb auch nicht so richtig möglich. Dabei waren die etwa 300 anwesenden Personen offensichtlich an einer solchen Debatte interessiert. Denn es macht sich bei ihnen im Alltag inzwischen deutlich bemerkbar, was neoliberale Politik bewirkt. Also suchen sie nach Erklärung und Abhilfe. Von oben wird die allerdings nicht so bald kommen. Das war ersichtlich.

Von oben kommt sie aber auch anderswo nicht.

Die Diskussion um Neoliberalismus, Globalisierung und Alternativen dazu begann in Mexiko am 1.1.1994 mit dem Aufstand von gut vorbereiteten Indios aus dem südmexikanischen Urwald (Topitas 1994). Sie, Männer, Frauen und Kinder, Mitglieder der sog. »Zapatistischen nationalen Befreiungsarmee«, genannt nach dem mexikanischen Bauern und erfolgreichen Anführer der mexikanischen Revolution von 1910, Emiliano Zapata, »besetzten« gewaltlos einige zentrale Plätze in den Zentren des Bundesstaates Chiapas. Sie erklärten ihren Kampf gegen die Integration Mexikos in die neoliberale NAFTA, die nordamerikanische Freihandelszone, in die auch die USA und Kanada am gleichen Tag eintraten. Einer ihrer Redner, der inzwischen weltberühmte »Subcommandante Marcos«, erklärte, warum. Der Neoliberalismus sei ein »Weltkrieg der Finanzzentren gegen die Menschheit« und der Ausdruck der weltweiten Krise, nicht des Welterfolgs des Kapitalismus.

Die Indios hatten beschlossen, dabei nicht widerstandslos mitzumachen. Ihre Alternative war ihnen klar. Sie haben sofort angefangen, sie zu praktizieren – trotz aller Widerstände von Seiten der Regierung und des Militärs (Rodriguez 2005). Sie besteht in ihrer indigenen Version des »guten Regierens«, wie sie es nennen, und zwar durch Basisdemokratie, Egalität und eine nicht ausbeuterische, auf Selbstversorgung beruhende Ökonomie auf der Grundlage einer lokalen »Autonomie« sowie der Anerkennung der »Würde« eines Jeden (von Werlhof 1996). Dabei stützen sie sich auf ihre langen historischen Erfahrungen aus der Zeit vor der Kolonisierung, das sog. »tiefe Mexiko«, ein kulturelles und spirituelles Erbe, das sie über die Jahrhunderte bewahrt haben.

Indessen hat im Norden die zivilgesellschaftliche Bewegung gegen die neoliberale Globalisierung erst 1997/98 mit dem Kampf gegen die Ratifizierung des MAI, des Investitions-Abkommens der WTO/OECD, begonnen. Ihr erster Erfolg war das Scheitern des MAI infolge der Weigerung Frankreichs, dem MAI zuzustimmen. Die Bewegung breitete sich schnell über die ganze Welt aus und brachte bis zu 15 Millionen Leute auf die Beine, als es hieß, auch gegen Kriege, erst in Jugoslawien, dann in Afghanistan und im Irak zu mobilisieren.

2002 und 2003 überwog die »Stoppt GATS!«-Kampagne von internationalen Gruppen wie Attac, die überall Zulauf erhielten. Gleichzeitig entwickelte sich die Bewegung der »Sozialforen«, auf denen sich jährlich Gruppen, Alternativbewegungen und KritikerInnen der neoliberalen Globalisierung treffen, national, kontinental, regional oder global. Dabei kamen und kommen bis zu 100.000 und mehr Menschen aus aller Welt zusammen. Ihr Motto: »Eine andere Welt ist möglich!«

Weiter versammelte sich die Bewegung regelmäßig protestierend bei den Gipfeltreffen der WTO, des WEF (World Economic Forum) in Davos, der G8 oder der Weltbank, und brachte zwei WTO-Konferenzen, in Seattle und Cancún, zum völligen Scheitern, sodass die WTO dadurch erheblich geschwächt wurde (Shiva2005).

Dennoch ist Euphorie fehl am Platze. Denn eine Alternative zum Neoliberalismus entsteht nicht nur durch Proteste und Analysen. Sie muss praktiziert werden. Hier scheiden sich die Geister. Denn es werden auch »Alternativen« diskutiert, die mit Sicherheit keine sind, wie z. B. eine Reform der WTO, eine »Gestaltung« der Globalisierung durch NGOs, die Rückkehr zum Keynesianismus, zur »sozialen Marktwirtschaft« oder auch zum Sozialismus. Solche Vorschläge verkennen die Lage und verniedlichen das Problem. Es geht um weit mehr, wie uns der Neoliberalismus selbst täglich vorführt.

Der Neoliberalismus stellt eine Apokalypse, eine »Enthüllung«, dar. Er zeigt uns täglich, was wirklich der Fall ist. Deshalb kann er angesichts der von ihm selbst produzierten Realität auch gar nicht mehr gerechtfertigt werden. Das ist der Grund, warum die Betreiber dieser Politik, wenn sie zu offensichtlich wird, einfach lügen. Es hört hier die Möglichkeit der Rechtfertigung am Ende auf, weil jede Zweideutigkeit verschwunden ist. Da hilft auch der Versuch nicht mehr, die Konzerne als »Spieler« zu bezeichnen. Das kann nicht mehr verschleiern, dass es bitter ernst geworden ist und kein Mensch bei diesem Spiel mehr Witze macht.

Das ist das einzig Gute am Neoliberalismus. Er präsentiert ungeschminkt und absolut radikal die Wahrheit über die vor allem westliche »Zivilisation«. »Europäische Werte« – was ist das? Noch klarer kann es nicht werden. Daher haben die Menschen auch die Chance, die richtigen Schlussfolgerungen daraus zu ziehen.

Es braucht nichts Geringeres als eine andere Zivilisation – nicht bloß eine andere Ökonomie, Gesellschaft oder Kultur. Diese Zivilisation kann nur im größtmöglichen Gegensatz zum Neoliberalismus und seinen Wurzeln bestehen: Die Logik der Alternativen kommt daher schließlich aus der Reversion der Logik des Neoliberalismus. Denn der Neoliberalismus hat inzwischen wirklich alles umgekehrt, was ein »gutes Leben« für alle Lebewesen auf der Erde ermöglichen würde. Das ist es ja, was ihn für Viele immer noch so schwer verständlich macht: dass all dieser Horror wirklich betrieben, gewollt und von »unseren PolitikerInnen« auch noch mitgemacht, ja gemacht und gerechtfertigt wird!

Aber selbst wenn die Alternative halbwegs auf den Weg käme – keine Plünderungen, keine Ausbeutung, keine Zerstörung, keine Gewalt, kein Krieg, kein Zwang, keine Erbarmungslosigkeit, keine Akkumulation, keine Gier, keine Korruption … – dann ist doch nicht zu übersehen, wie schwer die Erde schon beschädigt wurde. Sie ist an vielen Stellen nicht mehr das Paradies, das sie vor 500 Jahren noch war, vor 200, vor 100. Die Verwüstung ist erheblich vorangeschritten, das Süßwasser entschwindet, vor allem auch durch das Abtauen von Gletschern und Polen, das Klima verändert sich mit Turbulenzen und Katastrophen, der Schutz der Atmosphäre gegen die Weltraumstrahlung ist vielerorts nicht mehr wirksam (Ozonschichtproblem); viele Arten der Fauna und Flora sind ausgestorben, die meisten Kulturen und ihr Wissen sind zerstört, die meisten Bodenschätze verbraucht. Und all das geschah in einer so kurzen Zeit, dass sie in der Erdgeschichte nicht mehr als eine Nano-Sekunde ausmacht.

Selbst wenn es also gelingt, vor allem ein neues Verhältnis zur Natur und damit eine neue Ökonomie und eine neue Technik zu schaffen, darüber hinaus auch ein neues Geschlechterverhältnis, das endlich von gegenseitigem Respekt getragen ist, ein neues Generationenverhältnis, das längerfristig ausgerichtet ist bis mindestens in die »7. Generation«, und ein neues politisches Verhältnis, das auf Egalität und der Anerkennung der Würde (sic) jedes Einzelnen beruht, dann stellt sich immer noch die Frage nach einer angemessenen »Spiritualität« gegenüber der Erde. Dabei können uns die existierenden Religionen allerdings nicht wirklich helfen, so wie sie auch bisher nichts Grundsätzliches gegen die laufende Vernichtung getan haben.

Es geht um den Versuch, wenigstens einen Teil der Schäden und der Gewalt, die der Erde zugefügt wurden, wiedergutzumachen. Niemand weiß, in welchem Umfang, und ob dies überhaupt möglich sein wird. Aber es ist sicher, dass dazu eine völlig neue »Pflege« des Verhältnisses zur Erde gebraucht wird, eine »cultura«, die auf emotionalen Qualitäten beruht, die bisher in uns immer nur bekämpft und vernichtet oder für die Warenproduktion preisgegeben wurden. Wir müssten also wieder fühlen, Schmerz ertragen, Ängste verlieren und lieben lernen in einem Ausmaß, das noch ganz und gar unvorstellbar ist (Anders 1994, Vaughan 1997). Vielleicht gelänge uns dann dieser Neubeginn des Lebens auf und mit unserer Erde. Eine andere haben wir jedenfalls nicht.

In der Zwischenzeit wurde aber schon Vieles begonnen, das in diese Richtung weist. In vielen Gegenden des Südens haben vor allem die indigenen Bevölkerungen ähnliche Bewegungen angefangen wie die Zapatisten in Mexiko (Esteva 2003). Insbesondere die Indios in Lateinamerika sind zu Millionen zu ihren alten, eine Vielfalt konkreten Reichtums hervorbringenden Anbaumethoden und zur Selbstversorgung zurückgekehrt; sie haben ebenso viele lokale Mini-

Märkte für den Tausch ihrer nicht selbst verbrauchten Produkte gegründet und sichern damit das Überleben und die ökologischen Bedingungen in ihrer Umgebung und weit darüber hinaus (Bennholdt-Thomsen / Holzer / Müller 1999): Die weltweite Bauernbewegung »via campesina« setzt sich überall für die Rechte solcher Kleinbauern ein und hat inzwischen Abermillionen Mitglieder. Überall in der Welt ist die »Lokalisierung« (Norberg-Hodge 2003) von Politik und Ökonomie im Aufwind. Es bilden sich neue Gemeinschaften, neue »commons«-Allmenden, also Gemeinschaftsbesitz und Kooperativen. Lokale Räte organisieren und vernetzen sich regional. In Indien nennt man diese Verhältnisse »living democracy«, den Beginn einer »earth democracy« (von Werlhof 2001).

Im Norden ersetzen lokale »Schwund«-Währungen in Tausenden von Fällen bereits das Geld, das Zinsen trägt und als Wertaufbewahrungs- und damit Spekulationsmittel, anstatt nur als Tauschmittel verwendet wird (Lietaer 1999).

Eine »Solidar-Ökonomie« entgegen einer Profit-Wirtschaft und eine »Grüne Ökonomie« (Milani 2000) dehnen sich international aus. In Nord und Süd wird mit dem sog. »partizipatorischen Budget« experimentiert, bei dem die lokale Bevölkerung in Gemeinden und Stadtteilen mit über die Verwendung der Steuergelder bestimmt. Ja, sogar eine Ökonomie des Schenkens und eine ebenso postkapitalistische wie postpatriarchale Gesellschaft werden wieder diskutiert (Vaughan 2004, 2006). In grundlegender Weise werden überall neue gemeinschaftliche Erfahrungen jenseits des Egoismus gesucht. Es werden Gemeinschaften gegründet, die zueinander stehen. Letztlich geht es darum, dass jede und jeder Einzelne umdenkt, umfühlt und neu zu handeln beginnt.

Von oben hat es noch nie Alternativen gegeben. Sie entstehen dort, wo die Menschen einzeln und in Gruppen beschließen, die Initiative zu ergreifen, um wieder über ihre Lebensbedingungen selber zu entscheiden (Korten 1996). Von unten aus (Mies 2001) breiten sich ein neues Lebensgefühl, eine neue Kraft und eine Gegenseitigkeit aus, die jeden Beteiligten stärken und aus dem Gefängnis einer »Individualität« befreien, die dazu diente, die Menschen auf lebende Waren oder von selbst funktionierende Maschinen zu reduzieren.

Diese Bewegungen unterlaufen die Projekte der Globalisierung, der Konzerne und der PolitikerInnen des Neoliberalismus vor allem dadurch, dass sie eine völlig andere Geisteshaltung eingenommen haben. Sie sind vom Glauben abgefallen und haben das Spiel durchschaut. »Entwicklung« ist zum Schimpfwort geworden oder Anlass für Witze. Von den PolitikerInnen wird erwartet, dass sie »endlich alle abhauen!« (»Que se vayan todos!«), wie zuletzt in Argentinien. Denn das ist überall klar geworden: Mit Politik und PolitikerInnen im Sinne der bestehenden politischen Systeme will hier niemand mehr zu tun haben, weil erkannt wurde, dass Politik als System niemals den Menschen dient, sondern ein Betrug gegen sie ist, sie spaltet und unter Ausbeutungs- und Herrschaftsverhältnisse zwingt. Und darauf reagieren immer mehr Menschen in aller Welt inzwischen nachgerade allergisch. Denn sie haben lange genug erfahren, dass Herrschaft sich immer für das Leben als »kontraproduktiv« erwiesen hat.

Selbstverständlich gibt es eine Alternative zur Plünderung der Erde, zum Krieg und zur Vernichtung der Welt – die ja seltsamerweise wirklich stattfinden. Indem das erkannt wird, beginnt etwas ganz Neues. Das Erste ist, mit der Gewalt aufzuhören, und zwar möglichst noch bevor der Bumerang der Hybris uns allen auf den Kopf gefallen ist.

Literaturhinweise

Alt, Franz, 2005, CDU/CSU setzen sich bei Gentechnik durch, in Sonnenseite, 13.11.

Altvater, Elmar, 2005, Das Ende des Kapitalismus, wie wir ihn kennen, Münster, Westfälisches Dampfboot

Altvater, Elmar und Mahnkopf, Birgit, 1996, Grenzen der Globalisierung. Ökonomie, Ökologie und Politik in der Weltgesellschaft, Münster, Westfälisches Dampfboot

Altvater/Chossudovsky/Roy/Serfati, 2003, Globalisierung und Krieg, in Sand im Getriebe 17, Internationaler deutschsprachiger Rundbrief der ATTAC-Bewegung, Sonderausgabe zu den Anti-Kriegs-Demonstrationen am 15.2.

Amin, Samir, 2004, Die neue Agrarfrage. Drei Milliarden Bäuerinnen und Bauern sind bedroht, in Widerspruch 47, S. 25-30

Anders, Günther, 1994, Die Antiquiertheit des Menschen, Bd.1: Über die Seele im Zeitalter der zweiten industriellen Revolution, München, C,H. Beck arte – Sender, 2005, US-Firmen patentieren Nutzpflanzen und wollen traditionellen Anbau verbieten, 15.11.

Attac EU-AG Stuttgart und Region (Hg.), 2005, EU global – fatal? Ergebnisse der Europa-Konferenz, Stuttgart

Bales, Kevin, 2001, Die neue Sklaverei. München, Kunstmann

Barlow, Maude, 2001, The Last Frontier, in The Ecologist, Februar, London

Barlow, Maude und Clarke, Tony, 2003, Blaues Gold. Das globale Geschäft mit dem Wasser, München, Kunstmann

Bennholdt-Thomsen, Veronika, Mies, Maria und Werlhof, Claudia von, 1992, Frauen, die letzte Kolonie. Zur Hausfrauisierung der Arbeit, Zürich, Rotpunkt

Bennholdt-Thomsen, Veronika, Holzer, Brigitte und Müller, Christa (Hg.), 1999, Das Subsistenzhandbuch. Widerstandskulturen in Europa, Asien und Lateinamerika, Wien, Promedia

Binswanger, Hans Christoph, 1998, Die Glaubensgemeinschaft der Ökonomen; München, Gerling Akademie Verlag

Boulboullé, Carla, 2003, Das MAI vor dem Hintergrund der Maastrichter und Amsterdamer Verträge, in Mies / von Werlhof; S. 108-115

Chomsky, Noam, 2003, Hybris. Die endgültige Sicherstellung der globalen Vormachtstellung der USA, Hamburg-Wien, Europaverlag

Chossudovsky, Michel, 2005, Americas »War on Terrorism«, Ottawa

Chossudovsky, Michel, 2002, Global Brutal. Der entfesselte Welthandel, die Armut, der Krieg, Frankfurt, Zweitausendeins

Chossudovsky, Michel, 2003, War and Globalization. The Truth behind September 11th, Ottawa

Chossudovsky, Michel, 2006, Nuclear War against Iran, in Global Research. Ca, Center for Research on Globalization, Ottawa 13.1.

Clarke, Tony, 2003, Der Angriff auf demokratische Rechte und Freiheiten, in Mies / von Werlhof, S. 80-94

Creutz, Helmut, 1995, Das Geldsyndrom. Wege zur krisenfreien Marktwirtschaft, Frankfurt, Ullstein

Der Standard, 2005, Tirol: Zittern um Cross-Border-Leasing-Verträge, 5.3.

Diamond, Jared, 2005, Kollaps. Warum Gesellschaften überleben oder untergehen, Frankfurt, Fischer

Dimmel, Nikolaus und Schmee, Josef (Hg.), 2005, Politische Kultur in Österreich 2000-2005, Wien, Promedia

Dräger, Klaus, 2005, Bolkesteins Hammer. Projekt Dienstleistungsbinnenmarkt 2010, in: Infobrief gegen Konzernherrschaft und neoliberale Politik, 19: Täter EU – Raubzüge in Ost und West, Köln, S. 17-22

Ehrenreich, Barbara, 2001, Arbeit poor. Unterwegs in der Dienstleistungsgesellschaft, München, Kunstmann

Esteva, Gustavo, 2003, Mexiko: Unseren eigenen Weg gemeinsam mit den Graswurzelbewegungen finden, in von Werlhof / Bennholdt-Thomsen / Faraclas, S. 189-201

Felber, Christian, 2005, WTO-Entscheidung im Gentech-Streit. USA besiegen EU, Kurier, Wien 29.11.

Frank, Andre Gunder, 1969, Die Entwicklung der Unterentwicklung, in ders. u. a.: Kritik des bürgerlichen Antiimperialismus, Berlin, Wagenbach

Frank, Andre Gunder, 2005, Orientierung im Weltsystem. Von der Neuen Welt zum Reich der Mitte, Wien, Promedia

Frauennetz Attac (Hg.), 2003, Dienste ohne Grenzen? GATS, Privatisierung und die Folgen für Frauen, Dokumentation des Internationalen Kongresses, 9.-11.5.03 in Köln, Frankfurt

Fröbel, Folker, Heinrichs, Jürgen und Kreye, Otto, 1977, Die neue internationale Arbeitsteilung. Strukturelle Arbeitslosigkeit in den Industrieländern und die Industrialisierung der Entwicklungsländer, Reinbek, Rowohlt

Galtung, Johan,1993, Eurotopia. Die Zukunft eines Kontinents, Wien, Promedia

Genth, Renate, 2006, Die Bedrohung der Demokratie durch die Ökonomisierung der Politik, feature für den Saarländischen Rundfunk am 4.3.

George, Susan, 2001, im Vortrag, Treffen von Gegnern und Befürwortern der Globalisierung im Rahmen der Tagung des WEF (World Economic Forum), Salzburg

Glöckner, Gottfried, 2005, Der Genmais und das große Rindersterben, in: Grössler, S. 25-37

Goldman, Michael, 1998, Privatizing Nature. Political Struggles for the Global Commons, London, Pluto Press

Greenpeace, 2004, Kein Markt für umstrittenen Gentech-Mais, in: Begegnungszentrum für aktive Gewaltlosigkeit, 113. Rundbrief, Bad Ischl, S. 15

Grössler, Manfred (Hg.), 2005, Gefahr Gentechnik. Irrweg und Ausweg. Experten klären auf, Graz; Concord

Gruen, Arno, 1997, Der Verlust des Mitgefühls. Über die Politik der Gleichgültigkeit, München, dtv

guernica, Zeitung für Frieden und Solidarität, Neutralität und EU-Opposition, 2006, Nr.1 (Linz)

Hardt, Michael und Negri, Antonio, 2001, Empire, Cambridge, Harvard Univ. Press

Hendersen, Hazel, 1996, Building a Win-Win World. Life Beyond Global Economic Warfare, San Francisco

Hepburn, John, 2005, Die Rückeroberung von Allmenden – von alten und von neuen, übers. Vortrag bei »Other Worlds Conference«; Univ. of Pennsylvania; 28./29.4.; verbreitet von greenhouse@jpberlin, 14.11.

Hofbauer, Hannes, 2003, Osterweiterung. Vom Drang nach Osten zur peripheren EU-Integration, Wien, Promedia

Isla, Ana; 2003, Women and Biodiversity as Capital Accumulation: An Eco-Feminist View, in Socialist Bulletin, Vol. 69, Winter, S. 21-34

Isla, Ana, 2005, The Tragedy of the Enclosures: An Eco-Feminist Perspective on Selling Oxygen and Prostitution in Costa Rica, Man., Brock Univ., Sociology Dpt., St. Catherines, Ontario, Canada

junge Welt, 2004, Die grüne Kriegsfront. USA verordnen dem von ihrem Militär besetzten Irak den Anbau von genmanipuliertem Getreide. Millionen Kleinbauern droht der Ruin, 29.11.

Karg, Jens, 2005, Trügerische Schönheit, in Global News. Das Umweltmagazin von global 2000, S. 7

Kennedy, Margrit, 1990, Geld ohne Zinsen und Inflation, Steyerberg, Permakultur

Klare, Michael T., 2001, Resource Wars. The New Landscape of Global Conflict, New York, Henry Holt and Company

Korten, David, 1996, When Corporations Rule the World, San Francisco, Berret-Koehler

Krieg, Peter, 1980, Septemberweizen, Film, Freiburg

Lechthaler, Boris, 2005, Friedensvolksbegehren und EU-Verfassung, in Attac EU-AG Stuttgart, S. 30-34

Lietaer, Bernard, 1999, Das Geld der Zukunft. Über die destruktive Wirkung des existierenden Geldsystems und die Entwicklung von Komplementärwährungen, München, Riemann

Lietaer, Bernard, 2006, Jenseits von Gier und Knappheit, Interview mit Sarah van Gelder, www.transaction.net/press/interviews/Lietaer0497.html

Luxemburg, Rosa, 1970, Die Akkumulation des Kapitals, Frankfurt

Mies, Maria,1996, Patriarchat und Kapital. Frauen in der internationalen Arbeitsteilung, Zürich, Rotpunkt

Mies, Maria; 2001, Globalisierung von unten. Der Kampf gegen die Herrschaft der Konzerne, Hamburg, Rotbuch

Mies, Maria, 2005, Krieg ohne Grenzen. Die neue Kolonisierung der Welt, Köln, PapyRossa

Mies, Maria und Werlhof, Claudia von (Hg.), 2003 (1998); Lizenz zum Plündern. Das Multilaterale Abkommen über Investitionen »MAI«. Globalisierung der Konzernherrschaft – und was wir dagegen tun können, Hamburg, EVA

Milani, Brian, 2000, Designing the Green Economy. The Postindustrial Alternative to Corporate Globalization, Lanham, Rowman & Littlefield

Norberg-Hodge, Helena, 2003, Lokale Lebensadern: Gegen Globalisierung – für Lokalisierung, in von Werlhof/Bennholdt-Thomsen/Faraclas, S. 202-212

Oberansmayr, Gerald; 2004, Auf dem Weg zur Supermacht. Die Militarisierung der europäischen Union, Wien, Promedia

Oberhöller, Verena, 2006, Wasserlos in Tirol. Gemein – öffentlich – privatisiert?, Frankfurt – New York, Peter Lang Verlag

Perkins, John, 2004, Confessions of an Economic Hit Man, San Francisco, Berret-Koehler

Petras, James, 2006, Israel's War Deadline: Iran in the Crosshairs, in Global Research. Ca, Center for Research on Globalization, Ottawa, 13.1.

Progress, 2002-2004, Zeitschrift der Österreichischen Hochschülerschaft, Wien

Raggam, August 2004, Klimawandel. Biomasse als Chance gegen Klimakollaps und globale Erwärmung, Graz, Gerhard Erker

Reiter, Gerhard, 2005, GEN OZID, Flugblatt der bioBauern Schärding, ProLeben Oberösterreich, November

Richter, Wolfgang, Schmähling, Elmar und Spoo, Eckart (Hg.), 2000, Die Wahrheit über den NATO-Krieg gegen Jugoslawien, Schkeuditz, Schkeuditzer Buchverlag

Richter, Wolfgang, Schmähling, Elmar und Spoo, Eckart (Hg.), 2000, Die deutsche Verantwortung für den NATO-Krieg gegen Jugoslawien, Schkeuditz, Schkeuditzer Buchverlag

Rodriguez, Sergio, interviewt von Miguel Romero, 2005, The Zapatista Approach to Politics, in Viento Sur, Nr. 83, online: http://auto_sol.tao.ca/node/view/1649

Ruault, Franco, 2006, »Neuschöpfer des deutschen Volkes«: Julius Streicher im Kampf gegen »Rassenschande«; Frankfurt, New York, Peter Lang Verlag

Rügemer, Werner, 2004, Cross Border Leasing. Ein Lehrstück zur globalen Enteignung der Städte, Münster, Westfälisches Dampfboot

Salmutter, Hans (Hg.), 1998, Wie viel Globalisierung verträgt unser Land? Zwänge und Alternativen, Wien, ÖGB Verlag

Salzburger, Andrea, 2006, Zurück in die Zukunft des Kapitalismus. Kommerz und Verelendung in Polen, Frankfurt – New York, Peter Lang Verlag

Sarkar, Sharal, 2003, Nachhaltige Entwicklung: Der vergebliche Rettungsversuch für eine sterbende Illusion, in von Werlhof/Bennholdt-Thomsen/Faraclas; S. 69-83

Sassen Saskia, 2000, Machtbeben. Wohin führt die Globalisierung? Stuttgart, München, DVA

Sauper, Hubert, 2005, Darwin's Nightmare, Film

Sennett, Richard, zit. in Einladung zu den Wiener Vorlesungen, 21.11.2005: Alternativen zur neoliberalen Globalisierung

Shiva, Vandana, 1995, Trading our Lives Away. An Ecological and Gender Analysis of »Free Trade« and the WTO, New Delhi, Research Foundation for Science, Technology and Natural Resource Policy

Shiva, Vandana, 2003, Der Kampf um das blaue Gold. Ursachen und Folgen der Wasserverknappung, Zürich, Rotpunktverlag

Shiva, Vandana, 2004, Geraubte Ernte. Biodiversität und Ernährungspolitik, Zürich, Rotpunktverlag

Shiva, Vandana, 2005, From Doha to Hong Kong via Cancún. Will WTO Shrink or Sink? web-mail2.uibk.ac.at/horde/imp/message.php?index=22627

Sozialministerium, 2005, Armutsbericht, Wien

Südwind, 2003, Nicaragua: Ausverkauf auf Kosten der Menschen, Flugblatt, 12.11.

Thaler, Barbara, 2004, Biopiraterie und indigener Widerstand, Frankfurt – New York, Peter Lang Verlag

Topitas (Hg.) 1994, »Ya basta!« Der Aufstand der Zapatistas, Hamburg, Libertäre Assoziation

Vaughan, Genevieve, 1997, For-Giving. A Feminist Criticism of Exchange, Austin, Anomaly Press

Vaughan, Genevieve (Hg.), 2004, The Gift, *Il Donno*, Athanor; Anno XV, nuova serie, n. 8

Vaughan, Genevieve (Hg.), 2006, A Radically Different World View is Posssible. The Gift Economy Inside and Outside Patriarchal Capitalism, Inanna Press (Frühjahr)

Verhaag, 2004, Leben außer Kontrolle, München, Denkmalfilm

Wallerstein, Immanuel, 1979, Aufstieg und künftiger Niedergang des kapitalistischen Weltsystems, in Senghaas, Dieter, Kapitalistische Weltökonomie. Kontroversen über ihren Ursprung und ihre Entwicklungsdynamik, Frankfurt, Suhrkamp

Wallerstein, Immanuel (Hg.), 2004, The Modern World-System in the *Longue Durée,* Boulder / London; Paradigm Publishers

Werkstatt Frieden und Solidarität, 2005, Brief zum Vereinsjahr 2004-2005, Linz

Werlhof, Claudia von, 1991, Was haben die Hühner mit dem Dollar zu tun? Frauen und Ökonomie; München, Frauenoffensive

Werlhof, Claudia von, 1996, Fragen an Ramona. Die Zapatisten, die indianische Zivilisation, die Matriarchatsfrage und der Westen, in: dies., Mutter Los. Frauen im Patriarchat zwischen Angleichung und Dissidenz, München, Frauenoffensive, S.189-224

Werlhof, Claudia von, 1997, Schöpfung aus Zerstörung? Die Gentechnik als moderne Alchemie und ihre ethisch-religiöse Rechtfertigung, in Baier, Wilhelm (Hg.), Genetik. Einführung und Kontroverse, Graz, S. 79-115

Werlhof, Claudia von, 2001, Globale Kriegswirtschaft oder Earth Democracy?, in: Grüne Bildungswerkstatt (Hg.) Die Gewalt des Zusammenhangs. Neoliberalismus – Militarismus – Rechtsextremismus, Wien, Promedia, S. 125-142

Werlhof, Claudia von, 2003 a, MAInopoly: Aus Spiel wird Ernst, in Mies / von Werlhof, S. 148-192

Werlhof, Claudia von, 2003 b, Fortschrittsglaube am Ende? Das kapitalistische Patriarchat als »alchemistisches System«; in von Werlhof / Bennholdt-Thomsen / Faraclas, S. 41-68

Werlhof, Claudia von, 2003 c, GATS und Bildung, in Frauennetzwerk, S. 42-45

Werlhof, Claudia von, 2004, Frauen und Ökonomie. Reden, Vorträge … 2002-2004, Themen GATS, Globalisierung …, Mechernich, Gerda-Weiler-Stiftung

Werlhof, Claudia von, 2005 a, »Speed kills!«, in Dimmel / Schmee, 2005, S. 284-292

Werlhof, Claudia von 2005 b, Vom Wirtschaftskrieg zur Kriegswirtschaft. Die Waffen der »Neuen-Welt-Ordnung«, in: Mies 2005, S. 40-48

Werlhof, Claudia von, 2005 c, Wider die Vernichtung unserer Existenzgrundlagen, in: Dietl, Claudia und Krondorfer, Birge (Hg.), Widerstand – quo vadis? Wien; AUFedition, S. 48-52

Werlhof, Claudia von, 2006, The Utopia of a Motherless World. Patriarchy as »War-System«, in Göttner-Abendroth, Heide (Hg.): Societies of Peace. Matriarchies past, present and future, Toronto, Inanna 2009, S. 29-44

Werlhof, Claudia von, Bennholdt-Thomsen, Veronika und Faraclas, Nicholas (Hg.), 2003, Subsistenz und Widerstand. Alternativen zur Globalisierung, Wien, Promedia

Widerspruch, Beiträge zu sozialistischer Politik, 47/2004, Agrobusiness – Hunger und Recht auf Nahrung, Zürich

Widerspruch. Beiträge zu sozialistischer Politik, 48/2005, Europa Sozial, Zürich

Ziegler, Jean, 2004, Das tägliche Massaker des Hungers, in: Widerspruch 47, S. 19-24

2. Keine Kapitalismus-Kritik ohne Patriarchats-Kritik!

Warum die Linke keine Alternative ist[1]

Vorbemerkung 2009

In diesem Beitrag wird die theoretische Entwicklung vom »Bielefelder Ansatz« zum Begriff des »kapitalistischen Patriarchats« nachgezeichnet, der aufgrund der systematischer durchgeführten Technikkritik eine weiterführende Ergänzung darstellt. Von hier aus beginnt sich dann die »Kritische Patriarchatstheorie« insgesamt zu entfalten (vgl. Kap. 3).

Feministische Forschung und die Linke

Seit der zweiten Hälfte der 70er Jahre ist mit der neuen Frauenbewegung auch eine Frauenforschung entstanden, die die Grundlagen nicht nur der rechten, sondern auch der linken Politik sowie der neuzeitlichen Wissenschaft insgesamt infrage gestellt hat (s. u. a. Mies 1978, 1988; von Werlhof/Bennholdt-Thomsen/Mies 1983; von Werlhof 1978, 1985).

Schon bald danach fingen die für alle sozialen Bewegungen charakteristischen Spaltungen an. So kam es zur politischen Spaltung in »linke« und »feministische« Frauen (von Werlhof 1983), und in den 80er Jahren begann eine sog. Geschlechter-, bzw. »Gender«-Forschung, die aus den USA importiert wurde, die feministische Forschung fast überall zu verdrängen.

1 In: Widerspruch 50: Alternativen!, Zürich, 2006, S. 99-112

Es trat eine Ent-Politisierung in Frauenbewegung und -forschung ein. Dabei waren Frauen nun in Wissenschaft und Politik nicht weniger präsent. Es war sogar das Gegenteil der Fall. Aber die Brisanz und Radikalität ihrer Fragestellungen und Erkenntnisse waren plötzlich vom Tisch, als hätte es sie nie gegeben (Bell/Klein 1996; von Werlhof 2003).

Mit der sog. »Globalisierung« ist inzwischen überall eine derart rapide Verschlechterung der Lebensverhältnisse für die meisten Menschen auf der Welt eingetreten (Mies/von Werlhof 1998), dass es geradezu unerklärlich erscheint, warum Politik und Wissenschaft, inklusive diejenige der meisten Frauen, dieser Tatsache in ihren Analysen nicht Rechnung getragen haben. Dabei waren die »richtigen« Fragen längst gestellt und die Erkenntnisse so weit fortgeschritten, dass einer Analyse der Situation und einer Diskussion wirklicher Alternativen, ja deren Inangriffnahme, nichts mehr im Wege stand. Vermutlich ist genau deshalb die Gegenbewegung zu Frauenbewegung und feministischer Forschung inszeniert worden.

Im Folgenden werde ich daher zu klären versuchen, warum die Linke im Gegensatz zu ihrer Rhetorik keine Alternative zu dem System, in dem wir leben, anstrebt, ja gar nicht anstreben kann.

Was heißt »Kapitalismus« wirklich?

Zu den ersten Themen der neuen Frauenbewegung und -forschung gehörten u. a. die Gewalt gegen Frauen und die unbezahlte Hausarbeit, also die Frauenfrage als Teil der sozialen Frage. Es war zu klären, was diese Phänomene mitten im angeblichen Frieden, in der angeblichen Demokratie und im kapitalistischen Lohnarbeitsregime sowie dem angeblich zunehmenden Wohlstand innerhalb der Industrieländer und der westlichen Zivilisation zu suchen hatten.

Der Blick über den Rand der sog. »Ersten Welt« hinaus erweiterte die Fragestellung noch: Wie kam es, dass trotz der Einbeziehung der sog. »Dritten Welt« in »Fortschritt und Entwicklung« dort stattdessen immer mehr Unterentwicklung und Lohnarbeitslosigkeit zu finden waren, von Diktaturen, Kriegen und Gewalt ganz zu schweigen? Und wie kam es, dass der angeblich antikapitalistische Sozialismus der sog. »Zweiten Welt«, der anscheinend in »Systemkonkurrenz« zum Westen stand, noch nicht einmal pseudo-demokratische Politikverhältnisse zuließ und sich keineswegs in Richtung seines »Planziels« entwickelte?

Es ist bekannt, was das Ergebnis unserer Recherchen, die gerade auch im angeblich »dritten« Teil der Welt stattfanden, war: *ein neuer erweiterter Kapitalismus-Begriff* (vgl. Arbeitsgruppe Bielefelder Entwicklungssoziologen 1979; Bennholdt-Thomsen 1980, 1981, 1982; von Werlhof/Bennholdt-Thomsen/Mies 1983; Mies 1988; von Werlhof 1985, 1991).

Im Besonderen:
Zu den kapitalistischen »Produktionsverhältnissen«

- Der Hauptwiderspruch im Kapitalismus ist nicht der zwischen Lohnarbeit und Kapital, sondern der zwischen aller Arbeit – Leben – und Kapital.
- Nicht wer die Lohnarbeit, sondern wer die nicht entlohnte Arbeit, vor allem die moderne Hausarbeit, verstanden hat, hat die kapitalistische Ökonomie verstanden. Deren Motto ist: Arbeit sollte genauso wie Naturvorkommen möglichst umsonst sein und dabei noch »fruchtbringend«.
- Nicht die »Proletarisierung«, sondern die »Hausfrauisierung« aller Arbeit, auch die des »weißen Mannes«, kennzeichnet daher die Entwicklungstendenz des Kapitalismus.
- Das tendenzielle Verschwinden des »Normallohnarbeitsverhältnisses« bedeutet entsprechend nicht das Verschwinden des Kapitalismus, sondern im Gegenteil seine Vertiefung und Verbreitung.
- Der Kapitalismus ist also außer durch das Lohnarbeitsverhältnis vor allem auch durch nicht-(reguläre) Lohnarbeitsverhältnisse wie Hausarbeit, neue Formen der Sklaverei, Zwangsarbeit und Leibeigenschaft, die »Marginalität« (Bennholdt-Thomsen 1980) und alle möglichen Mischformen solcher tendenziell lohnloser Waren- und sogar Subsistenzproduktion charakterisiert, die heute nicht etwa vorkapitalistische, sondern allesamt kapitalistische Produktionsver-

hältnisse sind. Es geht also nicht einfach um Lohnarbeit, sondern um die kostengünstigste Kombination von verschiedenen Formen der Warenproduktion.

- Die mit dem Kapitalismus neu geschaffene und ihm allgemein zugrunde gelegte geschlechtliche Arbeitsteilung wiederholt sich in der internationalen Arbeitsteilung des kapitalistischen Weltsystems. Bäuerliche und »koloniale« Arbeitskräfte werden tendenziell wie Frauen behandelt. Es wird also auch ihnen ein »Wert« ihrer Arbeit abgesprochen, damit sie nicht bewertet werden muss.

Zur »Akkumulation des Kapitals«:

- Das Ziel des Kapitalismus ist nicht die Verwandlung aller Arbeit in Lohnarbeit, sondern die Verwandlung aller Arbeit und allen Lebens auf der Erde und dieser selbst in »Kapital«, nämlich in Geld, Ware, Maschinerie und/oder »Kommando über Arbeit« (Marx).
- Die Akkumulation des Kapitals geschieht nicht nur durch die Ausbeutung der Lohnarbeit, sondern durch die Ausbeutung aller Arbeit sowie der Natur und des Lebens selbst. Die möglichst weitgehende »Naturalisierung« (von Werlhof 1991) oder »Ver-Rohstofflichung« (Anders 1989) von Arbeit und Leben und nicht ihre allgemeine »Vergesellschaftung« per »freiem Vertrag« ermöglicht ihre Entwertung und damit die Steigerung der Akkumulation.
- Dabei spielt die sog. »ursprüngliche« oder »primitive Akkumulation« als »Trennung der Produzenten von ihren Produktionsmitteln« nicht nur eine Rolle am Anfang des Kapitalismus. Sondern sie wird bis heute ununterbrochen fortgesetzt und ist damit nicht etwa vor- oder nichtkapitalistische (R. Luxemburg, A.G. Frank, vgl. Kritik b. von Werlhof 1978), sondern unmittelbar kapitalistische Akkumulation.
- Die »fortgesetzte ursprüngliche Akkumulation« besteht im Raub, ist Akkumulation durch Enteignung. Die Beraubten sind weltweit v.a. die Frauen, die in jeder Generation erneut, permanent und auf organisierte Weise von der Verfügung über ihren Leib als ihrem »Produktionsmittel«, den Resultaten ihrer Arbeit, ihren Kindern und ihrer Lebenskraft »getrennt« werden.

- Alle Bereiche ursprünglicher Akkumulation sind von Gewaltverhältnissen geprägt. Dieses »Geheimnis« (Marx) der ursprünglichen Akkumulation erklärt die permanente Gewalt gegen Frauen, Natur und Kolonisierte in aller Welt. Hier herrscht dauernd Krieg.

Zur »kapitalistischen Produktionsweise«:

- Der Kapitalismus als Produktionsweise beruht damit nicht nur auf den unterschiedlichsten Produktionsverhältnissen, die oft als eigene, miteinander »verflochtene Produktionsweisen« missverstanden werden (vgl. Kritik b. Bennholdt-Thomsen 1981) und ihrer Kombination. Er ist auch eine weltweite An- und Enteignungsweise sowie eine ebenso gewaltsame Transformations- und Zerstörungsweise. Der Krieg ist daher nicht Ausnahmeerscheinung, sondern gehört von Anfang an »notwendig« und permanent zu seiner Ökonomie als »politischer«.
- Krieg bedeutet im Kapitalismus aber nicht nur Eroberungskrieg, Kolonialkrieg oder Angriffskrieg. Sondern die ganze Weise der kapitalistischen »Produktion« ist ein Krieg gegen Mensch und Krieg des Menschen gegen Natur.
- Die kapitalistische Produktionsweise hat – im Gegensatz zur üblichen Anschauung – einen nach wie vor »kolonialen« Charakter. Ihre typischen Merkmale sind die Methoden innerer und äußerer Kolonisierung. Genau darin bestehen die »Modernität«, »Fortschrittlichkeit« und »Zivilisiertheit« dieser Produktionsweise (Mies 1988).
- Mit der kapitalistischen Produktionsweise sind nicht nur imperialistische, sondern auch imperiale, auf dem modernen »Weltsystems« aufbauende und eine letztlich totalitäre »Weltherrschaft« beanspruchende Tendenzen logisch verknüpft. Daher gehören demokratische politische Verhältnisse nur vorübergehend bzw. scheinbar zu dieser Produktionsweise (von Werlhof 1991).
- Der Kapitalismus beruht als Produktions- bzw. Destruktionsweise von Anfang an auf der »Einen Welt«. Diese ist – im Gegensatz zur üblichen Praxis – daher auch die »Analyseeinheit« (Wallerstein 1979) und nicht die sog. »Erste«, »Zweite« oder »Dritte« Welt für

sich genommen oder der einzelne Nationalstaat, der nur Ergebnis und Garant der »internationalen Arbeitsteilung«/»Weltordnung« ist (»Nationalstaatsillusion«).

Nach dem Schock aufgrund des GAU eines Atomkraftwerks in Tschernobyl 1986 (von Werlhof 1986), der die letzte Phase der Sowjetunion einleitete, haben sich einige von uns vermehrt mit der sog. »Entwicklung der Produktivkräfte«, also der Technikfrage im Kapitalismus, beschäftigt (vgl. Mies 1988, 1992; Mies / Shiva 1995; Genth 2002; von Werlhof 1997, 2000, 2003b, 2005). Dies geschah gleichzeitig mit einer intensivierten Patriarchatskritik (s. u.), wobei sich herausstellte, dass die letztere die Kapitalismuskritik erst wirklich ermöglichte.

Zur »Entwicklung der Produktivkräfte« im Kapitalismus:

- Die Entwicklung der »Produktivkräfte« im Kapitalismus ist immer orientiert gewesen am Krieg, also an der Entwicklung von unmittelbaren Destruktivkräften.
- Die der jeweiligen Technik entsprechende Arbeitskraft muss daher ihrem Charakter nach ebenfalls »kriegerisch« oder soldatisch sein, d. h. ebenso gehorsam wie aggressiv gegen ihren »Feind«, den Arbeitsgegenstand. Eine »Humanisierung« oder Demokratisierung ist von dieser Technik daher grundsätzlich nicht zu erwarten.
- Die Fabrik entstammt dem Modell der Kaserne, ihre Technik ist im Gegensatz zur Handwerkstechnik die aus dem Krieg stammende Maschinentechnik. Diese ist daher keineswegs »neutral«.
- Im Gegensatz zu anderen Techniken beruht die Maschinentechnik auf dem Prinzip des »Teile und Herrsche!« Damit wird die ältere Tradition der »Alchemie«, die das Prinzip der Maschine – bisher unbemerkt – schon vorweggenommen hatte, modernisiert und allgemein durchgesetzt (von Werlhof 1997, 2000, 2003b). Dies geschieht trotz des bisherigen Scheiterns der Alchemie in ihrem Bestreben, den »Stein der Weisen« als Mittel für von Natur und Frauen unabhängige Produktivität/»Schöpfung« und Weltbeherrschung zu finden.

- Die Maschine ist (zunächst) »geschlossenes System«. Sie ist »total(itär)e Institution«. Ihr Charakter ist also kein »handwerklicher« (Genth 2002). Als »objektiver«, anonymer, unpersönlicher »Sachzwang« ist die Maschine »geronnene Herrschaft« bzw. »geronnener Krieg«.
- Der maschinelle »output«, die Ware, ist – wie das Kapital/Geld allgemein – »geronnenes, vergangenes Leben« (Marx), also »leichenhaft« (Bloch), aber nicht bloß im Sinne von tot, sondern von getötet. Denn die Ware entsteht der Kapitalakkumulation und nicht der menschlichen Bedürfnisbefriedigung wegen, die daher selbst bei denen, die Waren konsumieren können, auch nicht wirklich stattfindet.
- Die neuen Technologien von heute wenden sich gerade an/gegen Frauen/Mütter und die Lebensentstehung/das Leben selbst. Die Maschinisierung rückt damit gewaltsam und direkt ins Leibesinnere von Frau, Mann und Natur vor.
- Der sogenannten Entwicklung der Produktivkräfte ist der moderne naturwissenschaftliche Naturbegriff zugrunde gelegt. Dabei gilt Natur lediglich als totes Objekt, unlebendiger Stoff, »geistlose Materie« und praktisch unendliche »Ressource« (Merchant; vgl. Mies/Shiva 1995; von Werlhof 2005), nämlich als das, was sie am Ende ihrer »In-Wert-Setzung« für »naturbeherrschendes«, unbegrenztes und »produktives« menschliches Handeln erst geworden sein soll: gesellschaftlich gemachte, anstatt geborene Natur. Mit dieser tautologischen »selffulfilling prophecy« wird die Gewalt und Destruktivität der Transformation von Natur als lebendig, schöpferisch und endlich ausgeblendet.
- Als »System« gesehen gilt Natur auch als Mechanismus bzw. »Maschine«, und schließlich gilt die Maschine selbst als »Natur« (Genth 2002). Damit hat die Maschine die erste Natur am Ende scheinbar wirklich ersetzt.
- Zur so verstandenen »Natur« bzw. Maschine werden seit der »Aufklärung« auch die Frauen gerechnet. »Produktivität« wird allein der männlichen Arbeit unterstellt, insbesondere der an, mit und durch die Maschine (Frau). Dadurch werden die grundlegende

Bedeutung weiblicher Arbeit, z. B. in Gestalt der sog. »Menschenproduktion«, sowie nicht maschinenvermitteltes Tätigsein und die Produktivität der Natur insgesamt systematisch geleugnet bzw. als angeblich »wertlos« angesehen (insb. Mies 1988).

- Damit sind die Gründe für das heutige ökologische Desaster, das auch ein humanökologisches ist, für die Linke nicht erkennbar. Sie bestehen darin, dass die wirklichen Produktivkräfte die des Lebens/der ersten Natur sind, die aber im Aneignungs- und Transformationsprozess kapitalistischer »Produktion« im Wesentlichen zerstört werden. Anstatt das nun anzuerkennen, gilt die Ökologiefrage – wie die Frauenfrage – aber als »externes« oder als ein die neue Naturbeherrschung herausforderndes Problem.
- Eine echte männliche Produktivität würde nur dann zum Vorschein kommen können, wenn sie nicht mehr an die Maschine gebunden ist.
- Stattdessen wird versucht, die Maschine zu »retten«, indem man an ihrer alchemistischen »Verlebendigung« arbeitet, sei es als Roboter (künstliche Intelligenz), sei es als Gebär- oder Bio-Maschine (Cyborg, GMO, Nano-Technik). Auf diese Weise soll der Maschine das Leben »einprogrammiert« bzw. dem Leben die Maschine aufgezwungen werden, damit sie dadurch, dass sie vom Leben nicht mehr »getrennt« werden kann, tatsächlich als »produktiv« und »schöpferisch« angesehen wird. Die Maschine wäre dann »offenes System«, das sich nun nicht mehr unter, sondern »außer Kontrolle« (Verhaag 2004) als angeblich hoch überlegener Mutter- und Naturersatz selbst reproduziert (oder auch nicht).

Feministische Forschung: Globalisierung und Durchkapitalisierung aller Verhältnisse

Die feministische Analyse des Kapitalismus hebt den bisherigen Reduktionismus der Denkmodelle der Naturwissenschaft und (Kritik der) Politischen Ökonomie auf, ist weit umfassender als der Denkhorizont der Linken, die die wirklichen Widersprüche des »real existierenden« Kapitalismus gar nicht sehen will, und stellt ihn »vom Kopf auf die Füße«. Von »unten« und »außen« gesehen erscheint der Kapitalismus völlig anders, ja in vielem umgekehrt, als er bisher – auch von links – dargestellt und kritisiert wird.

Proletariat, Gewerkschaften und linke Politik, der technische Fortschritt und die moderne »Entwicklung« der Industrieländer, der Norden als Wegweiser für den Süden, die Männer als Vorbild für die Frauen – all dies verliert an Bedeutung als Orientierung und vor allem als Zukunftsperspektive, ja erweist sich als Weg in die Sackgasse.

Indem der Kapitalismus die »Eine Welt« zur Grundlage hat, zu der auch die sog. »Zweite« und »Dritte« Welt gehören, ist er weder eine Alternative für den angeblich noch »feudalen« Süden, noch ist der »rote« Osten eine Alternative zum Westen.

Die sog. Globalisierung der letzten 30 Jahre scheint zwar den Kapitalismus, verstanden als »Erste Welt«, als einzigen Sieger zu haben, denn der »Sozialismus«, verstanden als »postkapitalistische« Welt, hat inzwischen weitgehend abgedankt. Doch der siegreiche Westen/Norden ist seit 1989 in Wahrheit genau in der Krise (»Sozialstaatsillusion«), in die er sich selbst notwendig begeben hat, indem er die Welt plündert und zerstört, anstatt wirklich produktiv gestaltet. Die sog. »Produktionsschlacht« erweist sich immer mehr als Schlacht denn als Produktion. Der Kapitalismus als Weltsystem ist dadurch für fast alle Beteiligten als durch und durch parasitär und kontraproduktiv erkennbar.

Der Zusammenbruch des realsozialistischen Staatssystems ist damit auch nicht die Befreiung von »Systemkonkurrenz«, sondern der Zusammenbruch eines Teils des kapitalistischen Weltsystems selbst. Andere Teile drohen zu folgen. Der Süden befindet sich in großem Umfang bereits »im freien Fall«, und auch im Norden haben die bürgerlichen Institutionen, das »Normallohnarbeitsverhältnis« und die Massenloyalität durch »Reformpolitik« und »Prekarisierung« (vgl. Widerspruch 49, 2006) begonnen sich aufzulösen.

Denn anstatt die Menschen vom Elend zu befreien, stürzt der Kapitalismus sie erst hinein. Die »Entwicklung« der einen beruht auf dem Unterentwickeln der anderen. Anstatt Wohlstand für alle zu schaffen, raubt, verbraucht und zerstört der Kapitalismus den konkreten Reichtum der Erde (»Privatisierung«). Fortschritt besteht in der »Verbesserung« gewaltsamer Methoden der An- und Enteignung sowie der Transformationsmethoden zu Zerstörungsmethoden. »Wachstum« heißt Krieg auf allen Ebenen (Mies 2004).

Die Schlussfolgerungen aus der feministischen Analyse des Kapitalismus fallen entsprechend konsequent aus:

Es geht um die Überwindung des Kapitalismus als Weltsystem bzw. globales Kriegssystem und dabei logischerweise konkret um den Ausstieg aus der Waren-Produktion und den Einstieg in die von ihr unterworfene und bereits weitgehend vernichtete Subsistenz-Produktion in Nord wie Süd. Die »Subsistenz-Perspektive« (Bennholdt-Thomsen 1981, 1982, 1994; Bennholdt-Thomsen / Holzer / Müller 1999; Bennholdt-Thomsen / Mies 1995; Mies 1988; Mies / Shiva 1995; von Werlhof 1985, 1991: von Werlhof / Bennholdt-Thomsen / Mies 1983; von Werlhof / Bennholdt-Thomsen / Faraclas 2003) formuliert dabei die Möglichkeiten einer sukzessiven Befreiung der Subsistenz, des Lebens, der Existenz, der Arbeit, des Geschlechterverhältnisses, der Politik, der Natur und der Kultur vom Dauerkrieg von und gegen Mensch und Natur durch die Warenproduktion und die sie begleitende »fortgesetzte ursprüngliche Akkumulation«. Diese Perspektive wird in vielen Teilen des Südens, inzwischen aber auch in einigen des Nordens, zunehmend diskutiert und praktiziert (Mies 2001; von Werlhof u. a. 2003).

Schließlich geht es um eine Politik der »Selbstverständlichkeit herrschaftsfreier Existenz«, also die Neuerfindung egalitärer Verhältnisse im gesellschaftlichen Zusammenleben (von Werlhof 1985, 1996, 2003b, 2006; von Werlhof / Ernst / Schweighofer 1996).

Viele unserer Alternativ-Vorschläge waren für die Linke provozierend/irritierend. Die Subsistenz galt ihnen als undiskutierbarer Rückfall in die Unterentwicklung, obwohl ja die Warenproduktion die Unterentwicklung verursacht. Die ökofeministische Perspektive eines anderen Naturverhältnisses erschien ihnen »romantisch«, weil die Natur ja so gewalttätig sei, und Mann daher auf ihre Beherrschung unmöglich verzichten könne. Dabei sind die laufenden Naturkatastrophen ja erst ein Ergebnis der sog. »Naturbeherrschung« und spiegeln nicht die Gewalt der Natur, sondern die ihrer selbsternannten »Beherrscher« wider. Ein anderes Geschlechterverhältnis konnten sie sich nicht einmal vorstellen, und wenn sie es versuchten, dann phantasierten sie, von den Frauen sofort überwältigt zu werden (anstatt zu sein!). Die Kritik an der Maschine wurde immer unmittelbar und am allerheftigsten bekämpft. Ohne seine Welt der Maschine scheint Mensch/Mann seine Identität zu verlieren. Und die Perspektive einer herrschaftslosen Verfasstheit der Gesellschaft machte ihnen regelrecht Angst, seltsamerweise. Die Forderung nach Herrschaftslosigkeit sei Theorielosigkeit, »Anarchie«. Wie verräterisch! Theorie ist nur dann »wissenschaftlich« bzw. »politisch«, also ernst zu nehmen, wenn sie Herrschaft schafft und erhält? Nur als (möglicher) Herr(scher) scheint Mann zu wissen, wer er ist. Mit dem Feminismus war aber buchstäblich kein Staat zu machen.

Diese geraffte Bestandsaufnahme unserer Erfahrungen zeigt, dass die Linke in der Tat an keiner Alternative interessiert ist. Das passt auch zu dem, was sie sich an angeblichen Alternativen selbst hat einfallen lassen. Da geht es nur um die Umverteilung der Beute. Und: Wie kommen wir an die Macht, aber zur Systemerhaltung (mit »Reform«-Absichten), nicht einer Alternative wegen! Oder sind Alternativen schon einmal von oben gekommen? Warum will die Linke also gar keine Alternative? Meine *These:* Die Linke ist in ihrer Kapitalismus-Analyse so beschränkt, weil sie nicht nur selbst kapitalistisch, sondern auch patriarchal ist, denkt und fühlt.

Was heißt »Patriarchat«, und was hat es mit »Kapitalismus« zu tun?

Erst wenn die Grenzen des Kapitalismus sichtbar werden, und zwar die seines Anfangs und die seines absehbaren Endes, dann tauchen auch die Fragen des Vorher und Nachher auf. Blickt man über den Kapitalismus hinaus, begegnet man dem (nicht- oder vor-kapitalistischen) Patriarchat sowie dem Matriarchat. Deren Analyse als theoretische und nicht bloß polemische Begriffe haben wir uns verstärkt seit den 90er Jahren gewidmet (Göttner-Abendroth 1988; Bennholdt-Thomsen 1994; von Werlhof 1991, 1991b, 1996, 1997b, 2000, 2002, 2003, 2003b, 2005, 2006). Von einem modernen »Patriarchat« wurde ja unter Frauen schon lange geredet, zumal der Kapitalismus offensichtlich frauenfeindlich ist und Frauen auf besondere Weise ausbeutet (Mies 1988). Aber es war immer noch unklar, was Patriarchat wirklich heißt. Für die meisten bedeutete es lediglich Männer- oder Väterherrschaft, z. B. in der Familie, im Betrieb oder im Staat. Bekannt ist auch, dass das Patriarchat älter ist als der Kapitalismus. Aber manche meinten, der Kapitalismus und der Fortschritt würden das Patriarchat als quasi irrationalen historischen Rest irgendwann einfach hinter sich lassen. Es ist am Ende aber auch bei dieser Frage alles ganz anders, als es zunächst aussieht.

These I: **Das Patriarchat ist die »Tiefenstruktur« des Kapitalismus.**

Wenn man über den Kapitalismus hinaus in die historische Tiefe geht, trifft man auf das Patriarchat. Dort ist schon vieles von dem vorhanden, was auch den Kapitalismus kennzeichnet:

- Krieg zum Zwecke der Plünderung und Eroberung;
- Herrschaft als System (der Staat);
- prinzipielle Unterworfenheit der Frauen;
- Klassenwidersprüche;
- Systeme der Ausbeutung von Mensch und Natur;
- Ideologien männlicher »Produktivität« bzw. Religionen männlichen »Schöpfertums«;
- alchemistische Praktiken, die das »beweisen« sollen, und
- Abhängigkeit von der realen Produktivität und Schöpfung anderer (parasitäre Zivilisation).

Patriarchate kennen wir seit 5000-7000 Jahren. In Europa haben wir in dieser Zeit mehrere Patriarchalisierungsschübe erlebt (Gimbutas, vgl. von Werlhof 2002), vor der Neuzeit zuletzt durch die Romanisierung und Christianisierung mit anschließendem Feudalismus (vgl. Mies 2003). Was ist der Unterschied, was sind die Gemeinsamkeiten von

Patriarchat und Kapitalismus? Gemeinsam ist ihnen, dass der Kapitalismus alte und umfassende patriarchale Wurzeln hat und insofern die bisher letzte Variante des Patriarchats ist: das »kapitalistische Patriarchat«. Verschiedenes gibt es aber auch: Der Ausbau der Lohnarbeit, die Erfindung der daran gekoppelten Hausarbeit sowie die Verallgemeinerung der Warenproduktion in den verschiedensten Varianten, die Orientierung am Kapital als abstraktem Reichtum und die Schaffung eines »Weltsystems«, wo es vorher nur »Weltreiche« (Wallerstein 1979) gab, die Globalisierung des ganzen Unternehmens bis hin zu seinem möglichen »Kollaps« aufgrund des Erreichens der Grenzen des Globus und des Überschreitens seiner technisch nicht aufhebbaren Naturschranken (Wright 2006). Aber all dies hätte auch durchaus im Trend möglicher Weiterentwicklungen des Patriarchats, wie wir es auch von vorher kennen, gelegen (Frank / Gills 1996).

These II: **Der Kapitalismus versucht, die Utopie des Patriarchats von einer natur- und mutterlosen Welt zu verwirklichen (»Durchpatriarchalisierung«).**

Es gibt aber seit der Neuzeit auch etwas ganz Neues im Patriarchat: den Versuch, die Ideologie männlicher »Produktivität« und männlich-göttlichen »Schöpfertums« in eine materielle Realität zu verwandeln. Dieser Weg vom patriarchalen Idealismus zum patriarchalen Materialismus ist die wirklich einschneidende Neuerung gegenüber allen anderen Patriarchatsformen und »Produktionsweisen« und sie geschah zunächst nur in Westeuropa. Dabei ist diese Neuerung keineswegs als Bruch mit dem bisherigen Patriarchat zu verstehen. Sie ist im Gegenteil der Versuch, die patriarchale Kontinuität nicht nur weiter, sondern auch zu Ende zu bringen: nämlich die Behauptung, dass der Herr(scher), der »Vater«, der Mann, der Gott die Welt erschaffen hätte und der wahre Schöpfer des Lebens sei (von Werlhof 2005 a), endlich auch ganz real zu beweisen. Das utopische Projekt des neuzeitlichen Patriarchats namens Kapitalismus besteht also darin, die Notwendigkeit einer ideologischen Legitimation von Herrschaft durch materielle Errungenschaften überflüssig zu machen, die zeigen, dass Patriarchen tatsächlich »Schöpfer« sind. Dadurch soll die Abhängigkeit von den bisher wahren SchöpferInnen und ProduzentInnen, der Natur/»Göttin«/Mutter, endlich beseitigt werden, indem sie durch etwas anderes, angeblich Höheres und Besseres *ersetzt* werden.

Damit wird immerhin zugegeben, dass es bisher keine wirkliche patriarchale Schöpfung gab und diese bis zur Neuzeit nur behauptet wurde. Das moderne patriarchale Schöpfungsprojekt unterscheidet sich vom vormodernen aber dadurch, dass es nicht mehr die bestehende Schöpfung/Natur zu usurpieren/imitieren versucht, sondern – weil dies offenbar nicht geht – ihr etwas ganz Neues *entgegensetzen* will. Dieses realutopische Projekt *gegen* die Ordnung des Lebens nenne ich Patriarchat als *»alchemistisches System«* oder »Kriegssystem« (von Werlhof 2000, 2003b, 2006, s. Kap. 3 i. d. Bd.).

Die kapitalistische Form des Patriarchats ist also der Höhepunkt patriarchaler Entwicklung, ja der von ihm erfundenen »Evolution«. Sie will das »reine«, vollständige, von allen matriarchalen oder natürlichen Überbleibseln befreite und »ewige« Patriarchat als neues »Paradies« konkret herstellen. Dieses Paradies entspräche aber nicht dem eines angeblich niederen Diesseits, sondern dem Modell eines angeblich bestehenden/möglichen »höheren Jenseits«. Es entspränge einer Art metaphysischer Kopfgeburt (vgl. auch Neusüß 1985).

These III: Das Patriarchat wird nicht durch Fortschritt überwunden, sondern ist der Fortschritt selbst – in seiner kapitalistischen Gestalt.

Kein Wunder, dass die neuzeitliche Naturwissenschaft von Anfang an in der Natur »wie eine Armee im Feindesland stand, und vom Landesinneren wusste sie nichts« (Ullrich 1979). In Gestalt der modernen Technik, nämlich der Maschine, hat sie sich buchstäblich an die Ausrottung/»Ersetzung« von Leben, Tod und Lebensentstehung, Mensch, Frau und Mutter, aber auch von Boden, Pflanzen und Tieren sowie allen vorgefundenen Naturstoffen gemacht. Diese modernisierte Form patriarchaler »Alchemie« als Versuch, die männliche Schöpfungskraft/Produktivität nicht in Kooperation mit, sondern gegen die der Frauen und äußeren Natur zu beweisen, zeigt gerade auch im Bereich der neuen Technologien (»Nuklear-Alchemie«, Biochemie, Nanotechnik,

Reproduktions- und Gentechnik [»Algenie«, Rifkin 1983]), dass es letztlich ausschließlich darum geht. So wird die Maschine als erster Versuch der Ersetzung von Mensch (Tötungs-, Arbeits-, Sex- und Gebärmaschine) und Natur inzwischen von einer Art Maschinisierung der Natur selbst ergänzt. Die zum *»offenen System«* erweiterte Maschine »ersetzt« die Natur/das Lebewesen dann nicht mehr direkt durch einen Apparat, sondern zwingt sie/es von innen heraus, das zu tun, was die genetisch modifizierte oder auf atomarer Basis molekular-maschinell induzierte »Information« befiehlt (Schirrmacher 2001).

Man kann bisher nicht sagen, dass diesen Versuchen der Erfolg beschieden wäre, den sie selbst anpeilen. Denn es ist – vorausgesetzt, man hat ein nicht kapitalistisch-patriarchales Natur- und Leibverständnis – erkennbar, dass es ganz unmöglich sein wird, auf diese gewaltsame, alle Naturzusammenhänge und -zyklen von außen wie innen zerstörende Weise endlich den unsterblichen, besseren, höheren, edleren und perfekten Menschen und ein ebensolches »Leben« zu produzieren, wie es propagiert wird. Die Pläne für die Herstellung eines »trans«- oder gar »posthumanen« Lebens (Broderick 2004; Irrgang 2005; Kurthen 2004) zeigen entsprechend, dass der Mensch, da er nicht künstlich herstellbar ist, dann eben »überwunden« bzw. gleich ganz abgeschafft werden soll!

Das bedeutet, dass das moderne kapitalistische Patriarchat keinerlei Skrupel kennt und längst dabei ist, das Leben auf der Erde irreversibel zu beschädigen.

These IV: Solange das »kapitalistische Patriarchat« die Utopie auch der Linken ist, gibt es keinen Weg in eine Alternative.

Da die Linke solche Schwierigkeiten mit Alternativen zum Kapitalismus hat, ist dies aufgrund der Patriarchatsanalyse viel besser zu verstehen. Denn danach ist Kapitalismus kapitalistisches Patriarchat, und mit dem Kapitalismus würde auch das Patriarchat verschwinden, es sei denn, man verzichtete nur auf die Utopie des Patriarchats und würde sich mit dem Patriarchat ohne »utopischen Materialismus« begnügen. Dass die Linke aber ausgerechnet auf den sog. technischen Fortschritt verzichten wollte, ist wohl nicht anzunehmen, so wie es unmöglich ist, den Kapitalismus vom Patriarchat zu befreien, denn dann gäbe es ihn gar nicht. Der Kapitalismus ist erst aufgrund der Utopie des Patriarchats und des Versuchs seiner Realisierung entstanden und daher existiert auch gar keine vom Patriarchat unabhängige »Produktionsweise«!

Die Alternative zum kapitalistischen Patriarchat müsste daher sogar eine »Alterna-Tiefe« sein. Dann ginge es nämlich nicht mehr nur um 500 Jahre Kapitalismus (Wallerstein 1999), sondern um 5000 Jahre Patriarchat. Da gälte es, sich von einer Religion zu lösen, der sogar Atheisten anhängen, einem wahren Glauben an die Gewalt; ein System, in dem die meisten Männer und inzwischen auch immer mehr Frauen, vor allem im Norden, seit Beginn der (Patriarchats-) Geschichte leben (Baecker 2003). Da gälte es, völlig neu zu fühlen, zu denken und zu handeln, so als könne man an dem Eisberg, der nur zum kleinsten Teil aus dem Wasser ragt, entlang in die Tiefen tauchen und die ungeheuere Masse umwälzen, um sie als bisher verborgene Wahrheit über unsere Gesellschaft sichtbar zu machen. Das Problem der Linken bei der Frage nach der Alternative ist also noch viel fundamentaler als ohnehin vermutet. Denn die Linke interessiert sich nicht für eine Alternative zum »real existierenden Kapitalismus«, eben weil er die Utopie des Patriarchats verwirklichen will. Die Linke interessiert sich aber auch nicht für eine Alternative zum Patriarchat überhaupt, weil dieses in ihrer »kollektiven Unbewusstheit« (Erdheim 1984) fest verankert ist. Und außerdem ginge es dann auch noch ums Ganze, nämlich die Alterna-»Tiefe«, die im historischen »Matriarchat« als »mütterlicher Ordnung« und ihren heutigen Überbleibseln, nicht zuletzt mitten im Patriarchat, aufleuchtet (Göttner-Abendroth 1988; Bennholdt-Thomsen 1994; von Werlhof/Ernst/Schweighofer 1996; von Werlhof/Bennholdt-Thomsen/Faraclas 2003; von Werlhof 2006, 2006b). Da nützen anscheinend auch neuere Forschungserkenntnisse nichts, dass die matriarchalen Gesellschaften der Welt ganz im Gegensatz zur kapitalistischen Moderne und allen historischen Patriarchaten keinen Staat, keine Herrschaft, keine Klassen, keinen Krieg, keine Geschlechterkonflikte und keine selbst gemachten ökologischen Katastrophen hatten.

Wir müssen daher alle Hoffnung fahren lassen, mit der Linken auf dem Weg in die Zukunft noch irgendetwas anfangen zu können. Und daher ersparen wir uns von nun an unsere Versuche, ihr unsere Sicht der Dinge näher zu bringen.

Wir wenden uns stattdessen der Alterna-»Tiefe« zu!

Literatur

Anders, Günther 1989: Die Antiquiertheit des Menschen, 2 Bde., München

Arbeitsgruppe Bielefelder Entwicklungssoziologen (Hg.) 1979: Subsistenzproduktion und Akkumulation, Saarbrücken

Baecker, Dirk u. a. (Hg.) 2003: Kapitalismus als Religion, Berlin

Bell, Diana/Klein, Renate (Hg.) 1996: Radically Speaking. Feminism Reclaimed, London

Bennholdt-Thomsen, Veronika 1980: Marginalität in Lateinamerika. Eine Theoriekritik, in: Lateinamerika. Analysen und Berichte 3: Verelendungsprozesse und Widerstandsformen, Berlin, S. 45-85

Dies. 1981: Subsistenzproduktion und erweiterte Reproduktion. Ein Beitrag zur Produktionsweisendiskussion, in: Gesellschaft. Beiträge zur Marxschen Theorie 14, Frankfurt, S. 30-51

Dies. 1982: Bauern in Mexiko zwischen Subsistenz- und Warenproduktion, Frankfurt/New York

Dies. 1994: Juchitán – Stadt der Frauen. Vom Leben im Matriarchat, Reinbek

Bennholdt-Thomsen, Veronika/Holzer, Brigitte/Müller, Christa (Hg.) 1999: Das Subsistenzhandbuch. Widerstandskulturen in Europa, Asien und Lateinamerika, Wien

Bennholdt-Thomsen, Veronika/Mies, Maria 1995: Eine Kuh für Hillary. Die Subsistenzperspektive, München

Broderick, Damien 2004: Die molekulare Manufaktur. Wie Nanotechnologie unsere Zukunft beeinflusst, Reinbek

Erdheim, Mario 1984: Die gesellschaftliche Produktion von Unbewusstheit, Frankfurt

Frank, André Gunder/Gills, Barry (Hg.) 1996: The World System. Five Hundred Years or Five Thousand? New York

Genth, Renate 2002: Über Maschinisierung und Mimesis. Erfindungsgeist und mimetische Begabung im Widerstreit und ihre Bedeutung für das Mensch-Maschine-Verhältnis, Frankfurt/Paris/New York

Göttner-Abendroth, Heide 1988: Das Matriarchat I: Geschichte seiner Erforschung, Stuttgart

Irrgang, Bernhard 2205: Posthumanes Menschsein? Künstliche Intelligenz, Cyberspace, Roboter, Cyborgs und Designer-Menschen – Anthropologie des künstlichen Menschen im 21. Jahrhundert, Wiesbaden

Kurthen, Martin 2004: Die dritte Natur. Über posthumane Faktizität, Münster

Mies, Maria 1978: Methodische Postulate zur Frauenforschung – dargestellt am Beispiel der Gewalt gegen Frauen, in: Beiträge zur feministischen Theorie und Praxis 1: Erste Orientierungen, München, S. 41-63

Dies. 1988: Patriarchat und Kapital. Frauen in der internationalen Arbeitsteilung, Zürich

Dies. 1992: Wider die Industrialisierung des Lebens, Pfaffenweiler

Dies. 2001: Globalisierung von unten, Hamburg

Dies. 2003: Über die Notwendigkeit, Europa zu entkolonisieren, in: Werlhof, Claudia von / Bennholdt-Thomsen, Veronika / Faraclas, Nicholas (Hg.): Subsistenz und Widerstand. Alternativen zur Globalisierung, Wien, S. 19-40

Dies. 2004: Krieg ohne Grenzen. Die neue Kolonisierung der Welt, Köln

Mies, Maria / Shiva, Vandana 1995: Ökofeminismus, Zürich

Mies, Maria / Werlhof, Claudia von (Hg.) 1998/2004: Lizenz zum Plündern. Das Multilaterale Abkommen über Investitionen, MAI – Globalisierung der Konzernherrschaft, und was wir dagegen tun können, Hamburg

Neusüß, Christel 1985: Die Kopfgeburten der Arbeiterbewegung, oder: Die Genossin Luxemburg bringt alles durcheinander, Hamburg

Rifkin, Jeremy 1983: Algeny, New York

Schirrmacher, Frank (Hg.) 2001: Die Darwin AG. Wie Nanotechnologie, Biotechnologie und Computer den neuen Menschen träumen, Köln

Ullrich, Otto 1979: Technik und Herrschaft. Vom Handwerk zur verdinglichten Blockstruktur industrieller Produktion, Frankfurt

Verhaag, Bertram 2004: Leben außer Kontrolle, München (Denkmalfilm)

Wallerstein, Immanuel 1979: Aufstieg und künftiger Niedergang des kapitalistischen Weltsystems, in: Senghaas, Dieter (Hg.): Kapitalistische Weltökonomie. Kontroversen über ihren Ursprung und ihre Entwicklungsdynamik, Frankfurt, S. 31-67

Ders. 1999: World System versus World Systems. A critique, in: Frank, André Gunder / Gills, Barry K. (Ed.): The World System. Five hundred years of five thousand? London / New York, S. 292-296

Werlhof, Claudia von 1978: Frauenarbeit: der blinde Fleck in der Kritik der Politischen Ökonomie, in: Beiträge zur feministischen Theorie und Praxis 1, Erste Orientierungen, München, S. 18-32

Dies. 1983: Lohn hat einen »Wert«, Leben nicht? Auseinandersetzung mit einer »linken« Frau, in: Prokla, Nr.50: Marx und der Marxismus, Berlin, S. 38-58

Dies. 1985: Wenn die Bauern wiederkommen. Frauen, Arbeit und Agrobusiness in Venezuela, Bremen

Dies. 1986: Wir werden das Leben unserer Kinder nicht dem Fortschritt opfern, in: Gambaroff, Marina. u. a.: Tschernobyl hat unser Leben verändert. Vom Ausstieg der Frauen, Reinbek, S. 8-24

Dies. 1991: Was haben die Hühner mit dem Dollar zu tun? Frauen und Ökonomie, München

Dies. 1991b: Männliche Natur und künstliches Geschlecht. Texte zur Erkenntniskrise der Moderne, Wien

Dies. 1996: Mutter-Los. Frauen im Patriarchat zwischen Angleichung und Dissidenz, München

Dies. 1997: Ökonomie, die praktische Seite der Religion. Wirtschaft als Gottesbeweis und die Methode der Alchemie. Zum Zusammenhang von Patriarchat, Kapitalismus und Christentum, in: Ernst, U. u. a. (Hg.): Ökonomie M(m)acht Angst, Zum Verhältnis von Ökonomie und Religion, Frankfurt / Paris / New York, S. 95-121

Dies. 1997b: Frauen, Wissenschaft und Naturverhältnis. Vier Thesen wider den Emanzipationsansatz. Oder: Was heißt heute Kritik am Patriarchat? in: Widerspruch 34, Zürich, S. 147-170

Dies. 2000: Patriarchat als »Alchemistisches System«. Die (Z)ErSetzung des Lebendigen, in: Wolf, M. (Hg.): Optimierung und Zerstörung. Intertheoretische Analysen zum menschlich Lebendigen, Innsbruck, S. 134-31

Dies. 2002: Gewalt und Geschlecht, in: Widerspruch 42, Zürich, S. 13-33

Dies. 2003: (Haus)Frauen, »Gender« und die Schein-Macht des Patriarchats, in: Widerspruch 44 Zürich, S. 173-189

Dies. 2003b: Fortschritts-Glaube am Ende? Das kapitalistische Patriarchat als »Alchemistisches System«, in: dies. u. a. (Hg.): Subsistenz und Widerstand. Alternativen zur Globalisierung, Wien, S. 41-68

Dies. 2005: Natur, Maschine, Mimesis. Zur Kritik patriarchalischer Naturkonzepte, in: Widerspruch 47, Zürich, S. 155-171

Dies. 2005a: The Utopia of a Motherless World – Patriarchy as War-System, in: Heide Göttner-Abendroth (Hg.), 2009: Societies of Peace, Toronto, S. 29-44.

Dies. 2006: Das Patriarchat als Negation des Matriarchats. Zur Perspektive eines Wahns, in: Göttner-Abendroth, Heide (Hg.): Gesellschaft in Balance. Dokumente vom 1. Weltkongress für Matriarchatsforschung 2003, Stuttgart, S. 30-41

Dies. 2006b: Capitalist Patriarchy and the Struggle for a »Deep« Alternative, in: Vaughan, Genevieve (Hg.): A Radically Different World View is Possible. The Gift-Economy inside and outside Patriarchal Capitalism, Toronto, S. 139-153

Werlhof, Claudia von / Bennholdt-Thomsen, Veronika / Mies. Maria 1983: Frauen, die letzte Kolonie, Reinbek (1992 Zürich)

Werlhof, Claudia von / Ernst, Werner / Schweighofer, Annemarie (Hg.) 1996: Herren-Los. Herrschaft – Erkenntnis – Lebensform, Frankfurt / Paris / New York

Werlhof, Claudia von / Bennholdt-Thomsen, Veronika / Faraclas, Nicholas (Hg.) 2003: Subsistenz und Widerstand. Alternativen zur Globalisierung, Wien

Widerspruch 2006: 49, Prekäre Arbeitsgesellschaft, Zürich

Wright, Ronald 2006: Eine kleine Geschichte des Fortschritts, Reinbek

3. Fortschritts-Glaube am Ende?

Das kapitalistische Patriarchat als »Alchemistisches System«[1]

Vorbemerkung 2009

Die »Kritische Patriarchatstheorie« als umfassendes neues Paradigma und damit neue Erkenntnistheorie entsteht im Verlauf der systematischen Weiterentwicklung der Theorie des »kapitalistischen Patriarchats« aus dem »Bielefelder Ansatz« (Projektgruppe »Zivilisationspolitik« 2009, darin bes. Behmann 2009). Denn da das Patriarchat zeitlich wesentlich älter ist als der Kapitalismus, folgt daraus die Notwendigkeit einer Untersuchung des Zusammenhangs von heutigem und historischem Patriarchat bzw. Patriarchatsformen in der Geschichte. In diesem Kapitel geht es um eine solche »Periodisierung« der geschichtlichen Patriarchatsformen und ihre »Einmündung« in das neuzeitliche, insbesondere westliche Patriarchat. Als der zentrale Begriff, mit dem das möglich ist, erweist sich derjenige der »Alchemie«, die hier als erste patriarchale Gesamtwissenschaft – Technik, Naturwissenschaft, Religion, Philosophie und Psychologie – identifiziert wird. Die Frage, wie die Alchemie den Weg aus der Antike über das Mittelalter in die europäische Neuzeit und westliche Moderne »schafft«, zum prägenden Merkmal der heutigen Zivilisation in allen ihren Dimensionen aufsteigt und sich als patriarchales Zukunftsprojekt einer »besseren Welt« verallgemeinert, kann hier nur stich-

---

1 In: C. von Werlhof, V. Bennholdt-Thomsen, N. Faraclas (Hg.): Subsistenz und Widerstand. Alternativen zur Globalisierung, Wien, Promedia 2003, S. 41-68 (überarbeitete Fassung)

wortartig behandelt werden. Es entsteht dazu zurzeit ein umfassendes und detailliertes Gesamtwerk (von Werlhof, Manu.). Dieser Kern der Kritischen Patriarchatstheorie würde, in allen Wissenschaftsgebieten angewendet, sehr viele bis heute ungeklärten Fragen einer Antwort zuführen, vor allem auch diejenigen, die das Scheitern der Moderne, des »West-Ends«, erklären könnten. Allerdings scheint die Abwehr dagegen ungebrochen, die sich gerade auch in der allgemeinen, wenn auch irrigen Überzeugung zeigt, dass alchemistisches Denken und Handeln nicht mehr vorhanden seien.

Das theoretische Problem: Was ist »Patriarchat«?

Woran liegt es, dass wir im Westen uns so schwer tun, Alternativen zur Globalisierung der Konzern-Herrschaft zu entwerfen? Immerhin gibt es ja entgegen TINA (There Is No Alternative) die vor allem von Maria Mies vertretene Perspektive: »Subsistenz ist die Alternative«. Ich behaupte, die Schwierigkeiten, uns Alternativen vorzustellen, stammen daher, dass besonders die Frauen, die Natur und die Kolonien nicht nur der Beherrschung und der Ausbeutung, sondern auch einer grundlegenden *Transformation* unterworfen worden sind. Der Begriff, den wir üblicherweise gebrauchen, um uns auf diese ausbeuterische, gewalttätige und sexistische Geschichte zu beziehen, ist der des »Patriarchats«. Das Patriarchat ist aber noch nicht genügend analysiert und verstanden worden. Ich will daher versuchen, den Begriff »Patriarchat« neu zu definieren. Denn weder wurde das Patriarchat mit anderen wesentlichen Phänomenen unserer Gesellschaft *systematisch* in Beziehung gesetzt, noch wurde es als ein System sich verändernder und vielschichtiger konkreter Politik interpretiert, die sowohl im täglichen Leben des Einzelnen wie auch auf einer allgemeinen gesellschaftlichen Ebene zu beobachten ist. Kurz gesagt: Das Patriarchat wurde als interdisziplinäre historische Kategorie und als Realität *unterschätzt*.

Das Patriarchat ist mit dem Fortschritt keineswegs verschwunden. Im Gegenteil: Es entwickelt sich mit dem Fortschritt. Meine These ist:

Das Patriarchat ist der Fortschritt selbst! Kapitalismus ist nur das letzte Stadium des Patriarchats und steht gerade nicht in Widerspruch zu ihm, wie viele Menschen (speziell Frauen) heutzutage zu glauben scheinen (von Werlhof 2003). Das bedeutet allerdings auch, dass der Kapitalismusbegriff sich ebenfalls ändert, wenn wir ihn in einem systematischen Zusammenhang mit dem Patriarchat zu verstehen beginnen.

Mein Beitrag zu dieser theoretischen Debatte besteht in der Einführung des scheinbar obsoleten historischen Begriffs der *Alchemie.* Indem ich jedoch eine Beziehung zwischen der Alchemie und dem Patriarchat erkenne, habe ich den »Schlüssel« (der Schlüssel ist das Hauptsymbol der Alchemie) zum Verständnis der Geschichte und der konkreten Erscheinungsformen des Patriarchats in der Hand. Mit dem Begriff der Alchemie sind damit auch die Formen patriarchalen Verhaltens und konkreter patriarchaler Politik gegenüber Menschen, Frauen, Natur und der Welt überhaupt zu »entschlüsseln«. Auf den Punkt gebracht: *Alchemie ist die »Methode« des Patriarchats.* Unter Verwendung dieser Methode versuchen Politiker, Technokraten, Wissenschafter und Ökonomen, die Welt nicht nur in eine moderne, sondern auch in eine patriarchale umzuformen. Deswegen ist das Patriarchat zu dem geworden, was ich das *»Alchemistische System«* nenne.

Ich werde zuerst die Religion, namentlich das Christentum und seine Beziehung zur Gewalt des kapitalistischen Patriarchats betrachten. Denn in der Alchemie, beim Fortschritt, im Patriarchat und im Kapitalismus geht es immer auch um Glaubensfragen. Tatsächlich glaubt der Westen an die Gewalt. Das »Alchemistische System« kann nur deshalb entstehen und überleben, weil die Menschen all ihren Glauben darein setzen. Die Frage ist daher, wie wir uns von diesem fehlgeleiteten und (selbst)zerstörerischen Glauben befreien können. Nur dann werden wir unsere Augen für die wirklichen Alternativen zu den enorm reduzierten Wahlmöglichkeiten öffnen, die das weltweite patriarchal-kapitalistische System uns zwingt zu akzeptieren. Ich bin sicher, dass meine Freundin Maria Mies diesen Zugang als eine Erweiterung ihrer eigenen Analyse begrüßen wird (Mies 1988; sowie in diesem Band).

Die These: Kapitalismus und Christentum, die zwei Seiten des Patriarchats heute?

Kann man behaupten, dass unsere Ökonomie und Technologie, also der Kapitalismus, die praktischen Seiten unseres Glaubenssystems, also des Christentums, sind? Kann man behaupten, dass die Gesellschaft mit dem Kapitalismus Ziel und Aufgabe unserer Religion übernommen hat, die Existenz Gottes zu beweisen? Wenn es so wäre, was wäre dann »Gott«?

Sind unsere Ökonomie und Technologie in Wirklichkeit Formen religiöser Praxis und unsere Religion eine ökonomische und technologische Theorie? Das muss nicht für alle ökonomischen Systeme und alle Religionen gelten, aber für uns im Westen könnte es der Fall sein (vgl. Weber 1993).

Wenn diese These einer derart engen Beziehung zwischen Kapitalismus und Christentum wahr wäre, dann müsste dieser christliche Glaube aufgegeben werden, um die ökonomische und technologische Ordnung verändern zu können. Bei der Suche nach Alternativen wird es daher notwendig sein, uns von einer Reihe von Glaubensvorstellungen zu befreien. Aber was ist falsch an unseren Glaubensvorstellungen?

Wenn wir bei den Folgen beginnen, dann ist unbestreitbar, dass unser modernes ökonomisches und technologisches System, eben der Kapitalismus, die Erde tatsächlich systematisch zerstört. Daraus folgt die ökologische Frage (Brown und Ayres 1998). Aber was bedeutet diese für »Gott«?

Wenn wir uns andererseits auf die Religion konzentrieren, müssen wir überraschenderweise feststellen, dass zumindest unsere religiösen Institutionen, allen voran die Kirche, sich dieser Zerstörung offensichtlich in keiner Weise entschlossen entgegenstellen. Jedenfalls hat die Kirche als das Zentrum einer Weltmacht bis jetzt sehr wenig zum ökologischen Problem gesagt oder getan (als Ausnahme vgl. Drewermann 1991). Natürlich gilt das nicht für viele christliche Basisbewegungen auf der ganzen Welt und für die feministische Theologie. Aber diese Gruppen konnten die Haltung der »Kirchenführer« nicht ändern. Das ist zunächst einmal verblüffend, denn es ist »Gottes Schöpfung«, die zerstört wird, und wir würden von der Kirche erwarten, dass sie aufsteht und sagt: »Halt, das kann man doch nicht machen!« Aber das ist nicht oder nur kaum der Fall. Das heißt für mich, dass die Kirche, ebenso wie die meisten anderen Institutionen – wie die Mehrzahl der Regierungen, politischen Parteien, Gewerkschaften, Unternehmen und einige soziale Bewegungen – mit dem, was geschieht, letztlich einverstanden ist. Die Frage ist dann wirklich, warum? Wir müssen die Reaktion der Kirche sehr ernst nehmen und wir dürfen keine Ausflüchte suchen, indem wir behaupten, dass die Kirche vielleicht nur vergessen hat zu reagieren, oder dass sie nicht wirklich versteht, dass die Erde immer mehr zerstört wird, oder dass eine Unterscheidung zwischen Kirche und Christentum gemacht werden muss, oder zwischen der Kirche und ihren Mitgliedern.

Ich muss also daraus schließen, dass die Kirche – in Theorie und Praxis – mit der Zerstörung der Erde durch das moderne ökonomische und technologische System einverstanden ist, obwohl historisch das Gegenteil behauptet wird (vgl. Hunke 1987). Demnach ist der Glaube an die christliche Religion wie der an den kapitalistischen Fortschritt heute ein Glaube an die Zerstörung, mit der die Globalisierung der Konzernherrschaft die Erde heimsucht (Chossudovsky 2002).

Das patriarchale Projekt: (Z)ErSetzung der Welt durch Fortschritt

So gesehen scheinen Kirche und Christentum auf der einen und das kapitalistische System auf der anderen Seite mehr oder weniger am selben Strang zu ziehen, ja gehören gar zum gleichen Projekt. Aber was wollen beide erreichen und mit welcher Methode, mit welcher Praxis? Wie kann das die negativen Folgen für die meisten von uns und unseren Planeten erklären?

Ich werde von nun an dieses Gemeinsame von christlicher Religion und kapitalistischem System »Patriarchat« bzw. »das patriarchale Projekt« nennen. In der Folge ist für mich zuallererst die

Frage zentral, was das »Patriarchat« eigentlich ist. Eine geeignete Definition des Patriarchats, welche die jedenfalls praktisch beobachtbare Gemeinsamkeit von Christentum und Kapitalismus erklären würde, fehlt bisher.

»Pater« und »arché«

Wenn wir das Wort Patriarchat wörtlich nehmen – und das ist immer eine gute Methode, denn die Dinge heißen nicht umsonst so, wie sie heißen –, dann ist der Begriff zusammengesetzt aus den Worten *pater* und *arché. Pater* heißt »Vater« und *arché* heißt »Ursprung«, »Beginn«, »Anfang« oder auch unmittelbar »Gebärmutter«. Erst später, im Lauf der Zeit, wird die Bedeutung des Begriffes *arché* umgewandelt in »Herrschaft«, was ja etwas ziemlich anderes bedeutet. Inzwischen kennen wir nur noch die zweite Bedeutung des Wortes, sodass wir über Patriarchat als »Väterherrschaft« und über Matriarchat als »Mütterherrschaft« reden. Entsprechend verwenden wir den Begriff »Matriarchat« oft fälschlicherweise für Gesellschaften, in denen angeblich Mütter und Frauen herrschen. Das hat es allerdings bis jetzt noch nirgendwo gegeben. Jedenfalls weist in den vorpatriarchalen Kulturen auf dieser Erde nichts darauf hin (vgl. Weiler 1993; Lerner 1991; Göttner-Abendroth 1988; Meier-Seethaler 1992; Eisler 1993). Das Patriarchat wird also von sehr vielen Leuten immer wieder als die unmittelbare Umkehrung eines Matriarchats als Mütterherrschaft erklärt und gerechtfertigt. Eine solche »Entwicklung« ist aber bisher nicht nachweisbar gewesen.

Die Konfusion lässt sich klären, wenn wir die ältere Bedeutung des Begriffs *arché* zugrunde legen. Dann heißt nämlich Matriarchat (mater arché) nichts anderes als: »Am Anfang die Mütter« (vgl. Göttner-Abendroth 1988). Alles Leben stammt von und kommt aus irgendwelchen Müttern. Dies ist die ebenso banale wie offenbar weltbewegende Situation auf der Erde, früher ebenso wie heute. So gesehen klingt es aber dann plötzlich ganz eigenartig, wenn jemand auf einmal sagt: »Am Anfang die Väter.« Denn das hieße ja, der Lebensursprung käme aus den Vätern (oder Väter seien Männer mit Gebärmüttern). Erst jetzt merken wir, dass da etwas nicht stimmt. Plötzlich erscheint der Begriff Patriarchat, *pater arché*, wesentlich komplizierter und schwieriger als der des Matriarchats, also der *mater arché*, weil mit *pater arché* ja keine konkrete Erfahrung angesprochen ist. Also kann es sich beim Begriff *pater arché* nicht um eine Umkehrung von *mater arché* handeln, weil es ein pater arché ganz einfach nicht gibt.

Das zweite Problem ergibt sich aus der Umwandlung des Begriffs *arché* von »Ursprung« in »Herrschaft«. Es wird dabei also zunächst aus dem Ursprungsgeschehen ein Herrschaftsanspruch abgeleitet. Damit kann nun entweder die Leib- bzw. »Weibmächtigkeit« der Mütter (vgl. Mühlmann 1984), also die »Mutter-Macht« (Canetti 1986) oder das »Mutter-Recht« (Bachofen 1978) im Zusammenhang mit der Fähigkeit des Gebärens gemeint sein. Das ist dann aber keine »Herr«schaft. Oder aber die Tatsache der mütterlichen Macht, die sozusagen von Natur aus da ist, ja sein muss, um das neue Leben zu bewahren und bis zur Selbständigkeit zu begleiten, wird ersetzt durch einen väterlichen »Herrschaftsanspruch«. Entweder der Vater »herrscht« und nimmt der Mutter gewissermaßen die Macht ab, während sie gebiert. Oder der Vater erhebt einen Herrschaftsanspruch, der daraus abgeleitet wird, dass er selbst der »Gebärende« ist. Es wäre dies dann eine Art Vater-Macht. Da aber Väter (immer noch) nicht gebären und daher auch nicht in diesem Sinn von Natur aus »mächtig« sind, bleibt das Problem bestehen zu erklären, um welches nicht-mütterliche Gebären und um welche nicht-mütterliche Macht es sich handelt, die als Herrschaft auftritt.

Wird es mit dem Begriff *arché* auf diese Weise schon schwierig genug, so ist die Sache mit dem Begriff *pater* nicht minder kompliziert. In der Patriarchatsdiskussion wird oft unterschlagen, dass das Wort Vater in vor-patriarchalen Gesellschaften überhaupt nicht existierte und es nichts von dem bedeutet, was wir heute damit assoziieren. Als der Begriff des Vaters in der Geschichte auftauchte, war damit gerade *nicht* ein leiblicher Vater gemeint, der sich um seine Kinder kümmerte, sondern es handelte sich von Anfang an um einen abstrakten institutionellen Begriff von Hierarchie und Herrschaft (vgl. von Braun 1990). Der Vater stand von Anfang an für nichts Geringeres als das Bild der Herrschaft und des Herrschers als Gesetz und als Gott (vgl. Freud 1974). Um einen normalen Menschen hat es sich beim »Vater« wohl nie gehandelt. Der Vaterbegriff hat also von vornherein mit leiblicher Väterlichkeit nichts zu tun und entstammt nicht der erotischen Kultur der Matriarchate, sondern ist immer schon Ausdruck eines hierarchischen Denkens, des Denkens der Herrschaft: Und diese *Herrschaft war ein völlig neues historisches Phänomen.*

Nur so können wir verstehen, dass und warum der Begriff des Vaters eine *Utopie* ist, nämlich, dass diese Herrschaft des Vaters möglich oder erstrebenswert und so umfassend sein könnte, dass sie das Mütterliche, also den tatsächlichen Ursprung und das tatsächliche Gebären, selbst beinhalten könnte und/oder gar nicht mehr bräuchte, weil sie es voll »ersetzt« hätte.

Patriarchat als Utopie

Patriarchat ist im Grunde der Ausdruck einer *Gesellschafts-Utopie* darüber, dass es nicht Mütter, sondern stattdessen sogenannte Väter sind, die das Leben hervorbringen oder die idealerweise irgendwann dazu imstande wären. Dabei ist der Vater gedacht in der abstrakten institutionellen Form einer »Vaterschaft« parallel zu der Vorstellung eines männlichen Gottes und seines »Gesetzes« bzw. eines sogenannten »Naturgesetzes«, wie es neuzeitlich (säkularisiert) heißt.

Insofern ist für mich das Patriarchat ein kaum vorstellbarer, unverständlicher, ja nahezu unaussprechlicher Anspruch, der von allen konkret vorhandenen Bedingungen irdischer Existenz absieht, d.h. abstrahiert, und nicht nur auf einen »Gebär-Neid« verweist. Das Patriarchat will vielmehr nichts Geringeres, als den gebärenden Leib nachgerade in ein beliebig produzierendes und produzierbares Ding umwandeln und durch eine nicht (mehr) leibliche, nicht (mehr) weibliche Maschinerie ersetzen, als wäre dies das Ziel der Weltgeschichte. Das gleiche gilt für »Mutter Natur« und die Erde als Planet selbst. Patriarchat ist also die Idee der mutter- und naturlosen Gesellschaft und mündet in eine Politik des Versuchs, die konkrete Mutter/Natur durch einen abstrakten Vater zu substituieren. Nur wenn wir das erkennen, können wir wirklich verstehen, warum Patriarchat mit dem »Muttermord« beginnt (vgl. Weiler 1991; Tazi-Preve 1992; Wolf 1994) und sich die mütterliche, mit der Natur kooperierende Kultur unterwirft, damit sie am Ende gänzlich durch ein gesellschaftliches Kunstprodukt ersetzt werden kann – das »System«, die »Maschine« (Merchant 1987, Genth 2002).

Der Versuch einer solchen Ersetzung ist eine Wahnidee, die uns noch immer verfolgt und deren Gefahr heute so unmittelbar und bedrohlich wie nie zuvor ist. Dementsprechend ist das Patriarchat, solange es noch wirkliche, konkrete Mütter und eigenmächtige Naturvorgänge auf dieser Welt gibt, noch nicht »richtig« vorhanden, geschweige denn vollendet. Und der Vater, der als angebliche Auch-Mutter (alchemistisch: »Hermaphrodit«) über der Welt thront, nämlich unser »Gott«, wie wir ihn im Monotheismus (nicht nur im christlichen) dargestellt bekommen, muss immer noch und immer wieder den Beweis seiner Existenz antreten. Eben das ist aus der Sicht unserer Religion die »Sünde« der Frauen und der Natur, dass sie als Mütter und Mutter Natur überhaupt (noch) da sind und gebraucht werden, weil das Leben nur durch ihren Leib auf die Welt kommt. In der christlichen Religion erscheinen daher alle Frauen von Natur aus als Sünderinnen, solange sie nicht wie Maria sind, also zwar Mütter, aber solche, die dazu weder eines erotischen, noch eines neun Monate lang schwangeren Leibes und auch nicht der männlichen Sexualität bedürfen. Was sonst der Leib und die sexuelle Begegnung tun, das soll im Patriarchat ein sogenannter »Geist« besorgen, der diesem angeblich geist-losen Leib nun nicht mehr innewohnt, sondern durch männlich-göttliche, anstatt männlich-menschliche Tätigkeit von außen in ihn hineingebracht werden muss – ein Akt, der schon sehr an die neuesten Reproduktionstechnologien erinnert, die vielen Besamungstheorien in der Geschichte der Züchtung nicht zu vergessen (vgl. Aristoteles in Treusch-Dieter 1990). Auf jeden Fall setzt diese Vision die Trennung von Mann und Frau, Körper und Seele, Materie und Geist, »mater«/Natur und Leben voraus.

War Maria das frühe Idealbild einer patriarchalen Noch-Mutter, so ist ein viel älteres Vaterbild eines Auch-Mutter-Gottes erhalten, nämlich das des ägyptischen Pharao Echnaton, der ja der Begründer des Judentums sein soll, und zwar als Erfinder der ersten monotheistischen Religion überhaupt, der ägyptischen Aton-Religion (vgl. Freud 1974). Der Gott Echn-Aton wurde nämlich schon damals als schwangerer

Mann dargestellt (vgl. Wolf 1994). Auf diese Weise wurde bereits mit Beginn des Monotheismus im selben Atemzug der Anspruch erhoben, alles in einem Vater zu haben, also »Ein und Alles« in »Gott«. Das »Ein und Alles« ist nun nicht mehr die Gestalt der kosmischen All-Mutter, der Göttin Nut, der interessanterweise ihr Name geraubt und – von hinten gelesen (A-Tun) – zur Bezeichnung der tatsächlich umgekehrten neuen Vaterreligion verwendet wurde. Statt ihrer wird also nun ein sogenannter Vater etabliert, ein völlig unnatürliches, widersprüchliches und paradoxes Kunstwesen, das als politische Utopie über das angebliche Ziel der Geschichte »konkret« in (und über) die Welt gesetzt wird. Der politischen Theorie des Monotheismus entspricht damit (noch lange vor Entstehung unseres Gesellschaftssystems) eine Politik des Despotismus (wie sie z.B. in der Pharaonenherrschaft bestanden hat), die von nun an auch die alltägliche Praxis der Umsetzung und Verwirklichung des patriarchalen Mutter- und Natur-Ersatz-Wahns bestimmt. Der ideelle oder ideologische Teil dieses neuen, sich erstmals etablierenden Herrschafts-Systems ist aber das, was wir als monotheistische Religion bezeichnen (vgl. Girard 1992).

Mit dem Patriarchat als Utopie und als Begriff geht auch der Begriff der monotheistischen Religion einher, ja das Patriarchat beginnt, mit Gewalt und Religion zum Gesellschafts-System zu werden. Das Patriarchat ist also eine Gesellschaftsform, die eine Voraussetzung hat und im Laufe der Zeit zu beweisen versucht, was sie voraussetzt: dass nämlich die göttliche und damit bessere Welt diejenige sei, in der es den *pater arché*, also den »gebärenden« und deswegen angeblich zu einer »Herrschaft« berechtigten Vater-Gott, und folglich ein göttliches »Vatergesetz« anstelle der Naturgesetze und des »Naturrechts« der Mütter – dem Mutterrecht – gebe (vgl. Lauderdale 1996, von Werlhof 1996). Da aber die politische Theorie des Patriarchats, die gebärmächtige Vater-Ursprungs-Herrschaft, eine pure Behauptung ist, muss dieser eine Praxis des Beweisens und damit der versuchten Realisierung dieser Utopie folgen. Denn eine ganze Zivilisation kann auf die Dauer nicht alles abhängig machen von einer Sache, die es nicht gibt, ja die sogar im größtmöglichen Gegensatz zu jeder alltäglichen Erfahrung steht.

Patriarchat als Gewalt (Zerstörung, »Paradies«)

Es wird von nun an typisch für alle Theoriebildung im Patriarchat, dass sie sich ihre Realität erst schaffen muss, also Spekulation ist und gerade *nicht* Erklärung bereits vorhandener Realitäten darstellt. Als Formen von »Denkgewalt« (vgl. Ernst 1986), die für die entsprechende Praxis maßgeblich sind, sind sie von nun an immer mit einer gewalttätigen Politik verbunden, die ummodeln muss, was nicht zur Theorie passt. Diese Praxis der Gewalt kehrt außer in der Politik auch in der Wissenschaft und Technik wieder, und, last but not least, in der Ökonomie. Es muss nämlich von nun an immer mehr und immer unmittelbarer versucht werden, die Welt förmlich auf den Kopf zu stellen und Natur zu transformieren in eine, die nicht mehr weiblich-mütterlich, sondern männlich-väterlich geworden ist (vgl. Böhme 1988; Merchant 1987).

Das ist seit der Neuzeit besonders gut anhand der modernen Technik zu sehen. Insbesondere die heutigen Reproduktions-Technologien »reproduzieren« ja weniger das Leben selbst als das Ideal der Lebens-»Produktion«: die »schwangere« Maschine, den »schnellen Brüter«, die Gebär-Maschine im wahrsten Sinne des Wortes, die letztlich auch des Frauenleibes oder einzelner Teile desselben nicht mehr bedarf (vgl. Rifkin 1983). Selbst die Fiktion des unmittelbar schwangeren Mannes, dem entsprechende Apparate eingesetzt wurden, ist in all ihrer Plattheit, Dummheit und Hässlichkeit nicht ausgelassen worden. Dass diese perverse Idee eines künstlich schwangeren Mannes aber bis auf den Pharao Echnaton zurückgeht, und warum dies so ist, entzog sich bisher der Vorstellung oder wurde nicht reflektiert.

Dasselbe gilt für alle Versuche, ein »künstliches Leben« außerhalb der menschlichen Sphäre in der Tier- und Pflanzenwelt und sogar innerhalb der Maschinenwelt selbst herzustellen (Weizenbaum 1978, Rifkin 1983).

Es denken eben immer noch nicht alle Leute (bewusst oder unbewusst) »patriarchal«. Die jedoch, die unsere Geschicke zu lenken versuchen, tun es sehr wohl, wie an ihrem ungeminderten, wenn nicht gar wachsenden Machthunger ersichtlich wird, der ja sonst ganz unerklärlich wäre (vgl. von Werlhof et al. 1996).

Das Projekt Patriarchat ist also ideologisch (religiös, philosophisch) wie praktisch (technologisch, politisch, ökonomisch, kulturell) darauf aus, die gesamte Welt nach und nach möglichst vollständig in einen Gegensatz zu sich selbst umzuwandeln, weil die Welt erst dann »besser«, Gott näher und ihrer (angeblich) eigenen »evolutionären« Tendenz entsprechender sei. Deswegen erscheint die Welt aus patriarchal-religiöser Perspektive, ebenso wie aus technologischer und ökonomischer, immer als »schlecht«, verbesserungsbedürftig, unvollkommen, »böse«, »unrein«, wertlos, niedrig oder irgendwie unbedeutend. Es geht also immer um eine Erlösung: nicht der Welt, sondern *von* der Welt (vgl. Kippenberg 1991). Die Welt, das irdische Dasein, gilt in allen patriarchalen Religionen (beginnend mit der Gnosis: vgl. Sloterdijk und Macho 1991; oder auch im Buddhismus) als leidvoll und überwindenswert. Was verschieden ist, ist die Art und Weise, wie diese Überwindung geschehen soll. In der Vorantike, aus vorsokratischer Sicht (vgl. Ernst 1997), ist die Welt noch der Garten Eden. Das ist anschließend nicht mehr der Fall. Denn wir sind ja angeblich aus dem Paradies vertrieben worden, und daran kann man anscheinend auch nichts ändern. Wir können das Paradies angeblich nur ganz neu schaffen, aber nicht zu ihm zurückkehren. Und genau hier haben wir den patriarchalen Ökonomie- und Produktionsbegriff: Es soll eine neue Welt, es soll ein neues Paradies auf Erden geschaffen werden, und zwar *ein noch nie dagewesenes.* Man gibt sich nicht zufrieden mit der Welt, wie sie (angeblich) ist, mit der Natur, wie sie (angeblich) ist, vor allem, dass sie eine »mütterliche« sei, und dass das Leben aus den weiblichen Geschöpfen kommt. Das hält man sogar für besonders ungut, ja gar frevelhaft, wenn nicht teuflisch. Im Christentum wird das unmittelbar ausgedrückt in Evas angeblicher Sünde und in der Tatsache, dass alle Frauen als Sünderinnen dastehen, und zwar qua Geschlecht, von Natur aus, also in jedem einzelnen Fall und für immer und ewig. Ja, das Leben (Eva = das Leben), die Natur selbst, erscheinen als sündig. Diese »fundamentalistische« Verurteilung des Weiblichen und Lebendigen geschieht eben deswegen, weil es das Leben hervorbringt (»natura naturans«), was ja allein Gott, dem Vater, zustehen soll. Außerdem braucht es dazu immer noch des heterosexuellen Geschlechtsverkehrs, womöglich gar der Lust und der leiblichen, seelischen, geistigen und sinnlichen Erfahrungen all dessen, was Männer, Frauen und Kinder in einer weltzugewandten, erotischen Kultur ganz und gar unpatriarchal immer noch miteinander verbinden könnte (vgl. Schubart 1989). Das Patriarchat aber muss diese Mächte der Sinne, die Macht des Sinns, brechen und sich des Leiblichen und aller damit womöglich verknüpften lebensbejahenden Gefühle und Erkenntnisweisen zu entledigen suchen. Gemeint ist das als positiv gesehene Abgewöhnen der Sinne und die Ersetzung der sinnlichen Welt, des Welt-Sinns, durch eine unsinnliche, sinn(en)lose oder unsinnige Welt, eine, der die Sinne völlig abhanden gekommen sind, weshalb dann auch immer wieder nach dem »Sinn« gesucht werden muss (vgl. Kutschmann 1986). Denn die »schöne neue Welt« des Patriarchats hat mit ursprünglicher Natur nichts mehr »im Sinn«.

So ist vom Begriff des *pater arché* her erklärbar, warum das Patriarchat ein Gewaltprojekt durch und durch ist, und zwar das systematischste, umfänglichste und am tiefsten »durchdringende« in der uns bekannten Geschichte; warum es noch dazu geradezu irrsinnige Ausmaße und eine weltweite Verbreitung angenommen hat; und warum es ein durch und durch irrationales und illusorisches Projekt ist, das sich für seinen Zweck der größtmöglichen Rationalität bedient. Es geht ja um nichts Geringeres, als möglichst den gesamten Globus und alle bisherige Kultur völlig zu verkehren und Natur in das zu verwandeln, was sie gerade *nicht* ist: eine *Gegen-Natur.* Genau dies ist es, was Frau oder auch »Volk« immer noch nicht verstehen kann: Dass das alles wirklich ernst gemeint sein soll.

Es geht hier also nicht darum, dass nicht Neues ausprobiert oder entwickelt werden könne oder solle, wie manche vielleicht kritisieren würden. Vielmehr geht es darum zu erkennen, dass das *im Patriarchat* gesuchte Neue etwas durch und durch der Welt Entgegengesetztes, Feindseliges, Perverses und sie Zerstörendes ist. Das können wir einfach nicht wollen, zumal oft genug das, was in einem nicht-patriarchalen Sinne neu sein könnte, brutal verhindert und wie das nicht-patriarchale Alte vernichtet wird (vgl. Deschner 1994; Ullrich 1980; Paczensky 1970; Illich 1982, 1983).

Es ist in dieser Hinsicht jeder Maßstab im Denken verloren gegangen, weil inzwischen meist stillschweigend davon ausgegangen wird, alles Neue sei besser als alles Alte, noch dazu unabhängig davon, wie, warum oder gar wogegen dieses Neue in die Welt gesetzt wird. Wo die Lebewesen systematisch verletzt werden, sollte eine Art Alarmglocke läuten, aber diese wird laufend überhört, weil dem Zerstörerischen angeblich etwas Schöpferisches anhaftet oder nachfolgt. Denken wir z. B. an den Begriff des weltberühmten österreichischen Wirtschaftswissenschafters Joseph Schumpeter von der »schöpferischen Zerstörung« im Wirtschaftsprozess (Schumpeter 1962). Hier setzt bezeichnenderweise das sonst so verbreitete religiöse Sündenbewusstsein vollkommen aus, weil es sich gerade mit *diesen* Fragen *nicht* befasst. Das Verbrechen gegen die Natur und gegen die Frauen, der Muttermord, die Ermordung des »süßen und weisen« Leibes, der Mord an der Frauenkultur und am Eros sind ja gerade das *Ziel* des patriarchalen Projekts, ja die Vorbedingung seiner Realisation (vgl. Tazi-Preve 1992). So wurde die Hexenverfolgung nie wirklich aufgegeben – nur die Form hat sich geändert (Kimmerle 1980). Aber schuldig fühlt sich keiner, ein schlechtes Gewissen, z. B. der Kirche oder der Männer, ist nicht in Sicht. Der Frauenmord gilt in der Kriminalgeschichte als irgendwie normal und verständlich, da Frauen ja letztlich doch immer sündig und schlecht seien (vgl. Trube-Becker 1987). Der Logik dieser Perspektive folgend besteht daher im Gegenteil die *wahre Sünde* gerade darin, Frauen zu lieben und *nicht* zu bestrafen für ihre angebliche Schlechtigkeit, oder die Natur zu lieben, anstatt zu beherrschen zu versuchen.

Patriarchat als »Verbesserung« (»Evolution«, Maschinerie)

Die patriarchale Utopie kann nicht verwirklicht werden, solange Frauen und Natur existieren. Der Vorwurf gegen die Frauen und die Welt ist eben der, *dass sie überhaupt sind.* Am besten, sie wären gar nicht, es sei denn in sehr »verbesserter«, das heißt in einer auf unsägliche Weise pervertierten Form, die mit der Welt und den Frauen überhaupt nichts mehr zu tun hat, da sie die Abschaffung ihrer Wirklichkeit (und damit ihrer Wirksamkeit) voraussetzt. Alles wird buchstäblich schlecht gemacht -der Mensch, die Natur und insbesondere die Frauen –, damit man eine Rechtfertigung dafür und ein Recht darauf hat, sie »gut« zu machen und/oder die Welt von ihnen zu »säubern«. Dieses Prinzip der menschlichen »Evolution« ist ja auch in unseren Erziehungspraktiken sehr gegenwärtig (Dreßen 1982; Hammer 1997). Daher müssen der Mensch, die Welt, die Natur, die Frauen nicht nur ideologisch, sondern auch empirisch, tatsächlich, erst einmal »verschlechtert« werden. Dies ist der erste Beweis, den Religion, Technik, Politik und Ökonomie anzutreten versuchen. Ohne eine solche vorangegangene Verschlechterung würde es also der »Verbesserung« gar nicht bedürfen. Und obendrein: Die »Verbesserung« gelingt nicht. Die erst herbeigeführte Verschlechterung, das Schlechtmachen, ist am Ende oft irreversibel. Und genau das soll sein, damit anschließend nahezu alles als »Verbesserung« erscheint (von Werlhof 1991). Das gilt ebenso für die Urwaldrodung, die Bodenerosion durch moderne Landwirtschaft oder die Züchtung »veredelter« Sorten und Rassen (Chargaff 1988).

Ist die Welt, sind die Menschen, die Natur, die Frauen, die Tiere, die Kinder – wer ist eigentlich ausgenommen? – erst einmal schlechtgemacht, dann flieht Mann sie sozusagen zu Recht und macht sich umso mehr ans Projekt ihrer Verbesserung oder tatsächlichen Ersetzung. Schließlich soll eine »Human«-Industrie das angeblich so gefährdete, krankhafte, beschwerliche, unerträgliche und insgesamt verbesserungsbedürftige »Restrisiko« Leben als perfektioniertes, »veredeltes« und »reines«, »gesundes« und »glückliches«, leidfreies und planbares in einer fabrikmäßigen Produktion hervorbringen (Bergmann 1992) – *als ob das möglich* oder gar der Sinn des Lebens auf der Erde wäre. Hier entlarvt das dahinterstehende Denken seinen ganzen Totalitarismus, seine ganze Dummheit, Brutalität, Irrationalität und vor allem seine – durchaus beabsichtigte – *Ignoranz*.

So gesehen ist tatsächlich die Ökonomie (in Zusammenarbeit mit der Maschinen-Technik) der säkularisierte Arm des patriarchalen Projekts, das zunächst einmal als Religion theologisch (bzw. auch philosophisch-politisch) formuliert wurde. Trotz aller angeblichen Befreiung vom Irrational-Religiösen zeigt sich, dass sich die Ökonomie viel eher in haargenauer Kontinuität mit dem religiösen Patriarchatsgedanken in die Realität umzusetzen bemüht, was die Utopie des Patriarchats als Religion formuliert: den Beweis der Existenz des einen (männlichen) Schöpfer-Gottes und eines zu erschaffenden »göttlichen« Seins als Verwirklichung der Utopie von der »guten«, »schönen« und »wahren« Welt, dem von Männern gemachten neuen »Paradies« auf Erden (vgl. zuerst Plato 1962).

Patriarchat als Knappheit

Es wird nun klar, warum sich unsere neuzeitliche Ökonomie als Überwindung von *Knappheit* definiert (Illich 1982; Gronemeyer 1988; Sachs 1993). Dies hat allerdings mehrere Aspekte. Der eine, der meines Wissens bisher nie erwähnt wurde, ist der der »Knappheit an Patriarchat«. Denn es gibt ja keine »gebärenden« Väter, noch substituierte Naturen oder autonome natur- und mutterlose Welten. Also sind sie knapp, und zwar extrem knapp. Die Utopie des Patriarchats besteht aber darin, dass sie der Normalfall, also alles andere als knapp sein sollten. Daher muss die Knappheit an Patriarchat durch Produktion von Patriarchalem überwunden werden. Riesige Geldsummen und enorme Mengen an Gütern sind buchstäblich in eine solche »Produktionsschlacht« verwickelt; man produziert »große« Männer und viele kleine »Herren« (Godelier 1987); und Zeugungs- und Samentheorien werden – wie schon in der Antike – aufgestellt, die behaupten, dass nur der männliche Same das Leben in sich trage und die Frau lediglich eine Hülle für dessen wahrhaft alchemistische Wandlung vom »Geist« zur »Materie« sei (vgl. Treusch-Dieter 1990). Man produziert eine »zweite Natur«, die nicht *natura naturata*, also aus *natura naturans*, der selbstschöpferischen Natur, hervorgegangen ist, sondern auf und in sie gesetzte, gemachte Un- oder Anti-Natur. Mit Ernst Bloch können wir sagen, dass sich die patriarchale Zivilisation auf der Welt wie »eine Armee im Feindesland« bewegt (Bloch 1967). Auch viele Frauen halten ihren Leib und ihre Gebärfähigkeit mittlerweile für unwichtig, hässlich und altmodisch und plädieren selbst für deren Abschaffung und Ersetzung durch Industrien (vgl. den heutigen sogenannten »Gender«-Ansatz von Firestone 1975 bis Haraway 1995).

Dann gibt es noch den anderen Aspekt der Überwindung von angeblich naturgegebener Knappheit durch kapitalistische Ökonomie, wie er normalerweise diskutiert wird. Drittens wird »Knappheit« als gesellschaftlich erst produzierte verstanden. Es handelt sich um die Tatsache, dass die Knappheit, also die Not, von der uns Ökonomie angeblich befreien will, von ihr selber stammt, hervorgerufen z. B. durch die Politik der Monopolisierung, der Akkumulation und der Vernichtung (vgl. Bergfleth 1992; Mies und von Werlhof 1999). Diese Politiken schaffen eine künstliche Fülle von Mitteln und Produkten auf der einen Seite und eine unerträgliche, künstlich produzierte Knappheit eben dieser Mittel sowie aller Alternativen dazu auf der anderen Seite. Diese Knappheit macht sich vor allem dann bemerkbar, wenn es sich um lebensnotwendige Mittel und Produkte handelt (vgl. von Werlhof 1983; Krieg 1980; Mies und Shiva 1995). Die Ökonomie bietet sich also an als Retterin in der Not, während sie doch das Problem, das sie angeblich lösen kann und will, erst einmal selbst hervorbringt (vgl. George 1980; Imfeld 1985). Erst dann kann sie scheinbar mit Zustimmung rechnen. Denn nur, wenn Unglück und Unheil, Unfruchtbarkeit und Verwüstung, also die Knappheit an Paradies, tatsächlich existieren, kann ja behauptet werden, es müssten – qua »Evolution« – eine bessere Welt mit weniger Knappheit und letztlich ein neues Paradies geschaffen werden, aber eines, das *nie mehr* wieder vergehen könne. Hier stößt der Fortschrittsglaube allerdings an die vierte und letzte Form der Knappheit. Diese entsteht, wenn nicht erneuerbare »Ressourcen« ausgeplündert, Arten ausgestorben und Böden oder Gewässer irreversibel »umgekippt« sind.

In der Wirklichkeit geht also alles den umgekehrten Weg. Statt eines Himmels wird die Hölle auf Erden erfunden.

Patriarchat als Metaphysik

Der Zynismus von Anhäufung und Zerstörung mündet in eine Als-ob-Haltung. Es wird so getan, als ob es nun das Beste und am Ende auch möglich wäre, eine neue Welt zu schaffen, eine, die letztlich metaphysisch ist, jenseits der Physik, der Körper, der Materie, der Mater (physein heißt auch gebären), also jenseits der Natur und ihrer schöpferischen Potenz (Shiva 1989). Das ist die eigentliche Religion des Patriarchats und der Glaube daran muss wirklich sehr groß sein, wenn dafür hingenommen wird, dass die vorhandene Welt erst einmal zerstört wird. Denn was ist, wenn die selbstproduzierte Naturkatastrophe einfach nur in ein selbstgemachtes Nichts mündet – wofür in der Tat vieles spricht (vgl. Schütz-Buenaventura 2000)? Jedenfalls ist ein Ersatz für dieses drohende Nichts, der auch nur im Mindesten die Bezeichnung »Ersatz« verdienen würde, nirgendwo in Sicht. Der Versuch, Natur, Mensch, Frau, Tier, Boden und Pflanze, ja die ganze Erde in etwas anderes zu verwandeln, als sie sind, hat bis jetzt lediglich zu Beschädigungen des Lebens geführt. Das Projekt der angeblichen Herrschaft über die Natur, das zuerst im religiösen Kontext als Gottes Anweisung an Adam (»Machet euch die Erde untertan!«) formuliert und insbesondere seit der Neuzeit auch weltweit praktiziert wird, ist nicht gelungen (vgl. Colborn et al. 1996). Herrschaft entpuppt sich praktisch als Vernichtung. Es gibt keine Herrschaft, die »gelingen« kann. Sie macht lediglich kaputt.

Dies ist inzwischen bekannt, es ist erkennbar und es wird erkannt. Aber es ändert sich nichts. Das Verhalten der Natur und den Frauen gegenüber bleibt das gleiche, und die Legitimation dafür bleibt die gleiche. Die »Inwertsetzung« der Natur kommt der Zerstörung ihres wirklichen Werts, ihrer Entwertung, ihrer Verwandlung in Müll, gleich. Dass diejenigen, die aus diesem Prozess immer noch Profit schlagen können, nichts an ihm ändern wollen, ist ja noch irgendwie verständlich. Dass aber diejenigen, die nicht in den Genuss dieser Möglichkeiten kommen, sehenden Auges immer noch an dem Projekt, und es ist das des Patriarchats, des Fortschritts, festhalten, mutet inzwischen irgendwie wahnwitzig an. Das patriarchale Denken hat die meisten Menschen offenbar so sehr »penetriert«, dass sie sich etwas anderes als die Verschlechterung und anschließende Verbesserung der Welt, selbst dann, wenn dies erkennbar nicht möglich ist, gar nicht mehr vorstellen können. Immer noch wird z.B. dem »Fluch« der Technik ihr angeblich auch vorhandener »Segen« entgegengehalten, der doch nicht mehr ist als der kurzfristige *Schein* einer Verbesserung für Wenige, der nur dann aufrechterhalten werden kann, wenn wir die für sein Zustandekommen oder in der Folge auftretende »notwendige« Gewalt und Zerstörung *ignorieren.* Dabei gibt es nur eine einzige mögliche Schlussfolgerung aus der Misere: das Akzeptieren der Natur wie sie ist, und ein Umgang mit ihr, der sich auf diese Akzeptanz gründet (vgl. Mességué 1989). Das wäre die Vorbedingung für jede Alternative. Aber diese Art von Vernunft ist in unserer »vernünftigen« Zivilisation bisher nicht möglich gewesen. Wir sind nicht mehr in der Lage zu verstehen, was Natur ist, und wir wissen auch nicht (mehr), was Frauen sind. Das wird nachzuholen sein, denn die Hoffnung auf eine am Ende angeblich mögliche »gnostische« Weltflucht ins irgendwie Außer-Irdische wird bald verflogen sein.

Die Methode des Patriarchats: Die Alchemie

Meine zweite These zum Zusammenhang von Ökonomie und Religion im Patriarchat behandelt die Frage der *Methode,* mit der das Patriarchat als Utopie sich durch Religion sowie andere Glaubens-Systeme und insbesondere Ökonomie (und Technik) zu realisieren, zu »beweisen« trachtet und damit zur »konkreten« Utopie werden will. Dass eine solche Methode da sein muss, folgt zwingend aus der Tatsache, dass das Patriarchat eine Theorie ist in Gestalt einer Utopie, also eines Möchtegernseins. Das Patriarchat stellt Behauptungen auf, die unbewiesen bleiben, solange die Realität nicht der Theorie oder Utopie entsprechend verändert worden ist. Das Patriarchat ist also dauernd in Beweisnot, vor allem längerfristig. Der bloße Terror reicht, wie bekannt, auf die Dauer nicht aus, um die Leute bei der Stange zu halten und zu guten Gläubigen des Patriarchats zu machen. Immer noch lachen ja die Frauen – denen das Lachen noch nicht vergangen ist – überall auf der Welt, wenn patriarchale Männer ihre Version vom Zustandekommen des Lebens und der Großartigkeit ihrer Beteiligung dabei verbreiten (vgl. Diotima in Plato 1985). Das Patriarchat hat also außer seiner religiösen oder ideologischen Formulierung dringend der Umsetzungsversuche in der Praxis bedurft, also einer Politik, Technologie, Wissenschaft, Kunst und Ökonomie, die den Beweis der Richtigkeit seiner Wahnideen lieferte. In der Tat beschäftigt sich seitdem alle Theoriebildung des Patriarchats, auch in der Philosophie und in anderen, angeblich nicht religiösen Bereichen damit, die ebenso komplizierten – weil verkehrten – wie simplen und monotonen Gedankengänge des Patriarchats trotz ihrer Absurdität so zu formulieren, dass der *Glaube* an die Richtigkeit der patriarchalen Behauptungen erhöht wird, obwohl oder gerade weil dem kein wirkliches *Wissen* entsprochen haben kann (vgl. Hunke 1987). Seitdem gibt es einen Glauben, der sogar wider alles mögliche Wissen eingefordert wird und als besonders gottgefällig gilt. Der Glaube beginnt da, wo ein Wissen weder vorhanden ist, noch sein kann. Gerade das Absurde kann nur geglaubt, aber nicht gewusst werden (vgl. das »credo quia absurdum« der Kirchenväter, Galtung 1995). Immer wichtiger gestaltet sich jedoch auf die Dauer das Problem der praktischen Realisation. Wie kann eine patriarchale Welt tatsächlich hergestellt werden, damit der immer prekäre Glaube durch ein »handfestes« Wissen und eine ebensolche Wirklichkeit ersetzt werden kann?

Nach meiner Beschäftigung mit verschiedenen Naturwissenschaften, Religionen und der Technikgeschichte hat sich für mich nach und nach herauskristallisiert, dass diese Methode der Verwirklichung des Patriarchats in der sogenannten *Alchemie* bestanden hat und weiter besteht. Die Methode der Alchemie als einer Art umfassender Religion, Philosophie, Psychologie und Technik, so meine These dazu, ist der Schlüssel zu der Frage, *wie* das Patriarchat sich seinem Denken entsprechend praktisch gebärdet, und zwar in allen Bereichen und auf allen Ebenen der Gesellschaft.

Dem Wort »Alchemie« liegt das arabische Wort *keme*, u.a. übersetzt als »schwarzer Nilschlamm«, zugrunde. Dieser Schlamm machte durch periodische Überschwemmungen das Land um den Nil herum fruchtbar. Durch die Vermischung von Wasser und Erde, diese Chemie der Natur, entstand das neue Leben. Nun muss die Alchemie zunächst der Versuch gewesen sein, diesen Naturvorgang zu beobachten und zu verstehen und seinen Ablauf zu erleichtern oder auch zu imitieren. Dies ist vermutlich die Phase einer noch vor-patriarchalen Alchemie von Gärtnerinnen und Ackerbäuerinnen, die den Stoffwechsel fördern und mit dem Naturgeschehen kooperieren, ohne es im Prinzip zu verändern (vgl. die berühmten »hängenden Gärten« der Königin Semiramis im Zweistromland, dem heutigen Irak).

Die Alchemie ist uns also aus der Philosophie-, Technik- und Religionsgeschichte bekannt. Es hat sie in vielen Formen in aller Welt gegeben. Sicher hat die Alchemie ihre Grundlagen in den alten Frauenkulturen und ist später immer mehr patriarchalisiert und pervertiert – ins Gegenteil verkehrt – worden. Ältere Zeugnisse über alchemistische Praktiken und die dazugehörigen Denkweisen kennen wir zumindest aus China, Indien, Afrika, Mittel- und Vorderasien und aus ganz Europa, insbesondere aus dem östlich-südöstlichen (vgl. Eliade 1980; Jung 1985; Binswanger 1985; Bologne 1995; Gebelein 1996; Biedermann 1991, Schütt 2000). Meines Wissens gibt es bisher keine Bemühungen um eine Betrachtung der Alchemie unter dem hier vorgeschlagenen Gesichtspunkt. Insofern bewege ich mich, zumindest subjektiv, auf Neuland. Dennoch erscheint es mir an der Zeit, die These von der Rolle der Alchemie im Patriarchat bis heute zumindest andeutungsweise zu wagen und sie durch weitere Untersuchungen später genauer zu belegen (von Werlhof 2000a).

Wenn unsere Ökonomie heute in Form des »kapitalistischen Weltsystems« (Wallerstein 1986; 1989; 1998) die praktische Seite unserer Religion insofern ist, als sie konkret zur Erreichung des Ziels des Patriarchats, nämlich zum »Am Anfang die Väter« beiträgt, dann ist, so die These, die Alchemie die konkrete Methode, wie dies geschieht.

Sehen wir uns also an, was die Methode der Alchemie ist. Die ägyptische Alchemie, die mit 5000 Jahren mindestens so alt ist wie das Patriarchat, hat als zentralen Begriff den Schlüssel (vgl. Binswanger 1985). Die ägyptische Alchemie sah sich tatsächlich als Methode zur Entschlüsselung der Welt. Ich nehme also jetzt die Alchemie als Schlüssel zur Interpretation der Methode, das Patriarchat zu schaffen.

Patriarchale Alchemie

Die Prinzipien des Seinlassens, des Förderns und der Kooperation, wie sie sich in der frühen vor-patriarchalen Alchemie zeigen, sind vollkommen anders als die der späteren »klassischen«, patriarchalen

Alchemie. Die letztere beruht einerseits auf der Methode der Herstellung der sogenannten *»materia prima«*, *»massa confusa«* oder des *»nigredo«* als der angeblichen Ur-Materie, andererseits auf dem Prinzip des »löse und binde« (lateinisch »solve et coagula«). Die *materia prima* ist das Ergebnis eines Prozesses, in welchem der Alchemist zum Ursprung der Materie zurückgehen will. Zu diesem Zweck »schwärzt« er alle Materie, er löst sie auf, hauptsächlich durch den Gebrauch von Feuer, um so das sogenannte *nigredo* herzustellen, das dann als die alles beinhaltende Ur-Substanz der Materie angesehen wird. Mit anderen Worten ist der erste Schritt des Alchemisten der, dass er die Materie »tötet«. Dieser Prozess wird entsprechend »Mortifikation« genannt (von lateinisch mors = Tod, Bologne 1995). Es ist kein Zufall, dass Schmiede und alle Formen von Pyrotechnik in der Alchemie eine besondere Rolle spielen (Eliade 1980), und es ist auch kein Zufall, dass Frauen, die für Hexen gehalten wurden, verbrannt wurden.

Nach der Mortifikation werden nach dem Prinzip des »löse und binde« der materia prima andere Stoffe in »Reinform«, sogenannte Elemente, wie im Falle von Metallen (meist Blei) zunächst Quecksilber und in einem zweiten Schritt Schwefel, zugegeben. Dadurch soll das »unvollkommene« Blei in das »höhere« Silber oder gar in Gold, das vollkommene Metall, verwandelt werden.

Es ist ein Vorgang, den wir in der Politikwissenschaft mit »Teile und herrsche« bezeichnen würden. Dieses Prinzip gilt auch in der patriarchalen, insbesondere der modernen Technik. Das Vorgefundene wird zunächst einem Vorgang der Abstraktion, des Herausziehens und Ablösens – des Tötens – unterworfen. Danach wird das Abstrahierte bzw. »Mortifizierte« mit anderen, aus ihrer natürlichen Umgebung abstrahierten Substanzen in neuer Form wieder zusammen»gesetzt« (vgl. Ernst 1993). Im Grunde ist also in der Alchemie schon das Maschinenprinzip vorweggenommen (Mumford 1977). Denn die viel später erfundene eigentliche Maschinentechnik tut nichts anderes (vgl. Bammé et al. 1983). Die Maschine wird zwar als post-alchemistiche Technik verstanden, teilt mit der alchemistischen Technik aber die wichtigsten Prinzipien, wie das der Separation und Reinigung von sogenannten »Elementen« (vgl. das Experiment in der Wissenschaft), die auch in der Ökonomie wiederkehren als das Prinzip, zuerst »Rohstoffe« als »Produktionsmittel« herzustellen. Dies verweist auf einen die verschiedenen Epochen übergreifenden alchemistischen Zusammenhang, der sich als *Kontinuität* des sich in verschiedenen Formen entfaltenden patriarchalen Denkens, Wollens und Handelns äußert. Auch im kapitalistischen System finden sich daher die alchemistischen Prinzipien wieder, ja entfalten sich in der Moderne erst richtig, obwohl sich die moderne Gesellschaft angeblich von allem Aberglauben, aller Zauberei und allem Töpfegerühre, als die die Alchemie in der Neuzeit gilt, weit entfernt haben soll. Der Grund ist: Die Alchemie galt weithin als gescheitert, hatte sie doch die höchsten und »göttlichen« Materien, Leben und Gold, letztlich nicht herstellen können. Deshalb wollte niemand mehr mit ihr zu tun haben.

Wenn wir aber die Alchemie mit dem modernen naturwissenschaftlichen Experiment vergleichen, dann stellen wir sehr viele Ähnlichkeiten fest.

So ist das Wesentliche an den Prinzipien der »Schwärzung« und des »Löse und Binde« deren Gewaltcharakter. Sie erfordern ein Opfer, nämlich das des Lebens der Materie, z. B. der Natur, und das der Menschen, besonders auch der Frauen (Eliade 1980). Die Isolation sogenannter »reiner« Stoffe oder Elemente, die auch kennzeichnend für die moderne Chemie ist, bedeutet immer eine Zerstörung der ursprünglichen Gestalt bzw. des ursprünglichen Stoffgemisches, das auf Essenzen reduziert wird, die von sich aus so in der Natur nicht vorkommen. Auf der Grundlage der Vermischung der so hergestellten »reinen« Stoffe miteinander und mit dem »Rohstoff« der mortifizierten Materia prima betreibt nun die moderne Alchemie ihr Werk der Produktion neuer Stoffe. Durch die sogenannte »chymische« oder »Heilige Hochzeit« der Stoffe (die »Heilige Hochzeit« ist eine Metapher aus matriarchalen Kulturen), will der Alchemist sein »Großes Werk« vollbringen – heute wir früher. Nur wird diese Metapher heute nicht mehr verwendet. War die sogenannte »Heilige Hochzeit« zwischen der Göttin und ihrem Heros einst ein großes Fest des Eros, aus dem alles Leben stammte und in dem es wieder bestätigt wurde (vgl. Weiler

1993), so wird nun in der Alchemie daraus eine Zwangsvereinigung künstlich hervorgebrachter Materialien, die zunächst als »männlich« und »weiblich« (vgl. hier das Geschlecht als in der Tat »soziales Konstrukt«) charakterisiert werden (vgl. Jung 1985), heute allerdings ohne Bezug zum Geschlechtlichen, das nun als »überwunden« gilt. So war früher z. B. die Beschneidung oft Aufgabe des Schmiedes, der auf diese Weise »reine« Geschlechter hervorbrachte (vgl. Wolf 1994). Dabei geht es also nicht mehr um eine natürliche Vielfalt oder Polarität von Stoffen und deren Vermischung als »großes Werk« der Natur, sondern um die künstliche Zusammen-Setzung von künstlich Entgegengesetztem (vgl. Ernst 1993; 1996), aus der das »Große Werk« des Alchemisten hervorgehen soll.

Der Alchemist versteht sich dabei als der eigentliche Schöpfer, als der Erzeuger eines völlig neuartigen, »besseren« Materials oder »höheren« Lebens, als eine Art neue »Große Mutter« oder vielmehr gar als Gott. Angeblich in dessen Namen vollzieht er (wie der Priester bei unserer Eheschließung) die Heilige Handlung als »Sakrament« der Zusammenführung. Nur aus einer so gestifteten Verbindung, der der erste sexuelle Akt nachfolgen soll, soll gänzlich Neues, insbesondere aber neues Leben entstehen (»Fortpflanzungs-Hetero-Sexualität«). Dieses Leben wird sogar als »höher« angesehen als das »normale« Leben, da es sich auf dem Opfer des Frauenlebens und der Mutterschaft gründet. Denn die Frau/Mutter wird in ihren selbstschöpferischen Kräften dabei negiert und durch rituelle »Mortifikation« auf einen »Rohstoff« für die »Kreation« des Alchemisten reduziert.

Der Vorgang ist umso widersprüchlicher, als die »reinen« Stoffe oder Elemente sowie das durch Mortifikation »quantifizierte« Rohmaterial ja eher tote Stoffe sind, also gerade Leben aus ihnen allein wohl kaum entstehen kann. Auf diese Weise ist das Patriarchat im Prinzip *unfruchtbar* (vgl. Colborn et al. 1996) – eine Tendenz, die heute zunehmend bemerkt wird. Deswegen hat die moderne Chemie die reinen Stoffe wieder mit den »unreinen«, aber lebendigen vermischt (Rifkin et. al. 1983). Das angeblich mögliche neue Leben aber soll so aussehen, als ob der Alchemist der »göttliche Schöpfer« wäre und nicht mehr die Natur, die sonst allein neues Leben entstehen lässt (vgl. die heutigen Patente auf Leben). Insbesondere will der Alchemist nicht irgendein neues Leben, so wie es von allein entsteht, sondern ein ganz besonderes neues Leben herstellen, das nicht nur »besser« ist, sondern sogar zur Entdeckung des sogenannten »Steins des Weisen« führt. Als Stein der Weisen, »Tinktur«, »Elixier« oder »Pulver« wird jene Substanz bezeichnet, die aus dem ganzen alchemistischen Prozess am Ende als »Quintessenz« (die »fünfte« und letzte Essenz des Abstraktionsprozesses) herausgefiltert wird und mit der jeder Stoff in den wertvollsten aller Stoffe transformiert werden kann: in göttliches Gold bzw. direkt in Leben. Des Lebens, seiner Kraft und »Energie« in ihrer »reinen« Form habhaft zu werden, ist das höchste Ziel des alchemistischen Prozesses.

Das Interesse des Alchemisten ist dabei nicht, Leben oder »Fruchtbarkeit« zu fördern und zu schützen, sondern mit dem Stein der Weisen die »Essenz des Lebens« in den Griff zu bekommen. Dies erinnert noch an die vorpatriarchale Erfahrung einer Einheit von Materie und Geist. Aber die Zerstörung dieser Einheit ist bereits vorausgesetzt, weil zuvor die Materie gewaltsam ihrer Gestalt beraubt, in etwas »Niedriges«, im patriarchalen Sinne »Weibliches«, transformiert und die innewohnende Lebenskraft als »Geist« bzw. »höheres Männliches« von ihr getrennt wurde. Die paradoxe alchemistische Neuzusammensetzung von »reinem Geist« und Materie soll dann den »Stein« als die »höhere« Einheit von Geist und Materie ergeben. Durch die dann angeblich möglich gewordene »Anwendung« der Lebenskraft/des Geistes will der Alchemist imstande sein, das materielle Leben auch unabhängig von der Natur selbst zu produzieren: z. B. den sogenannten »Homunkulus«, den kleinen Menschen, der oft in der Retorte sitzend dargestellt wird. Der Homunkulus wäre sozusagen die erste gelungene Retortengeburt des alchemistischen Experimentators. Es hat sie allerdings nie gegeben. Paracelsus z. B., der berühmte Alchemist und Arzt an der Schwelle zur Neuzeit, hat versucht, durch die Mischung von männlichem Samen und menschlichem (weiblichem?) Blut neues Leben zu schaffen (vgl. Paracelsus 1990). Solche Versuche nach alchemistischen Rezepten haben bis in unser Jahrhundert hinein stattgefunden (vgl. Worms 1988).

Im Gegensatz zu einer früheren vorpatriarchalen »Alchemie« der Kooperation mit Natur geht es also hier immer um die *Usurpation* des natürlichen Schwangerschafts- und Gebärvorgangs und seiner »Energien« sowie den Versuch, ihrer *tatsächlich* habhaft zu werden, um sie durch eine andere, »männliche«, Tätigkeit zu »verbessern«, ja möglichst vollständig zu substituieren.

Genau das ist es, was wir als Versuch des *Gottesbeweises* bezeichnet haben: der Beweis, dass es wirklich einen männlichen Schöpfer jenseits der Materie gibt (vgl. von Braun 1990). Denn bis dahin gab es nur Göttinnen und Schöpferinnen *innerhalb*, also »diesseits« der Materie. Aber auch der modernen Alchemie ist der Beweis der Existenz eines metaphysischen Gottes bzw. der »männlichen« Schöpfung neuen Lebens, so wie es den Frauen und der Natur entspringt, bisher nicht gelungen. Die Alchemie ist in dieser Hinsicht gescheitert. Aber die Chemie, die neben der Physik, Biologie und dem naturwissenschaftliche Experiment generell die Alchemie ersetzen sollte, hat nun etwas anderes hervorgebracht, nämlich künstliche Formen eines »Lebens« jenseits der Naturzyklen. Dabei hat sie die früheren Ziele und prinzipiellen Methoden der Alchemie beibehalten. Die Hauptfrage aber bleibt nach wie vor dieselbe: Können die »Lebens«-Formen einer solchen *Gegen-Natur*, die auf der Zerstörung von natürlich entstandenen Lebensformen beruhen, die letzteren »ersetzen«? Nur wenn diese Frage mit »Ja« beantwortet werden kann, könnte dies als Gottesbeweis gelten, sei dieser Gott jenseits der Welt oder in ihr, nämlich in Gestalt des Alchemisten als »Demiurgen« selber.

Soweit zu sehen ist, ist die Antwort jedoch »Nein«. Denn logischerweise kann eine *»Schöpfung aus Zerstörung«* die Schöpfung selbst nicht ersetzen (Chargaff 1988).

Alchemie, Kapitalismus (Spekulation) und »Individuation«

Doch wenden wir uns nun der Alchemie als patriarchale Methode im Bereich der Ökonomie zu. Hans Christoph Binswanger, ein Schweizer Ökonom, hat in seinem Buch *Geld und Magie* (1985) den Zusammenhang zwischen moderner Ökonomie und Alchemie – allerdings ohne Bezug auf das Patriarchat – herausgearbeitet. Für Binswanger ist in Goethes »Faust« die moderne kapitalistische Ökonomie als alchemistischer Prozess dargestellt. Es geht um eine neue Schöpfung, die letztlich sogar aus dem Nichts, also der puren Abstraktion allein, möglich sein soll. Versuchte die bisherige Alchemie, alle Materie auf ihre letzte »Essenz«, ihren vermuteten Gehalt an Gold, zu reduzieren, (*hier* wäre der Begriff »Essentialismus« angebracht), also das Wesentliche an der Materie im Gold als dem »reinen Metall« bzw. dem »Leben als solchem« zu vermuten, so glaubte die »alchemistische« Ökonomie der Moderne am Anfang, dass Gold der höchste Wert und das stärkste Symbol für Wohlstand und Macht sei. Nach der Erfindung von Papiergeld wandelte sich dieser Glaube. Entsprach vorher der Besitz von Gold dem Besitz von Leben (oder von Macht über das Leben), so entspricht nun der Besitz von Geld dem Besitz von oder der Macht über Leben (Binswanger 1985; vgl. a. *Beiträge zur feministischen Theorie und Praxis* Nr. 15/16, 1985). So hat sich der Glaube in *Spekulation* verwandelt: in den Glauben an ein Stück Papier. Das stellt den Versuch dar, sogar Papier, also eigentlich ein Nichts, eine bloße Information, in »Wert« oder Gold bzw. Leben/Macht über Leben zurückzuverwandeln.

Wo in der früheren Alchemie noch wirkliche Stoffe als Grundlage dienten, muss nun der Glaube an die Potenz ausreichen, die in dem Papier (Geldnote) oder der »Information« als Anspruch auf einen »Schatz«, letztlich das Gold bzw. das Leben stecken soll. So wird in unserer Ökonomie das Geld als Form des Kapitals mehr noch als Gold oder Leben selber zum Stein der Weisen erhoben, dessen Existenz den Gottesbeweis darstellen soll.

Das Geld ist nun aber tatsächlich scheinbar ein Mittel, das alles wiederum in Geld verwandelt. Das Geld erscheint wie das Leben oder wie die kosmische Lebenskraft selber, indem es dazu anregt, ja geradezu zwingt, immer wieder Neues, ja nie Gesehenes hervorzubringen. Daher wirkt es wie der »Stein der Weisen«. Geld »entsteht« durch die »alchemistische« Vermischung von Boden und Arbeit, später zunehmend durch die Vermischung von Kapital als dem »Produkt« aus Boden und Arbeit mit den letzteren. Kapital, Boden und Arbeit werden als »reine Stoffe« aus der Welt und der menschlichen Existenz herausgefiltert. Als solche sind sie »Arbeitskraft«, das kultivierte Feld, *Blut und Boden*, Maschinerie und »Kommando«, also Organisation des Arbeitsprozesses. Sie verschmelzen, amalgamieren sich zu angeblich neuem »Leben«, der Ware als *Fetisch* (vgl. Marx 1974). Die Ware sieht aus, als ob sie anstatt des alten Lebens ein neues, »besseres« Leben garantiere oder dieses gar wäre. Das Gleiche gilt später und zunehmend auch für die Maschine, von deren »Wesen« heute die Rede ist (das ist der »Essentialismus« des angeblich *post*-modernen »Diskurses«), während der Mensch umgekehrt als »System«, als selbst Maschine, gilt (vgl. Weizenbaum 1978).

In diesem Prozess erscheint das Geld als eine Art Stein der Weisen, weil es diesen ganzen Prozess immer wieder in Gang hält und insbesondere auch die Menschen als »Arbeitskräfte« mobilisiert, damit sie sich für den alchemistischen Prozess der Verwandlung von (ihrem) Leben in Geld/Kapital zur Verfügung stellen, und zwar möglichst »gläubig«, dadurch nicht nur ihr eigenes Leben, sondern das der ganzen Gesellschaft zu »verbessern«. Die Herauslösung (Abstraktion) der Menschen aus ihrer Umgebung durch die sogenannte »ursprüngliche Akkumulation«, also ihre Trennung von Boden und anderen Produktionsmitteln bzw. sozialen Zusammenhängen – alchemistisch gesprochen: ihre »Mortifikation« –, zwingt sie dazu, alle ihre Fähigkeiten auf die Produktion des »reinen menschlichen Stoffs«, der Arbeitskraft, zu konzentrieren und alles Sinnen und Trachten auf das Ziel zu reduzieren, damit Geld zu machen oder sich dafür zur Verfügung zu stellen. Und die Frauen müssen, nachdem sie gewaltsam von »Hexen« in »Hausfrauen« transformiert – mortifiziert – wurden, die Rolle der allgemeinen *materia prima* übernehmen, ohne sich anschließend allerdings in »reine Stoffe« verwandeln zu sollen wie die Männer. Sie werden im Prozess der patriarchalen »Produktion von Leben« geopfert und gezwungen, sich weiterhin selbst zu opfern. Indem sie heute von Müttern zu »Mutter-Maschinen« (Corea 1980) mutieren sollen, wird ihnen auch noch suggeriert, nun ein wesentlicherer Teil in der männlichen Lebens-Schöpfung geworden zu sein, eine Art neue reine Substanz. Währenddessen tragen sie so nur zur Erreichung des alchemistischen Ziels bei, am Ende gänzlich von

Maschinen substituiert zu werden. Dies wäre in der Tat das letzte Frauenopfer – der allgemeine *Muttermord*.

Dieser *homo oeconomicus* und diese *femina domestica* (Illich 1982) als Ergebnisse einer Totalmobilmachung in Richtung des künstlichen »Uterus« halten sich schließlich selbst für eine Art Stein der Weisen im »Schmelzkessel« menschlicher »Rohstoffe« der Ökonomie. Und jede/jeder schafft »an sich« und »für sich« selbst, macht aus sich einen »Stein der Weisen« (»Jeder ist seines Glückes Schmied«). Heutzutage ist jeder/jede sein/ihr eigener Alchemist geworden (vgl. den wahrlich alchemistischen Begriff »Gender«). Individualisierung scheint »Selbst-Alchemisierung« zu bedeuten. Das ist die *Generalisierung* der Alchemie anstelle ihres angeblichen Verschwindens aus der Welt am Beginn der Moderne (Schütt 2000). Denn nun erscheint der Alchemist überall und sein elitäres Vorkommen sowie sein ebensolches individuelles Bewusstsein hat sich überall »demokratisiert«.

Erst der Zwang, und immer mehr auch der Glaube daran, dass es darum geht, für Geld alles zu tun, für Geld immer »bereit« zu sein, *um dadurch ein Leben zu haben* (vgl. Duden 1991), und zwar ein gottgefälliges, modernes, selbstproduziertes, macht den homo oeconomicus außerdem zum »homo christianus«: Der sogenannte »gute Christ« findet sich gerade auch unter den Wohlhabenden der von Gott angeblich Auserwählten. Der Besitz von Geld beweist nach Calvin den rechten Glauben, dass Gott existiert, denn er hat Reichtum beschert, und das tut er nicht bei allen. *Der Glaube an Gott und der Glaube an das Geld werden eins.* Es wird zur Glaubensfrage, dass jeder einzelne sich nun sein ganzes Leben lang um möglichst nichts weiter kümmert, als an Geld zu kommen. Ja, es gilt als unmoralisch, wenn nicht gar ketzerisch oder vagabundistisch, das nicht zu tun (vgl. die Entstehung des Arbeitsethos in den Klöstern; die KZ-Formel »Arbeit macht frei«; die Diskriminierung der Muße, von »Faulenzern« und Vagabunden; vgl. auch den Zusammenhang bei der Entstehung der Arbeitshäuser und der Gefängnisse; allgemein die Entwicklung des Protestantismus, insbesondere Calvinismus; vgl. Weber 1991; Foucault 1977; Dreßen 1982; Schütz-Buenaventura 1996). Durch die Verbindung mit der Ökonomie der Neuzeit wird nun auch der Glaube, ja das *Christentum* selbst, zu einer Art »Stein der Weisen«. Denn wo das Geld (dauerhaft) fehlt, tritt der Glaube an seine Stelle und besänftigt die Armen und die Verlierer, während er sie gleichzeitig motiviert, bei der Stange zu bleiben und genau mit dem weiterzumachen, was das eigene Unglück überhaupt erst bewirkt hat.

Dass alle das Gleiche tun, den gleichen »roten Faden« suchen, beschreibt Adam Smith später als das Wirken einer »unsichtbaren Hand«, gewissermaßen als Gottes säkularen Willen (vgl. Smith 1823). Es ist, als ob das neue Zusammenwirken von Ökonomie und Religion ein heiliger Akt, eine moderne »Heilige Hochzeit« wäre, wo es doch eher an eine »schwarze Messe« erinnert. Und so werden die mörderischen Egoismen der Einzelnen, die auf diese Weise systematisch produziert werden, im Nachhinein angeblich immer zum gesellschaftlichen Optimum, zum gesellschaftlichen Guten bzw. zum Gut, zu Gott, zur guten, wenn nicht göttlichen Gesellschaft, jedenfalls der angeblich besten aller möglichen. Welche andere Gesellschaft und Religion hätten es fertig gebracht, die Menschen buchstäblich schlecht zu machen, und dies als *Verbesserung* des Menschen, ja als gottgefälligen *Triumph* des Menschen über die Natur auszugeben (vgl. Hobbes 1984; Locke 1970)? Wie ist es möglich, dass der »Geist, der das Böse will« – die »Denkgewalt« = das alchemistische Denken –, trotzdem »das Gute schafft«? (vgl. Ernst 1986) Die Antwort ist: Es war schon immer unmöglich!

Wahrscheinlich lassen sich erst von diesem »Großen Werk« der *alchemistischen Verkehrung* her die Gründe für den Erfolg des neuzeitlichen Europa und seiner Menschen bei der (und durch die) Kolonisierung der Welt ermessen. Wer sonst auf der Welt war individuell wie kollektiv so mobil, arbeitswütig, aktiv, skrupellos, erbarmungslos, gewalttätig, von seiner »Mission« überzeugt, die eigentliche Zivilisation, nämlich die des Patriarchats, zu bringen, – und das wie ein Mann, eine Armee, an einem einzigen Ziel orientiert, überall, immer und ohne eines Befehls von außen überhaupt noch zu bedürfen (vgl. Todorov 1980)? Die Alchemie des Patriarchats, insbesondere die Vermischung von Religion und Ökonomie, hat die ganze Welt verändert und auf den Kopf gestellt (vgl. Weber; Wallerstein). Nicht zuletzt hat sie den »reinen« christlichen Glauben und das pure ökonomische Kalkül – Gott und Geld – als »reine Stoffe«, als voneinander getrennte Bereiche überhaupt erst geschaffen (als die sie ja immer noch erscheinen), um sie dann in einer unheiligen Hochzeit wieder zu vereinen: zum Kapital als Gottesbeweis. (Die Wallstreet-Banken sehen aus, als ob sie Kathedralen wären.) Das Ergebnis dieser Mischung sind aber nicht der edle Zivilisierte und das Paradies, sondern die Hölle auf Erden, die Heimat für Dr. Jekyll und Mr. Hyde. Das Böse, der Teufel, die Sünde, die »Knappheit«, all das, wovon uns Religion angeblich befreit und was Ökonomie angeblich zum Guten wendet, ist auf diese Weise erst geschaffen und systematisch in die Welt gesetzt worden. Nicht der Homunkulus, das Gold oder das göttliche Bewusstsein sind in dieser Alchemie entstanden, sondern Missgeburten und Ungeheuer, wie der fromme Ausbeuter, der ehrenwerte Massenmörder, der Gentleman-Eroberer, der »Heil« bringende Missionar, der Folterer im Dienste der guten Sache, der unschuldige Vergewaltiger, der kreative Atombombenbauer – und außer ihnen die »schöpferische Zerstörung«, der Krieg als »Vater aller Dinge«, die Ethik der Vernichtung, die Moral der Unterdrückung, die Erziehung zur Selbst-Abtötung, »Demut« als Duldung von Herrschaft, Gewalt in der Sexualität, Zynismus als »normale« Geisteshaltung und Krieg als »humanitärer« Akt (Chossudovsky 2002; Klöss 1985; Daly 1970; Theweleit 1977; Easlea 1986; Sloterdijk 1983). Welch eine Erklärung könnte die Alchemie-These schließlich für den Faschismus, Futurismus und speziell den *Nationalsozialismus* bieten! (vgl. Ruault 2006)

Nur: All das gilt im Patriarchat gerade *nicht* als böse, sündig oder teuflisch, weil es – gerade umgekehrt – das Instrument, die »Waffe«, gegen das Böse, die Sünde und den Teufel darstellen soll: Und die sind angeblich in der Natur, im Weiblichen, Sinnlichen und Erotischen, im Leben und der Welt, wie sie ist, aufzuspüren. Das ist die *wirkliche Perversion* der Dinge.

Das alchemistische System, das zum Patriarchat führen soll, ist inzwischen so internalisiert und sein Ziel so stark im Hinterkopf verfestigt, dass der einmal von seinem Ort, aus seinem Paradies vertriebene Mensch im Prinzip nicht mehr durch äußere Maßnahmen der alchemistischen Mortifikations- und Reinigungsprozedur unterworfen zu werden braucht. Zwar muss er erst durch die entsprechende Erziehung und »Bildung« hindurch, aber von da an zwingt er sich selbst zum abstrakten »Menschen«, zum autonomen (»reinen«) Individuum, zum »neuen«, sich quasi selbst, ganz modern – patriarchal, mutterlos und männlich initiiert »geboren« habenden Menschen schlechthin zu werden, so dass alles ganz demokratisch und freiwillig aussehen kann, ja auch genauso empfunden wird. Der moderne Mensch »alchemisiert« sich kontinuierlich weiter, indem er seine »Leidenschaften« in »Interessen« umwandelt (vgl. Hirschman 1987). Und trotz der Erfahrung, dass sich währenddessen sein Leben nicht verbessert oder gar »veredelt«, sondern lediglich zu »Arbeitskraft« wird, sich in ein »geronnenes«, erstarrtes, totes Leben, in »Humankapital«, verwandelt (vgl. Marx' Begriff des Kapitals als »geronnene«, »tote« Arbeit), hält er doch am alchemistischen Aberglauben fest. Denn es sieht so aus, als ob nur das »bereinigte« Leben, das reine »Stück« Leben (vgl. Duden 1991) in Form von »Arbeitskraft« oder »Sexualität« zur Vermischung mit anderen abstrakten Stoffen geeignet ist und zur Produktion einer patriarchalen Neuschöpfung von Natur, Welt und »Menschlichkeit« in Gestalt von »zweiter« Natur (Gesellschaft, Waren, Maschinen, Geld) und »Humanismus« (vgl. Heidegger 1991) beiträgt. Zu spät merkt er, dass er dabei abstirbt, ohne dass er weiß, warum, und das Ganze nur einen Betrug, eine Illusion darstellt (vgl. von Werlhof 1983). Welch eine »Individuation!« Dabei hat sich die Alchemie doch so lange gerade mit der männlichen Selbstwerdung als patriarchaler Schöpfer befasst (Jung 1985).

Selbst die Frauen, die es besser wissen müssten, weil immer noch sie es sind, durch die auch ganz ohne Alchemie das Leben selbstschöpferisch in die Welt tritt, haben angefangen, den patriarchalen Un-Sinn zu glauben. Nun möchten sie »gleich« werden wie die Männer, als Arbeitskräfte, Individuen und Waren-, Sexualitäts- und Geldbesitzer. Sie möchten deren »Entwicklung« zu angeblich »Höherem« nachholen, verallgemeinern, verdoppeln, anstatt umgekehrt dafür zu sorgen, dass der Wahn vom besseren, weil nicht mehr mit dem Weiblichen verbundenen Leben als eine mörderische Illusion erkannt wird. Ja, viele von ihnen akzeptieren sogar die neuen Technologien im Reproduktions-Bereich, also dem der Schwangerschaft, des Gebärens und des Mutter-Seins, als ginge es nicht um den letzten noch möglichen (oder unmöglichen) Schritt ihrer totalen Entmachtung und Ersetzung und die Zerstörung der letzten, noch nicht voneinander getrennten Lebenszusammenhänge. Auch Frauen tun heute vielfach so, als wüssten sie nicht, was dies bedeutet, ja als wäre der patriarchale Versuch, eine mutterlose Welt herzustellen, möglich und selbst für sie auch noch erstrebenswert (Butler 1991).

Aber schließlich wird klar: Es gibt keinen Stein der Weisen. Geld, Gott, der abstrakte »Geist«, der männliche »Schöpfer« und ein Glaube daran sind immer nur Illusion. Der Glaube an den Stein der Weisen ist ein wahrer Aberglaube, der die Menschen dazu bringt, Kraft und Macht nicht in sich selbst, der Eigenmächtigkeit der Lebewesen, und zwar von Natur aus und von Geburt an zu sehen. Sondern die Macht wird in Gott, dem Geld, toten Dingen (Kapital), in politischer und militärischer Macht und in sich selbst nur dann gesehen, wenn das eigene Leben schon um alles Lebendige »bereinigt« ist. So haben die Menschen im Patriarchat gar nichts dagegen, sich selbst und andere als Menschenopfer darzubringen, weil sie glauben, es trage zur guten Sache der Verbesserung des Menschen und der Welt bei. Das erklärt das Paradoxon des »Fortschritts«, dem Opfer gebracht werden müssten (Gambaroff et al. 1986). Von einem theologischen Standpunkt aus betrachtet scheinen der Opfertod und die Auferstehung Christi das »Modell« für unsere eigene alchemistische Transformation abzugeben. Christus selbst erscheint als »*Christus lapis*« (Jung 1985), als der Stein der Weisen zur Erlösung der Welt.

Nur dadurch, dass reine Stoffe mit der »schwarzen« Materia prima aller Arten von Rohstoffen sowie auch untereinander – wie in der vormodernen patriarchalen Alchemie – vermischt, sondern auch mit dem lebendigen Leben selbst verbunden wurden, entsteht in der Neuzeit der Schein von der Wirksamkeit der patriarchalen Alchemie, obwohl sie gerade nun nicht mehr so genannt wird: Solange der Kunstdünger nicht aufs Feld, den lebendigen Boden, gelangt, kann er nicht wirksam werden; solange niemand die Maschine bedient, ist sie nur ein Haufen Schrott; auch das künstlich befruchtete Ei braucht immer noch eine Gebärmutter, in der sich der Embryo entwickeln kann. Ohne »unreines« Leben gibt es noch immer kein Ergebnis. Gerade deshalb gibt es so viel Geld für Forschungen über ein Pflanzenwachstum ohne Boden, sich selbst produzierende und erhaltende Systeme – sogenannte Künstliche Intelligenz oder Künstliches Leben – und wirkliche Gebär-Maschinen. Aber wir wissen inzwischen, dass das dabei – wenn überhaupt – entstehende »neue Leben« (das über eine simple Zellkombination hinaus meist nicht hinausgeht!) nicht das bessere oder sogar »höhere« ist, sondern das schwächere: ein anfälliges, reduziertes, abhängiges, primitives, monotones, geistloses und insgesamt zukunftsloses Maschinen-»Leben«, ein Pseudo-Leben jenseits der Naturkreisläufe – von der ökologischen Zerstörung, die allgemein damit einhergeht, ganz zu schweigen (vgl. Chargaff 1988; Dahl 1989; Shiva 1992).

Paradoxerweise wird das in der folgenden Phase der Alchemie von heute noch offensichtlicher, wenn nur noch lebende Substanzen in gentechnischen und anderen biotechnologischen Verfahren miteinander kombiniert werden (bei Rifkin 1983 »Algenie« genannt). Dabei kann in einem gewissen Sinne »künstliches Leben« erzeugt werden. Es wird aber immer klarer, dass dieses Kunstleben das geborene niemals wird »ersetzen« können. So zeigen paradoxerweise gerade die relativen »Erfolge« modernster alchemistischer Verfahren umso mehr ihre Grenzen auf.

Am Ende: Alchemie ohne Stoff?

Die Macht des Geldes, alles Leben zur Prostitution zu zwingen und dies als quasi religiöse Handlung zu verstehen, macht aus unserer Ökonomie eine Art christliche Zuhälterei bzw. aus der Zuhälterei den eigentlichen Kern der patriarchalen Ökonomie, insbesondere des Kapitalismus. Das bedeutet, dass der westlich-christliche Kapitalismus eine Form der Ausplünderung menschlicher Lebenskräfte und ihre alchemistische Transformation in die Lebens-Kraft, Lebens-Macht oder -»Energie« Dritter ist. Das ist in Wirklichkeit *Kannibalismus.*

Was das Geld anlangt, ist die alchemistische Prozedur trotz Finanzmarktzusammenbrüchen angeblich erfolgreich. Nicht umsonst heißt Interesse auch Zins (engl.: interest). Das Geld, das im alchemistischen Prozess der modernen Ökonomie entsteht, das kapitalistische Geld, »gebiert« vermeintlich neues Geld. Was die Gebärmaschinen statt der Frauen tun sollen, gelingt scheinbar mühelos dem Geld: Es kriegt Kinder und Kindeskinder, nämlich Zinsen und Zinseszinsen. Sie wirken tatsächlich wie aus dem Nichts, der reinen Abstraktion »geschaffen« worden zu sein. Am Anfang dieses Prozesses war dies noch nicht der Fall, solange nämlich tatsächlich irgendjemand dafür gearbeitet haben musste, damit es Zins und Zinseszins gab. Inzwischen ist es aber so, dass der Zins schon für noch nicht geleistete Arbeit, für noch in der Zukunft liegende, lediglich (angeblich) mögliche Produktionen und Leistungen erhoben wird, an deren tatsächliche, nachträgliche Erbringung in der Tat nur geglaubt werden kann. Der Zins kommt also tatsächlich aus dem vorläufigen Nichts, aus dem Noch-Nicht, ist eine Hypothek auf die Zukunft, die demnächst fällig wird. Auf der heutigen Ebene frei flottierenden Spekulations-, also *»Glaubens«-Kapitals,* das nicht mehr an reale Produktionsprozesse gekoppelt ist (vgl. Kennedy 1990), fällt gewissermaßen der alchemistische Verwandlungsprozess der Ökonomie als stofflicher dem Anschein nach weg und wird (vorläufig) durch eine »Alchemie ohne Stoff« ersetzt (vgl. von Werlhof 1997).

Aber alchemistisch bleibt es, wenn auch auf »rein geistiger«, wahrlich »religiöser« Ebene. Denn der Gedanke, dass auf wunderbare Weise die Ökonomie wie der Esel die Dukaten »scheißt« oder Wasser in Wein verwandelt, auch ohne dass seitens der Menschen und/oder der Priester dafür etwas getan zu werden bräuchte, scheint niemanden misstrauisch zu machen. Im Gegenteil ist es so, als ob die Alchemie nun endlich an ihr Ziel gelangt sei, eine Welt zu schaffen, in der (grundlos) Milch und Honig fließen: *als ob* selbstschöpferische (»erste«) Natur nun endlich gänzlich durch substanzlose Steine der Weisen überall ersetzt worden wäre; eine virtuelle Maschinerie, aus der automatisch alles fließt, was wir wollen:

- das »reine« Geld, das nicht mehr das Resultat der Arbeit und Naturtransformation wäre;

- der »reine« Geist, der tatsächlich eine Art pure Lebens-»Energie« unabhängig von der Materie wäre;
- der all-eine Gott, der wirklich vom »Jenseits« der Welt erschiene.

Es sieht sogar so aus, als ob die alchemistische »postmoderne« Ökonomie nur mehr noch imaginärer Dienstleistungen bedürfe, um zu ihrem eigenen Stein der Weisen zu kommen, ja, dass dieser am Ende womöglich im »reinen Denken« oder »reinen Leben« jenseits des Leibes selbst bestünde. Welch ein Fortschritt der Alchemie! Es reichte der bloße Gedanke. Das nennt man »geistige Entwicklung«. Und wäre die Alchemie ohne Stoff nicht der beste Beweis, dass es kein Problem ist, durch Vernichtung das Nichts herzustellen, weil Gott, der Schöpfer im Jenseits, selbst das Nichts ist? Dann gäbe es das *Patriarchat als Realisation des Jenseits bzw. des Nichts auf Erden* wirklich.

Es wird vorausgesetzt, dass es klappt. Welch ein Erwachen wird es geben!

Das notwendige Scheitern des »Alchemistischen Systems«

Wir können feststellen, dass im Gegensatz zur Vormoderne und im Gegensatz zur modernen Mär von ihrem Verschwinden sich die Alchemie als eine Methode des Denkens, Fühlens und Handelns auf alle gesellschaftlichen Bereiche, alle Arten von Produktionsprozessen und fast alle Menschen, die unter modernen Bedingungen leben, ausgeweitet hat. Daher können wir heute mit Recht von der Existenz eines »Alchemistischen Systems« sprechen.

Die Alchemie ist durch Verallgemeinerung und »Globalisierung« vorangekommen (vgl. von Werlhof 2000b). Ihre Methoden von *Aneignung/Negation, Mortifikation/Zersetzung, Abstraktion/Isolation, Perversion/»Fortschritt«, Konstruktion/Produktion und Spekulation/Nihilismus* lassen uns angeblich ohne Alternative dastehen. Nach 5000 Jahren der Versuche, das alchemistische patriarchale Projekt zu realisieren und durchzusetzen, können wir uns kaum mehr vorstellen, dass die Gesellschaft auch anders funktionieren könnte. Deshalb fällt es vielen so schwer, das alchemistische System *insgesamt* hinter sich zu lassen. Vielleicht ist es hilfreich, es wenigstens zu begreifen zu beginnen. Denn ein Herrschaftssystem, das erkannt wird, ist eigentlich schon am Ende seines Zyklus angekommen.

Inzwischen ist offensichtlich, dass das utopische Projekt der Errichtung des Patriarchats, der Schaffung des *pater arché*, eine Katastrophe darstellt. Der Glaube an die Alchemie wird zerrüttet, indem wir zur Kenntnis nehmen müssen, dass zahllose menschliche und nicht-menschliche Lebewesen ihrer Vernichtung und Auslöschung entgegengetrieben wurden und werden. Die Alchemie hat niemals eine bessere oder höhere Lebensform entwickelt, sondern immer das Gegenteil bewirkt; noch hat sie irgendetwas hervorgebracht, das die ursprünglichen Formen ersetzen könnte. Die Konstruktion des Patriarchats als ein empirisches Faktum (und nicht als Utopie) ist bislang erfolglos geblieben, und sie ist von einem Erfolg weiter entfernt als je zuvor. Sie kann und wird auch keinen Erfolg haben, weil sie im Laufe ihres Prozesses die ganze Welt verwüstet.

Nach der Verwüstung kommt nichts. Aus Nichts wird nichts. Das wird deutlich an der »Knappheit« und am Abfall, auch dem vom Glauben. Denn im Grunde gibt es das Patriarchat ja gar nicht! Es ist im Versuch, sich zu errichten, stecken geblieben und befindet sich am Ende der Sackgasse.

Das schafft Raum für eine andere, unterschiedliche, »dissidente« Sicht der Welt, deren Rahmen nicht länger patriarchal-anthropozentrisch (androzentrisch) ist. »Die Göttin kehrt zurück«, sagen die Frauen und auch manche Männer, aber nur in eine Welt, in der nicht nur das Weihwasser, sondern alles Wasser heilig ist.

Der erste Schritt über die nihilistisch-tautologischen Formen patriarchalen Denkens, Fühlens und Handelns hinaus wird also darin bestehen, uns endlich und endgültig den Glauben abzugewöhnen, dass die Vernichtung der Erde nicht so wichtig oder schlimm sei oder sogar auf unsere eigene Herauslösung aus der Natur hinausliefe. Denn noch wird von den Meisten geglaubt, dass der Welt etwas Besseres, ein »post-natürliches«, post-irdisches, post-humanes, alchemistisch hergestelltes ewiges Paradies nachfolgt.

Weltweit gesehen werden wir mit den neuen sozialen Bewegungen bald die »kritische Masse« erreichen, die notwendig ist, um uns vom alchemistischen Wunderglauben doch noch zu befreien. Erneuern wir unsere Weltsicht, indem wir wieder mit den Füßen auf dem Boden stehen und unsere Wirklichkeit wieder ins Lot bringen. Feiern wir die Befreiung der Erde, unserer Körper, unserer Sinne und unserer Seelen von dem destruktiven Glauben an Patriarchat, Alchemie und die Globalisierung der Konzern-Herrschaft!

Literatur

Bachofen, J.J. (1978) *Das Mutterrecht*, Frankfurt: Suhrkamp

Behmann, Mathias (2009) Idee und Programm einer *Matriarchalen Natur- und Patriarchatskritischen Geschichtsphilosophie.* Zur Grundlegung der *Kritischen Patriarchatstheorie* angesichts der ›*Krise der allgemeinsten Lebensbedingungen*‹, in: Projektgruppe »Zivilisationspolitik«, S. 107-177

Beiträge zur feministischen Theorie und Praxis (1985), Geld oder Leben?, No. 15/16

Bergfleth, G. (1992) Perspektiven der Antiökonomie, *Niemandsland. Zeitschrift zwischen den Kulturen*, Jg. 4, Heft 10/11: Tugendterror, S. 251-259

Bergmann, A.L. (1992) *Die verhütete Sexualität, Die Anfänge der modernen Geburtenkontrolle*, Hamburg: Aufbau

Biedermann, H. (1991) *Lexikon der Magischen Künste. Die Welt der Magie seit der Spätantike,* München: Heyne

Binswanger, H. Ch. (1985) *Geld und Magie*, Stuttgart: Weitbrecht

Bloch, E (1967) *Das Prinzip Hoffnung*, Frankfurt a.M.: Suhrkamp

Böhme, H. (1988) *Natur und Subjekt*, Frankfurt a.M.: Suhrkamp

Bologne, J.-C. (1995) *Von der Fackel zum Scheiterhaufen. Magie und Aberglauben im Mittelalter*, Solothurn / Düsseldorf: Walter

Braun, C. von (1990) *NichtIch, Logos-Lüge-Libido*, Frankfurt: Neue Kritik

Brown, L. and E. Ayres (1998) *The World Watch Reader on Global Environmental Issues,* New York / London: W.W. Norton & Co.

Butler, J. (1991) *Das Unbehagen der Geschlechter*, Frankfurt: Suhrkamp

Canetti, E. (1986) *Masse und Macht*, Frankfurt: Fischer

Chargaff, E. (1988) *Unbegreifliches Geheimnis, Wissenschaft als Kampf für und gegen die Natur*, Stuttgart: Klett-Cotta

Chossudovsky, M. (2002) G*lobal Brutal*, München: Zweitausendeins

Colburn, Th. et al. (1996) Die bedrohte Zukunft, München: Droemer/Knaur

Corea, Gena (1980) *Die MutterMaschine. Reproduktionstechnologien – von der künstlichen Befruchtung zur künstlichen Gebärmutter,* Berlin: Rotbuch

Daly, M. (1970) *Gyn/Ökologie*, München: Frauenoffensive

Dahl, J. (1989) *Die Verwegenheit der Ahnungslosen. Über Gentechnik und andere schwarze Löcher des Fortschritts*, Stuttgart: Klett-Cotta

Deschner, K.-H. (1994) *Kriminalgeschichte des Christentums,* Band 1-4, Reinbek: Rowohlt

Deschner, K.-H. (1992) *Das Kreuz mit der Kirche: Eine Sexualgeschichte des Christentums*, München: Heyne

Dressen, W. (1982) *Die pädagogische Maschine,* Frankfurt: Ullstein

Drewermann, E. (1991) *Der tödliche Fortschritt. Von der Zerstörung der Erde und des Menschen im Erbe des Christentums,* Freiburg: Herder

Duden, B. (1991) *Der Frauenleib als öffentlicher Ort. Vom Missbrauch des Begriffs Leben*, Hamburg / Zürich: Luchterhand

Easlea, B. (1986) *Die Väter der Vernichtung. Männlichkeit, Naturwissenschaftler und der nukleare Rüstungswettlauf*, Reinbek: Rowohlt

Eisler, R. (1993) *Kelch und Schwert. Von der Herrschaft zur Partnerschaft. Männliches und weibliches Prinzip in der Geschichte*, München: Frauenoffensive

Eliade, M. (1980) *Schmiede und Alchemisten*, Stuttgart: Klett-Cotta

Ernst, U.M. (1997) *Die Schrift der Göttin*, in: Ernst, U.M. et al. (Hg.) *Ökonomie (M)macht Angst*, S. 147-174, Frankfurt / New York / Paris: Peter Lang

Ernst, W.W. (1986) *Legitimationswandel und Revolution, Studien zur neuzeitlichen Entwicklung und Rechtfertigung politischer Gewalt*, (insbes. Einleitung), Berlin: Duncker & Humblodt

Ernst, W.W. (1993) Zu einer Phänomenologie von »Fest-Setzung« und »Gegen-Stand«, in: Reinalter, H. (Hg.): *Vernetztes Denken – Gemeinsames Handeln,* Wien: Kulturverlag, S. 195-207

Ernst, W.W. (1996) Metapsychologie und »egologisches Subjekt«, in: Werlhof, C. von et al.: *Herren-Los, Herrschaft-Erkenntnis-Lebensform,* Frankfurt: Peter Lang, S. 80-110

Firestone, S. (1975) *Frauenbefreiung und sexuelle Revolution*, Frankfurt: Fischer

Freud, S. (1939) *Der Mann Moses und die monotheistische Religion: 3 Abhandlungen*, in: Freud, S. (1974) *Fragen der Gesellschaft – Ursprünge der Religion*, S. 455-581, Frankfurt: Fischer

Foucault, M. (1977) *Überwachen und Strafen, Die Geburt des Gefängnisses*, Frankfurt: Suhrkamp

Gambaroff, M. u.a. (1986) *Tschernobyl hat unser Leben verändert. Vom Ausstieg der Frauen*, Reinbek: Rowohlt

Gebelein, H. (1996) *Alchemie. Die Magie des Stofflichen,* München: Diederichs

George, S. (1980) *Wie die anderen sterben. Die wahren Ursachen des Welthungers,* Berlin: Rotbuch

Girard, R. (1992) *Das Heilige und die Gewalt*, Frankfurt: Fischer

Godelier, M. (1987) *Die Produktion der Großen Männer*, Frankfurt: Campus

Göttner-Abendroth, H. (1988) *Das Matriarchat I: Geschichte seiner Erforschung*, Stuttgart / Berlin / Köln: Klett-Cotta

Gronemeyer, M. (1988) *Die Macht der Bedürfnisse*, Reinbek: Rowohlt

Hammer, S. (1997) *Humankapital. Bildung zwischen Herrschaftswahn und Schöpfungsillusion*, Frankfurt / Paris / New York: Peter Lang

Haraway, D. (1995) *Die Neuerfindung der Natur. Primaten, Cyborgs und Frauen*, Frankfurt/New York: Campus

Heidegger, M. (1991) *Über den Humanismus (1949)*, Frankfurt: Vittorio Klostermann

Hirschman, A.O. (1987) *Leidenschaften und Interessen, Politische Begründungen des Kapitalismus vor seinem Sieg*, Frankfurt: Suhrkamp

Hobbes, Th. (1984) *Leviathan oder Stoff, Form und Gewalt eines kirchlichen und bürgerlichen Staats*, Iring Fetscher (Hg.), Frankfurt: Suhrkamp

Horkheimer M., Th. W. Adorno (1988) *Dialektik der Aufklärung, Philosophische Fragmente*, Frankfurt: Fischer

Hunke, S. (1987) *Glauben und Wissen. Die Einheit europäischer Religion und Naturwissenschaft*, Hildesheim:

Illich, I. (1982) *Vom Recht auf Gemeinheit*, Reinbek: Rowohlt

Illich, I. (1983) Genus, Reinbek: Rowohlt

Imfeld, A. (1985) *Hunger und Hilfe*, Zürich: Rotpunkt

Jung, C.G. (1985) *Erlösungsvorstellungen in der Alchemie*, Solothurn/Düsseldorf: Walter

Kennedy, M. (1990) *Geld ohne Zinsen und Inflation*, Steyerberg: Permakultur

Kimmerle, G. (1980) *Hexendämmerung. Zur kopernikanischen Wende der Hexendeutung*, Tübingen: Konkursbuch

Kippenberg, H.G. (1991) *Die vorderasiatischen Erlösungsreligionen in ihrem Zusammenhang mit der antiken Stadtherrschaft*, Frankfurt: Suhrkamp

Klöss, E. (1985) *Die Herren der Welt. Die Entstehung des Kolonialismus in Europa*, Köln: Kiepenheuer & Witsch

Krieg, P. (1980) Manuskript zum Film *»Septemberweizen«*, Freiburg

Kutschmann, W. (1986) *Der Naturwissenschaftler und sein Körper*, Frankfurt: Suhrkamp

Lauderdale, P. (1996) Indigene nordamerikanische Alternativen zur Vorstellung von Recht und Strafe in der Moderne: Was die Natur uns lehrt, in: von Werlhof, C., Schweighofer, A. und Ernst W. (Hg.): *Herren-Los. Herrschaft, Erkenntnis, Lebensform*, Frankfurt a.M.: Peter Lang, S. 133-156

Lerner, G. (1991) *Die Entstehung des Patriarchats*, Frankfurt/New York: Campus

Locke, J. (1970) *Gedanken über Erziehung*, Stuttgart: Reclam

Marx, K. (1974) Der Fetischcharakter der Ware und sein Geheimnis, in: Marx, K. (1974) *Der Produktionsprozeß des Kapitals (Das Kapital Band I)*, in: Marx/Engels-Werke Band 23, S. 85-98, Berlin: Dietz

Meier-Seethaler, C. (1992) *Ursprünge und Befreiungen, Die sexistischen Wurzeln der Kultur*, Frankfurt: Fischer

Mességué, M. (1989) *Das Gesetz der Natur*, Frankfurt a.M./Berlin:

Merchant, C. (1987) *Der Tod der Natur, Ökologie, Frauen und neuzeitliche Naturwissenschaft*, München: Beck

Mies, M. (1988) *Patriarchat und Kapital. Frauen in der Internationalen Arbeitsteilung*, Zürich: Rotpunkt

Mies, M., Bennholdt-Thomsen, V. und C. von Werlhof (1992) *Frauen, die letzte Kolonie*, Zürich: Rotpunkt

Mies, M. and V. Shiva (1995) *Ökofeminismus*, Zürich: Rotpunkt

Mies, M. and C. von Werlhof (Hg.) (1999) *Lizenz zum Plündern. Das Multilaterale Abkommen über Investitionen – MAI – Globalisierung der Konzernherrschaft – und was wir dagegen tun können*, Hamburg: Rotbuch EVA

Mühlmann, W. E. (1984) *Die Metamorphose der Frau, Weiblicher Schamanismus und Dichtung*, Berlin: Dietrich Reimer

Mumford, L. (1977) *Mythos der Maschine*, Frankfurt: Fischer

Paczensky, G. von (1970) *Die Weißen kommen. Die wahre Geschichte des Kolonialismus*, Hamburg: Hoffman & Campe

Paracelsus (1990) *Die Geheimnisse, Ein Lesebuch aus seinen Schriften*, hg. von Peuckert, W.-E., München: Knaur

Plato (1985) *Das Trinkgelage. Über den Eros*, Frankfurt: Suhrkamp

Plato (1962) *Politeia*, in: Werke, Band III, Reinbek: Rowohlt

Projektgruppe »Zivilisationspolitik« (2009): *Aufbruch aus dem Patriarchat – Wege in eine neue Zivilisation?* Frankfurt a. M.: Peter Lang (Beiträge zur Dissidenz Nr. 23)

Rifkin; J. (1983) *Algeny*, New York: The Viking Press

Ruault, Franco (2006) *»Neuschöpfer des deutschen Volkes«. Julius Streicher im Kampf gegen »Rassenschande«*, Frankfurt a. M.: Peter Lang (Beiträge zur Dissidenz Nr. 18)

Sachs, W. (Hg.) (1993) *Wie im Westen so auf Erden*, Reinbek: Rowohlt

Sloterdijk, P. (1983) *Kritik der zynischen Vernunft*, Frankfurt: Suhrkamp

Sloterdijk, P. / Macho, Th. (1991) *Weltrevolution der Seele. Ein Lese- und Arbeitsbuch zur Gnosis*, 2 Bde., Gütersloh: Artemis und Winkler

Schütt, H.-W. (2000) *Auf der Suche nach dem Stein der Weisen. Die Geschichte der Alchemie*, München: C. H. Beck

Schütz-Buenaventura, I. (1996) *Die Vergesellschaftung des destruktiven* Konstruktivismus, in: von Werlhof / Schweighofer / Ernst (Hg.): *Herren-Los*, S. 270-301, Frankfurt / Paris / New York: Peter Lang

Schütz-Buenaventura, I. (2000) *Globalismus contra Existentia. Das Recht des ursprünglich Realen vor dem Machtanspruch der Bewußtseinsphilosophie*, Wien: Passagen

Schubart, W. (1989) *Religion und Eros*, München: C. H. Beck

Schumpeter, J. A. (1962) *Capitalism, Socialism, and Democracy*, New York: Harper Torchbooks

Shiva, V. (1989) *Das Geschlecht des Lebens. Frauen, Ökologie und Dritte Welt*, Berlin:

Shiva, V. (1992) *Monocultures of the Mind*, London: Zed books

Smith, A. (1776) *Eine Untersuchung über Natur und Wesen des Volkswohlstandes (»Wealth of Nations«)*, Jena 1823

Tazi-Preve, I. (1992) *Der Mord an der Mutter*, Diplomarbeit, Innsbruck

Theweleit, K. (1977) *Männerphantasien*, Bd. I, Frankfurt: Roter Stern

Todorov, T. (1980) *Das Problem des Anderen*, Frankfurt: Suhrkamp

Treusch-Dieter, G. (1990) *Von der sexuellen Rebellion zur Gen- und Reproduktionstechnologie*, Tübingen: Konkursbuch

Trube-Becker, E. (1987) ›Sexuelle Misshandlung von Kindern‹, in: Fässler, H. (Hg.) *Das Tabu der Gewalt*, Innsbruck: Eigenverlag, S. 186-194

Ullrich, O. (1980) *Weltniveau*, Berlin: Rotbuch

Wallerstein, I. (1986) *Das moderne Weltsystem: Kapitalistische Landwirtschaft und die Entstehung der europäischen Weltwirtschaft im 16. Jahrhundert,* Frankfurt: Syndikat

Wallerstein, I. (1998) *Das moderne Weltsystem II – Der Merkantilismus,* Wien: Promedia

Wallerstein, I. (1989) *The Modern World-System III: The Second Era of Great Expansion of the Capitalist World-Economy, 1730-1840s,* New York: Academic Press

Weber, M. (1993) *Die protestantische Ethik und der »Geist« des Kapitalismus,* Bodenheim: Athenäum-Hain-Haustein (zuerst 1904/05)

Weiler, G. (1991) *Der enteignete Mythos, Eine feministische Revision der Archetypenlehre C. G. Jungs und Erich Neumanns,* Frankfurt: Campus

Weiler, G. (1993) *Eros ist stärker als Gewalt. Eine feministische Anthropologie I,* Frankfurt: Campus

Weizenbaum, J. (1978) *Die Macht der Computer und die Ohnmacht der Vernunft,* Frankfurt: Suhrkamp

Werlhof, C. von (1983) Zum Natur- und Gesellschaftsbegriff im Kapitalismus, in: M. Mies et al., *Frauen, die letzte Kolonie,* Reinbek: Rowohlt, S. 138-161

Werlhof, C. von (1991) Kaputt durch Naturschutz, in: dies. *Männliche Natur und künstliches Geschlecht. Texte zur Erkenntniskrise der Moderne,* Wien: Frauenverlag, S. 165-177

Werlhof, C. von (1996) Das Rechtssystem und der Muttermord, in: Werlhof, C. von (1996) *Mutter-Los,* München: Frauenoffensive

Werlhof, C. von (1997) Ökonomie, die praktische Seite der Religion. Wirtschaft als Gottesbeweis und die Methode der Alchemie, in: Ernst, U. M. et al. (Hg.) (1997) *Ökonomie (M)macht Angst,* S. 95-121, Frankfurt/Paris/New York: Peter Lang 1997

Werlhof, C. von (2000a) ›Patriarchat als »Alchemistisches System«. Die (Z)ErSetzung *des* Lebendigen‹, in: Wolf, M. (Hg.) *Optimierung und Zerstörung. Intertheoretische Analysen zum menschlich-Lebendigen,* S. 13-31, Innsbruck: STUDIA Universitätsverlag

Werlhof, C. von (2000b), »Globalization« and the »Permanent« Process of »Primitive Accumulation«: The Example of the MAI, the Multilateral Agreement on Investment, in: Arrighi, G. and W. L. Goldfrank (Hg.) *Festschrift for Immanuel Wallerstein, Part II, Journal of World-Systems Research,* Vol VI, No 3, Fall/Winter (forthcoming)

Werlhof, C. von (2003) »Wenn wir die Hausarbeit verstanden haben, haben wir die Ökonomie verstanden«. (Haus)Frauen, »Gender« und die Schein-Macht des Patriarchats, in: *Widerspruch,* Heft 44, Zürich, S. 173-189

Werlhof, C. von/A. Schweighofer/W. Ernst (Hg.) (1996) *Herren-Los, Herrschaft-Erkenntnis-Lebensform,* Frankfurt/Paris/New York: Peter Lang

Werlhof, C. von (Man.): *Die Zivilisation der Alchemisten,* Innsbruck

Wolf, D. (1994) *Was war vor den Pharaonen? Die Entdeckung der Urmütter Ägyptens,* Zürich: Kreuz

von Worms, A. (1988) *Das Buch der wahren Praktiken in der göttlichen Magie* (hg. von Jürg von Ins), München: Diederichs

4. Bumerang-Wirtschaft

Es gibt keine Alternative zur Alternative[1]

Vorbemerkung 2009

Bei meiner Forschung im ländlichen Venezuela (von Werlhof 1985), bei der es um die »Anwendung« und Weiterentwicklung des »Bielefelder Ansatze« ging, ist die Grundstruktur einer Alternative zur westlichen Zivilisation klar hervorgetreten. Die venezolanischen BäuerInnen, (Land-) ArbeiterInnen und SubsistenzproduzentInnen begannen damals, ihren Weg in eine solche Alternative zu erkennen und zu gehen. Sie gehörten damit zu den ersten uns bekannten Bewegungen, die aus der Moderne auszuscheren begannen, wenngleich viele Fragen selbstverständlich noch ungelöst waren. Heute ist ganz Venezuela auf einem neuen Weg, der auch in Lateinamerika insgesamt diskutiert und in verschiedenen Varianten in mehreren Ländern gleichzeitig beschritten wird.

> Die Kultur der australischen Aborigines beruht ganz und gar auf der Erinnerung an den Ursprung des Lebens. Gemäß neuesten Erkenntnissen sind ihre Schöpfungsgeschichte und das daraus abgeleitete Weltbild rund 150.000 Jahre alt. Alles Geschaffene, von den Sternen über die Menschen bis zu den Insekten, ist am Bewusstsein der ursprünglichen Schöpfungskraft beteiligt. Und jedes Einzelne ist auf seine eigene Art Spiegel einer Form dieses Bewusstseins. In diesem Sinne bewahren die Geschichten der Traumzeit das Bild einer geeinten Welt. Und diese Einheit verpflichtete die Aborigines, die Erde zu respektieren und zu verehren, als sei sie ein Buch, in dem das Geheimnis der ursprünglichen Schöpfung geschrieben steht. Das Lebensziel war, die Erde so weit wie möglich in ihrer ursprünglichen Reinheit zu bewahren. Das Domestizieren und Unterwerfen von Pflanzen und Tieren stand ebenso wie jede andere Ver-

1 In: Michaela Ralser (Hg.), Egalitäre Differenz. Ansätze, Einsätze und Auseinandersetzungen im Kampf um Anerkennung und Gerechtigkeit, Innsbruck 2001, Studia, S. 145-154

> änderung und Ausbeutung der Natur, also die Grundlage der westlichen Zivilisation und des Fortschritts, in absolutem Gegensatz zur Vorstellung eines gemeinsamen Bewusstseins und einer gemeinsamen Herkunft, an denen alles Geschaffene und gleichermaßen die schöpferischen Ahnen teilhaben. Diese ganzheitliche Welt auszubeuten hieß nichts anderes, als sich selbst auszubeuten. Während rund 150.000 Jahren hat die Traumzeit-Mythologie eine Kultur genährt, die in Harmonie mit der Natur lebte und voller Kraft, Vitalität und Lebensfreude war. (Lawlor 1993, 15 ff).

Es gibt Zeiten, in denen Dinge von so ungeheuren Dimensionen geschehen, dass man oder frau kaum noch die Wahl hat, womit er oder sie sich beschäftigt. Man muss sich damit beschäftigen. Aber diese Beschäftigung selbst kann nicht beliebig sein. Sie muss der Dimension der bestehenden Probleme entsprechen, ihr adäquat sein, zumindest versuchen, es zu sein. Die bisherige alte Art, mit den Dingen umzugehen, reicht nicht mehr aus. Das wäre so, als würden die Menschen an einem Strand grundsätzlich nur in Richtung Land schauen. Das ist so lange kein Problem, bis sich hinter ihnen nicht hochhaushohe Tsunami-Wogen aufzutürmen beginnen. So ist es mit uns heute. Wir müssen uns endlich umdrehen, um zunächst einmal zu sehen, zu erkennen, d. h. auch anzuerkennen, was auf uns zukommt. Als zweites wäre zu untersuchen, warum das der Fall ist. Drittens wäre zu überlegen, was noch getan werden kann. Das Vierte ist, es auch zu tun. Wahrscheinlich wird diese Reihenfolge nicht einzuhalten sein. Es sieht nämlich eher so aus, als wären wir gezwungen, schon jetzt zu handeln, obwohl uns noch gar nicht klar ist, wie, warum und wohin.

Diese Macht des Faktischen ist für die meisten Menschen auf der Welt längst gegeben. Nur wir hier in den sogenannten reichen Ländern glauben noch, dass uns das nicht viel anginge und auf uns auch nie zutreffen würde. Gerade viele Männer, insbesondere auch in der Institution Universität, bemühen sich stattdessen, nicht nur wegzusehen, sondern obendrein den Kopf noch ganz tief in den Sand zu stecken. Das gilt für die Wissenschaft, für die Wirtschaft, aber auch für viele Frauen, u. a. in der Frauenbewegung und Frauenforschung.

Der Fall aber ist: Wir leben in der *Zeit des Bumerangs.* Der Bumerang ist eines der raffiniertesten Werkzeuge, die Menschen je erfunden haben. Er stammt aus Australien und ist eine Erfindung der

Aborigines. Man stelle sich vor, jemand wirft dieses Holz, das zur Jagd dient, in Richtung des gewünschten Tieres. Trifft das Holz, ist das Tier tot. Trifft es nicht, dann kommt es zum Werfenden zurückgeflogen. Er braucht es nicht einmal zu suchen. Sehr praktisch. Und welch eine Geschicklichkeit, welch eine Kraft, welch eine handwerkliche Raffinesse und welch eine lange, lange Erfahrung! Wir haben so etwas nicht erfunden. Warum konnten es die Aborigines, die ja angeblich so primitiv sind? Weil sie ein Weltbild haben, das nicht wie unseres evolutionär ist, sondern zyklisch. Sie denken nicht wie wir in Einbahnstraßen, sondern in Kreisläufen. Deshalb ist es ihnen möglich, ein kreislaufendes Werkzeug zu erfinden, während wir stattdessen Raketen bauen. Um gleich einmal die Verhältnisse klarzustellen: Wie anfangs gesagt, die Aborigines haben mit ihrer Technik eine mindestens 150.000-jährige Geschichte. In der Geschichtswissenschaft bei uns und über uns gibt es uns gerade einmal ein paar Tausend Jahre, und auch davon werden eigentlich höchstens die letzten 200 oder 300 Jahre ernst genommen. Und wenn wir sie nicht daran gehindert hätten oder hindern würden, dann könnten die Aborigines weitere 150.000 Jahre leben. Wie aber ist es mit uns?

Die Prognosen über unsere Zivilisation, den Westen, sind merkwürdig. Die einen, das sind die, die immer noch in Richtung Land schauen, behaupten, dass wir nun endlich und vor allem für alle Ewigkeit der utopischen Idealgesellschaft zum Greifen nahe gekommen sind. Die anderen, nämlich die, die sich inzwischen auch einmal umgedreht haben, geben der westlichen Zivilisation noch 20 bis 50 Jahre. Wenn es also stimmt, was diejenigen sehen, die sich umsehen und umgesehen haben, dann wird noch zu unser aller Lebzeiten mit den größten Veränderungen in bisher unbekannten Dimensionen zu rechnen sein. Keinesfalls sind es nur ÖkologInnen, Landwirte, IndustriekritikerInnen, MaschinenstürmerInnen und Feministinnen, die solche Rechnungen anstellen, sondern gerade auch die Verursacher. Die multinationalen Konzerne selbst haben mit dem Vorschlag des MAI, eines multilateralen Abkommens über Investitionen, ihre Prognose benannt. Ganze 20 Jahre sollte der Vertrag zur ungestraften, ungebremsten und quasi kostenlosen Plünderung der weltweit letzten Ressourcen dauern, so lange nämlich, bis praktisch nichts Verwertbares mehr da ist (Mies/von Werlhof 1999). Sonst hätten sie ja auch einen längerfristig gültigen Vertrag vorschlagen können, wie z. B. bei denjenigen Verträgen über die Nutzung des Panamakanals oder die britische Kolonie Hongkong, die immerhin für 100 bzw. 99 Jahre galten. Das heißt, wenn die MAI-Befürworter die Globalisierung für ein längerfristiges oder wenigstens mittelfristiges Projekt gehalten hätten, hätten sie doch auch an mehr als bloß zwei Jahrzehnte gedacht. Es ist sehr unwahrscheinlich, dass sie im Bewusstsein, nach 20 Jahren noch viel Verwertbares vorzufinden, auf dessen Nutzung im Vorhinein verzichtet hätten. Also wird die Globalisierung selbst von ihren mächtigsten Betreibern, Nutznießern und Profiteuren für eine sehr kurze Zeitspanne gehalten. Von irgendwelchen utopischen Dauerzuständen menschlichen Wohllebens ist keine Rede.

Was hat das nun mit dem Bumerang zu tun? Dreierlei.

Erstens: Wir haben uns von einer tatsächlichen oder möglichen Bumerang-Wirtschaft wie derjenigen der Aborigines schon seit längerem verabschiedet und sind ganz stolz darauf, sie durch eine Raketenwirtschaft ersetzt zu haben. Immer geradeaus in Richtung Höhe, weg von der Erde, bis … – das kann man gar nicht so ohne weiteres zu Ende denken. Also entweder wir fliegen in den Weltraum und leben dort weiter. (Das fände z. B. mein Sohn Götz besonders spannend.) Oder wir stürzen mit der Rakete irgendwann ab und zurück auf die Erde, wobei es uns vielleicht gelingt, kurz vor dem Boden noch einmal durchzustarten. Aber irgendwann geht uns die Energie aus. Ich glaube nicht, dass die andere, die extraterrestrische Variante irgendeine Bedeutung haben wird, insbesondere nicht für die große Mehrheit der Menschen. Das heißt, wir müssen uns überlegen, ob die australische Bumerang-Wirtschaft nicht doch interessante Aspekte für uns bereithält.

Zweitens: Der Bumerang, den wir auf unsere westliche Weise in die Welt geschleudert haben, hat sein Ziel nicht erreicht. Er kommt zurück und fällt uns auf den Kopf. Dies ist eine Metapher: Der Bumerang ist ein Problem, das man selbst verursacht hat und mit dessen Folgen man irgendwann unausweichlich konfrontiert werden wird, obwohl man alles getan hat, um ihn für immer loszuwerden. Der Bumerang ist aber keine Rakete. Er kommt genau dort wieder an, wo man ihn abgeworfen hat. Er trifft den Täter und nicht irgendwen. Der Bumerang beweist außerdem, dass die Welt in der Tat zyklisch eingerichtet ist. Die Aborigines haben recht behalten. Sie haben die weisere und klügere Sicht der Welt, denn unsere Zivilisation nähert sich ihrem selbstgemachten Ende. Der Fortschritt fällt uns auf den Kopf. Gesellschaft im freien Fall. In Kalifornien gehen wegen der Privatisierung des Strommarktes z. B. zurzeit die Lichter, die Kühlschränke und die Computer aus. In Mazedonien und im Kosovo kämpfen westliche KFOR-Truppen gegen westlich finanzierte UCK-Rebellen (Chossudovsky 2001). Im übrigen Europa kann man auch vom Essen sterben. Der Rinderwahn ist, wie Maria Mies sagt, ein Wirtschaftswahn (Mies 2001). Die Demokratie wird ebenso in der EU wie in der Universität durch die jetzige Hochschulreform abgeschafft (von Werlhof 2001). Gewalt und Krieg nehmen überall zu statt ab (Chossudovsky 1998). Die weißen Frauen sind im Gebärstreik, weil man sie so lange so schlecht behandelt hat, dass sie nun nicht mehr mitmachen. Die Gentechnik pfuscht inzwischen sogar legal in unserem Erbmaterial herum, ohne zu wissen, ja wissen zu wollen, was sie wirklich tut, und tut damit dasselbe wie die Atomwirtschaft (Dahl 1989). Sie beschädigt unser Leben, und zwar irreversibel, weil auf vererbbare Weise (von Werlhof 1997).

Es spielt dabei keine Rolle, dass die Verantwortlichen das Gegenteil behaupten. Beim Fortschritt wurde immer schon gelogen, und heute wird nur noch gelogen. Alles, was prognostiziert wurde, ist gerade nicht eingetreten. Ein gutes Beispiel ist auch der Neoliberalismus, der sich auf Freiheit beruft, während er in Wirklichkeit ein totalitäres Zwangssystem ist (Bales 2001). Die augenfälligsten Lügen betreffen die Wirtschaft, insbesondere die Lüge von der allgemeinen Verbreitung und Anhebung des Wohlstands auf der Welt. In der sogenannten Wirtschaft selbst kann man den Bumerang also am besten sehen. Die Erde wird unfruchtbar samt Tieren, Pflanzen und Menschen (Colborn u. a. 1996). Kleine und große Unternehmen werden im Wettbewerb vernichtet. Eine Milliarde Menschen kämpft täglich um das nackte Überleben. Ein Drittel der Menschen hat keinen regelmäßigen Zugang zu sauberem Wasser (Brown / Ayres 1998). Täglich sterben zigtausende Kinder an Unterernährung. Die meisten Menschen auf der Welt werden für ihre Arbeit nicht oder kaum bezahlt, nämlich Milliarden von Frauen, Kleinbauern und Kleinbäuerinnen, kreditabhängigen VertragsproduzentInnen, LandarbeiterInnen, ArbeiterInnen, Arbeitslosen, Marginalisierten, Kindern und derzeit geschätzte 27 Millionen »neue Sklaven«, die für niemand Geringeren als die multinationalen Konzerne arbeiten (Bales 2001).

Warum wir darüber reden, hat natürlich seinen Grund darin, dass das gleiche Schicksal des Bumerangs auch in unserer Mitte immer deutlichere Konturen anzunehmen begonnen hat, vor allem in den Ländern, die das Globalisierungsprojekt oder die neoliberale Politik – das ist nämlich dasselbe – schon länger betreiben (Großbritannien, USA, Chile). Die EU ist der politische Mechanismus, um dieses Projekt der Kolonisierung auch der Industrieländer in allen europäischen Ländern durchzusetzen. Wir Österreicher und Österreicherinnen sind nun auch schon seit Jahren dabei; auch hier macht sich die sparpaketsgetarnte Umverteilung von unten nach oben in schwindenden Arbeitsplätzen, insbesondere den besseren, die früher als Normalarbeitsverhältnisse galten, in niedrigen Löhnen, kürzeren Beschäftigungszeiten und der Prekarisierung der Arbeitsverhältnisse bemerkbar. Manche bezeichnen diese Entwicklung seit Ende der 70er Jahre als Anwachsen »ungeschützter« Arbeitsverhältnisse oder als »Hausfrauisierung« der Arbeit (Bennholdt-Thomsen u. a. 1992). D. h. die westliche Hausfrau gibt das Modell für alle anderen ab: unentlohnt, Kost und Logis als Bezahlung, keine geregelte Arbeitszeit, 24 Stunden verfügbar, Gewaltverhältnisse sind zu akzeptieren. Es wird nicht nur mit Hand oder Kopf, sondern auch mit Bauch, ja Haut und Haar gearbeitet. Das ist der Beweis, dass Zwangsarbeit, Leibeigenschaft und Sklaverei nie Vergangenheit waren, sondern immer schon erneut Gegenwart sind, seitdem die Raketenwirtschaft erfunden wurde. Ihre Bedeutung ist enorm: Ohne hausfrauisierte Arbeit würde – wie der Frauenstreik in Island im Jahre 1975 zeigte – die gesamte Wirtschaft auf der Stelle zusammenbrechen. Der Bumerang dabei ist, dass es heute nicht nur Frauen trifft, sondern auch immer mehr Männer. Der weiße Mann ist nun selber dran. Er wird in wachsendem Maße tendenziell nicht anders und nicht besser behandelt als die ›bunten‹ Männer und alle Frauen.

Mehr an Bumerang kann es nicht geben. »Die Revolution frisst ihre Kinder«, hieß das einmal in anderem Zusammenhang.

Wir haben schon 1980 gesagt: Angeblich ist die Erste Welt das Bild der Zukunft der Dritten. Aber es ist umgekehrt. Die Dritte Welt ist das Bild der Zukunft der Ersten (von Werlhof 1983). Heute kann es jeder sehen. Ein echter Bumerang. Es ist ja nur logisch. Wenn man die Welt plündert, ist sie irgendwann leer. Wenn man alles nur ausbeutet, ist es irgendwann kaputt. Wenn man Wüsten im Äußeren produziert, produziert man sie auch im Inneren. Unsere Wirtschaft ist parasitär. Sie produziert nicht mehr wirklich, sondern verwandelt den sogenannten Rohstoff nur in Abstraktes: in Kapital, Geld, Maschinerie oder Macht. Sie ist zum einen Raubwirtschaft, zum anderen Transformationsprojekt. Das konnte man schon seit der Antike sehen. Das Fortschrittsprojekt der Raketenmänner hat uns aber glauben gemacht, dass das alles nicht so schlimm sei, denn wir haben gelernt, dass der technische Fortschritt angeblich jedes Problem lösen wird, das er hervorruft, und auch alle anderen dazu.

Ich nenne das den alchemistischen Wunderglauben (von Werlhof 2000. Kap. 3 i.d.Bd.), der in allen patriarchalen Gesellschaften zu bestehen scheint, nämlich den Glauben daran, dass es die Männer des Patriarchats schaffen werden. Denn dazu sind sie angeblich auf Erden: diese Erde in ihr eigenes Gegenteil zu verwandeln; in eine globale Gesellschaft, in der es keine Zyklen, keine Schranken und Begrenzungen, keinen Widerstand und keine Konsequenzen geben würde, nicht einmal die Natur, die Abhängigkeit von den Frauen und den Tod. Dafür aber gibt es totale Kontrolle, insbesondere über alles, was das Leben angeht, seine Quantität und Qualität, die Beliebigkeit seiner Herstellung und Vernichtung und die Unendlichkeit der Herrschaft, wie die des Lebens der Herrschenden selber, der neuen Götter (Unseld 1992). So reden sie ja auch, und zwar von Aristoteles und Plato bis zu den Gen-Ingenieuren, übersetzt: den *Schöpfungskriegskünstlern.* Wieso merkt eigentlich niemand, dass das alles totalitär wie der reinste Faschismus ist, diesmal auch noch weltweit?

Und, wieso wurde ihnen auch noch geglaubt? Nun ist es mit dem Glauben am Ende, so wie es mit dem Westen aus ist – *West-End* –, wenn die letzten ausbeutbaren Ölquellen versiegt sind. Denn eine Alternative zum Öl ist trotz aller Beschwörung der Solarenergie weder in Sicht, noch allgemein anwendbar, noch könnte sie es in den verbleibenden Jahren so plötzlich werden (Sarkar 2001).

Während also der Glaube an dieses Raketenprojekt nur noch lächerlich ist und Herr Bush trotzdem auf neue Hochrüstung setzt, nämlich den »Krieg der Sterne« – die werden sich hüten! –, haben neuerdings gerade und ausgerechnet Frauen sich ihm angeschlossen, im Moment seines vorhersehbaren Untergangs. Sie wollen unbedingt und schnell noch bei den Patriarchen und Alchemisten mitmachen und behaupten, dass nur die spiegelglatte See im Sonnenschein zu sehen ist, wenn sie sich umdrehen. Es sind die Frauen, die trotz aller Gegenbeweise die EU und die Globalisierung für eine frauenfreundliche Angelegenheit halten wollen. Als Befürworterinnen dieser Politik gehören sie zur heutigen *neuen Rechten*, die ja mehr ist als bloß die FPÖ. Paradoxerweise kommen sie aber gerade auch aus den Lagern der alten Linken, des Gleichheitsfeminismus, der sich als Angleichungsprojekt an die Männer entpuppt, und zwar unter Beibehaltung des Patriarchats, vom Kapitalismus ganz zu schweigen (Braun/Stephan 2000). Sie stehen zu einem gesellschaftlichen Projekt, das nichts Geringeres tut, als alles Vorfindbare an Natur, Tier, Pflanze und Mensch in »Kapital« transformieren zu wollen, also aus dem Leben mit aller Gewalt Kapital schlägt, es in Geld, Maschinerie oder Machtmittel verwandelt. Wie können Frauen, also die Hauptopfer dieser brutalen historischen Unternehmung, ihr auch heute noch unter dem Zeichen des Bumerangs zustimmen?

Drittens: Wenn von egalitärer Differenz gesprochen wird, dann kann das gerade auch unter ökonomischer Perspektive nicht alles Mögliche sein. Es kann nicht »Gleichheit« – als angebliche Egalität – sein, auch nicht »Differenz« – als egologische, identitätsfixierte »Subjektivität« im Sinne des Aufklärungsindividualismus männlich-patriarchaler Prägung; eine konkurrente, narzisstische Subjektivität, die angeblich autonom und gegen den Rest der Welt gepanzert ist, ganz dem Rationalismus und seinem Irrationalismus dient, maschinenadaptiert und geschlechts- und mutterlos ist. Genau das will die neue Rechte der Frauen. Man könnte sogar sagen: aus logischen Gründen, denn wer will schon im Patriarchat Frau sein? Nur, die *Fortschrittslogik, die Emanzipationslogik*, das »wir wollen sein wie sie«, ist inzwischen überholt:

- Weil sie historisch im West-End gar nicht mehr zur Debatte steht, sichtbar daran, dass ja nicht die Frauen herauf-, sondern die Männer auf das Niveau der Frauen herabgedrückt und definiert werden.
- Weil der Bumerang sichtbar macht, und zwar für alle ohne Ausnahme, dass dieses Erdtransformationssystem, das wir »kapitalistisches Patriarchat« nennen, uns umbringt, wenn wir nicht jetzt etwas tun, und zwar das Umgekehrte, und nicht auch noch das Gleiche.
- Weil es ein Zynismus und nicht nur Dummheit ist, an diesem »alchemistischen System« festzuhalten.

Es ist eben auch ›moralisch‹ falsch und nicht nur kontraproduktiv. Gerade eine Art neue ›Moral‹ im Sinne der Akzeptanz einer eigenen Verantwortung, eines eigenen Verantwortungsbewusstseins, einer dissidenten Geisteshaltung, die sich nicht mehr orientiert am gewaltsamen Transformationsglauben, wird gebraucht, weil ohne sie der Weg nicht sichtbar und auch nicht fühlbar wird. Diesen Weg müssen wir finden zu einer neuen »moral economy«, wie Maria Mies dies nennt (Mies 1998).

Es kann allein um das kulturell Älteste und Bewährteste gehen, um egalitäre Differenz, verstanden im Sinne der alten Egalität, aus der wir alle kommen. Wie die Aborigines. Keine Klassen, keine Kasten, keine Hierarchien, keine Herrschaft und Verhinderung des Wiederauftauchens von Herrschaft (vgl. Clastres 1981). Gleiche Verteilung der Güter, keine Plünderung der Natur und ihrer Lebewesen, ein neues Verhältnis zu Tieren und Pflanzen, kein Anthropozentrismus, keine Konkurrenz.

Ich zitiere aus unserem Manifest der »Alpenweiber« auf der Tagung »Frauen sehen/säen Zukunft, Alternativen zu Globalisierung« im Jahr 1999:

> Wir Frauen erinnern uns unserer eigenen Kultur. Es ist eine Kultur der radikalen Lebensbejahung. Unsere Weiberwirtschaft kennt weder Profit noch Zins, sie ist global lokal und nicht lokal globalisiert. Sie versorgt sich selbst anstatt den Weltmarkt und sie ist ökologisch, d.h. an der uns umgebenden Natur und ihren Möglichkeiten und Grenzen orientiert. Unsere Kultur hat Herrschaft abgeschafft. Hierarchien sind verpönt. Unsere Macht ist nicht die Ohnmacht anderer, sondern unser Vermögen, unser Mögen, unsere Kompetenz, unsere Erfahrung, unser Können und unsere Zuneigung zueinander. Unsere Kultur scheut nicht die Lebenskonflikte, sondern trägt sie aus. Sie ist Konfliktkultur. Dabei geht es ihr nicht um Strafe, sondern um das Prinzip der Wiedergutmachung im Falle von Schäden. Unsere Kultur erkennt an, was ist, und geht damit um, ohne Normen der Unterwerfung zu bilden. Unsere Wissenschaft beweist, dass alles, was wir tun, auf uns zurückfällt. Daher verhalten wir uns diesen Zusammenhängen entsprechend und nicht nach dem patriarchalen Prinzip des »Teile und Herrsche«. Gewaltanwendung halten wir für dumm und kontraproduktiv. Wir wissen, dass Gewalt niemals durch Gewalt aus der Welt geschafft werden kann. Daher treten wir aus dem Kreislauf von Gewalt und Gegengewalt aus. (Alpenweiber 1999, 4)

Ich zitiere weiter Nick Faraclas, der in Papua-Neuguinea arbeitete und mit dem wir über kulturelle und ökonomische Alternativen gearbeitet haben:

> Solange wir nicht ernsthaft über alternative Vergangenheiten nachdenken, können wir auch nicht über alternative Zukünfte sprechen. Wir können unsere eigenen Vergangenheiten rekonstruieren. Und zwar müssen wir das in unserem heutigen Interesse tun, um zu vermeiden, dass wir nur wieder denselben Interessen nutzen, die diese Vergangenheiten zerstört haben. Wir müssen uns an unserer eigenen Geschichte orientieren. (Faraclas 2001, 69)

In Pierre Clastres »Freiheit – Fatalität – Namenlos« geht es um ein Dokument aus dem Jahre 1548, wo ein junger Mann, Etienne de la Boétie, in Kontakt mit indianischen Kulturen gekommen ist und dann beginnt, sich Fragen zu stellen:

> Wie kommt es, dass die Mehrheit einem Einzelnen gehorcht, nicht nur ihm gehorcht, sondern ihm dient? Nicht nur ihm dient, sondern ihm dienen will? (Clastres 1981, 85) Welche Fatalität war das, die den Menschen so verändern konnte, der geboren wurde, um frei zu leben, die ihm die Erinnerung an sein ehemaliges Dasein und den Wunsch, es zurückzuholen, genommen hat? (ebd., 86)

Dazu Clastres:

> Die Gesellschaften sind egalitär, weil sie die Ungleichheit ignorieren. (...) Sie ignorieren den Staat, weil sie ihn nicht wollen. Der Stamm behält die Trennung von Häuptlingstum und Macht bei, weil er nicht will, dass der Häuptling die Macht besitzt. Sie lehnen den Häuptling als Häuptling ab. Gesellschaften, die den Gehorsam ablehnen, das sind primitive Gesellschaften. (...) Ungleichheit ist verboten, weil sie schlecht und falsch ist. (ebd., 88; 91; 93)

Wir haben das seit langem »Subsistenz« genannt (Arbeitsgruppe Bielefelder Entwicklungssoziologen 1981 [1979]): Subsistenz-Ökonomie, -Kultur, -Gesellschaft, -Technik, -Wissenschaft und ein subsistenzorientierter Umgang mit dem Geschlecht auf dieser Grundlage. Die von Vandana Shiva und Maria Mies gegründete Organisation »Diverse Women for Diversity«, – das meint egalitäre Differenz. Gemeinsam haben wir die egalitären Grundlagen der Gesellschaft zu organisieren, die in Frauenkulturen sowieso üblich waren. Es sind die ältesten Errungenschaften der Menschheit bzw. der urkommunistischen Gesellschaft, wie die Linken sie nannten und wie sie übrigens auch die meisten Tiergesellschaften kennzeichnen, wie wir neuerdings aus der biologischen und zoologischen Frauenforschung wissen (vgl. u.a. Moss 1992; Strum 1992). Verschieden sind wir als unterschiedliche Lebewesen, die verschiedene Fähigkeiten haben und in immer wieder neuen Gestalten daherkommen. Vielfalt in der Einheit. Vielfalt in der »Gemeinheit«, wie Ivan Illich das nennt (Illich 1982); nicht aber abstrakte »Identitäten« und »Individualismen«, die nur künstlich verschieden erscheinen, alle miteinander aber um die höheren Ränge in einer Herrschaftsgesellschaft konkurrieren.

Das ist unser gemeinsames Erbe: Subsistenzwirtschaft der Selbstversorgung, nichtkapitalistischer Tausch, lokal-regionales Wirtschaften und gegenseitige Verantwortung, Reziprozität und Kooperation. Sein lassen. Wo keine Ausbeutung ist, herrschen Vielfalt und Fülle, Reichtum nämlich, der sowohl materiell wie spirituell-kulturell-menschlich und politisch, also sozialorganisatorisch entsteht. Nicht Reichtum, der monopolistisch verknappt und am Ende gar nicht mehr da ist, wie im Falle des kapitalistischen Geldes, wo es am Ende jetzt schon Geld und Computer, aber nichts zu essen gibt. Der wirkliche Wert ist nicht Geld, sondern das »gute Leben«. Darum muss es wieder gehen. Alles andere ist nicht mehr angesagt, greift zu kurz und bleibt im niedergehenden System stecken, z. B. »nachhaltiges« Wirtschaften, »Vorsorgen« durch Wirtschaften (Müller 1998), grüner »Ökokapitalismus« (Sarkar 1999) – Alternativvorstellungen, die nur ohne zurückschwirrenden Bumerang noch einen gewissen Sinn machen könnten. In Zeiten des Bumerangs muss aber *zu Ende gedacht* werden, weil der Bumerang uns alle immer wieder einholt. Und so muss in den jetzigen Generationen im Sinne des Öffnens neuer Räume auch *zu Ende gemacht* werden, damit sich die lokal-regional möglichen Verhältnisse auf der Grundlage von egalitärer Differenz entfalten können. Und niemand wird im Vorhinein wissen, welche Vielfalt dann erblühen kann (Mies / Shiva 1993). Aber die Grundlagen müssen da sein. Keine Herrschaft. Dann ist alles möglich. Gewalt und Ausbeutung müssen verhindert werden. Sonst wird das Experiment gleich wieder scheitern. Nur so können vielfältige Geschlechterverhältnisse entstehen. Vielfalt statt Monokultur. Aber ohne Patriarchat und Kapital und Profitorientierung. Wer das nicht anerkennt, wer das nicht erkennt, arbeitet für die neue Rechte.

Das ist es, was der Bumerang uns lehrt. Wir sollen uns nicht erschlagen lassen, sondern uns des Prinzips der Bumerangwirtschaft wieder entsinnen. Alles hat Folgen, alles fällt auf uns zurück. Es gibt kein Weglaufen, also müssen wir überlegen und von Vornherein das Richtige tun. Und das Richtige ist das, was Segen anstatt Fluch ist, wenn es auf uns zurückfällt. Die Alternative ist nicht irgendetwas, sondern das, was es uns ermöglicht, die alten Fehler, und zwar allesamt, nicht noch einmal zu machen.

Literatur

Alpenweiber: Manifest »Frauen sehen/säen Zukunft. Alternativen zur Globalisierung«, Innsbruck, 1999.

Arbeitsgruppe Bielefelder Entwicklungssoziologen (Hg.): Subsistenzproduktion und Akkumulation, Bielefelder Studien zur Entwicklungssoziologie Nr. 5, Saarbrücken / Fort Lauderdale (Breitenbach), 1981 [1979].

Bales, Kevin: Die neue Sklaverei, München, 2001.

Bennholdt-Thomsen, Veronika / Mies, Maria / Werlhof, Claudia von: Frauen, die letzte Kolonie, Zürich, 1992.

Braun, Christina von / Stephan, Inge (Hg.): Genderstudien, Stuttgart / Weimar, 2000.

Brown, Lester R. / Brown, Ayres (Ed.): The World Watch Reader, New York / London, 1998.

Chossudovsky, Michel: The Globalisation of Poverty, London, 1998.

Chossudovsky, Michel: Washington hinter den terroristischen Anschlägen in Mazedonien; http://www.vvhome.de/global/deutsch/macedon2.html, 2001.

Clastres, Pierre: Freiheit – Fatalität – Namenlos, in: Unter dem Pflaster liegt der Strand. Bd. 8, Berlin, 1981, 85-99.

Colborn, Theo / Dumanoski, Diane / Myers, John P.: Die bedrohte Zukunft. Gefährden wir unsere Fruchtbarkeit und Überlebensfähigkeit? München, 1996.

Dahl, Jürgen: Die Verwegenheit der Ahnungslosen. Über Genetik, Chemie und andere Schwarze Löcher des Fortschritts, Stuttgart, 1989.

Faraclas, Nick: Melanesia, the Banks and the Bingos: Alternatives are everywhere (except in the Consultant's Briefcases), in: Bennholdt-Thomsen, Veronika u. a. (Hg.): There is an Alternative: Subsistence and Worldwide Resistance to Corporate Globalization, London, 2001, 67-76.

Illich, Ivan: Vom Recht auf Gemeinheit, Reinbek, 1982.

Lawlor, Robert: Am Anfang war der Traum. Die Kulturgeschichte der Aborigines, München, 1993.

Mies, Maria / Shiva, Vandana: Ecofeminism, London, 1993.

Mies, Maria: Moral Economy und Subsistenz-Perspektive im Norden und Süden, in: Zeitschrift für Sozialökonomie 35 (1998)118, 15-25.

Mies, Maria / Werlhof, Claudia von (Hg.): Lizenz zum Plündern. Das multilaterale Abkommen über Investitionen, MAI. Globalisierung der Konzernherrschaft und was wir dagegen tun können, Hamburg, 1999.

Mies, Maria: Rinderwahn oder Wirtschaftswahn?, in: Die Tageszeitung Nr. 47, 5.4.2001.

Moss, Cynthia: Die Elefanten vom Kilimandscharo, Gütersloh, 1992.

Müller, Christa: Von der lokalen Ökonomie zum globalisierten Dorf, Frankfurt a. M. / New York, 1998.

Sarkar, Saral: Eco-Socialism or Eco-Capitalism? A critical Analysis of the Humanity's fundamental Choices, London, 1999.

Sarkar, Saral: Sustainable Development, Rescue Operation for a dying Illusion, in: Bennholdt-Thomsen, Veronika / Faraclas, Nick / Werlhof, Claudia von (Hg.): There is an Alternative: Subsistence and Worldwide Resistance to Corporate Globalization, London, 2001, 41-54.

Strum, Shirley S.: Leben unter Pavianen, Gütersloh, 1992.

Unseld, Godela: Maschinenintelligenz oder Menschenphantasie? Ein Plädoyer für den Ausstieg aus unserer technisch-wissenschaftlichen Kultur, Frankfurt a. M., 1992.

Werlhof, Claudia von: Der Proletarier ist tot. Es lebe die Hausfrau? in: dies. u. a.: Frauen, die letzte Kolonie, Reinbek, 1983, 113-136.

Werlhof, Claudia von: Wenn die Bauern wiederkommen. Frauen, Arbeit und Agrobusiness in Venezuela, Bremen 1985

Werlhof, Claudia von: »Schöpfung aus Zerstörung?« – Die Gentechnik als moderne Alchemie und ihre ethisch-religiöse Rechtfertigung, in: Baier, Wilhelm R. (Hg.): Genetik. Einführung und Kontroverse, Graz, 1997, 70-115.

Werlhof, Claudia von: Patriarchat als »Alchemistisches System«: Die Z(E)rSetzung des Lebendigen, in: Wolf, Maria (Hg.): Optimierung und Zerstörung. Intertheoretische Analysen zum menschlich Lebendigen, Innsbruck, 2000, 13-31.

Werlhof, Claudia von: Hochschulreform als neoliberaler »Putsch«?, in: Skolast, 1/2002, Bozen, S. 116-121.

5. Selbsternannte Heilsbringer propagieren die Globalisierung

Zum Streitgespräch von Globalisierungs-GegnerInnen mit -BefürworterInnen von Seiten des »World Economic Forum«, WEF, am 2.7.2001 in Salzburg[1]

Bei der ersten internationalen öffentlichen Auseinandersetzung zwischen erklärten BefürworterInnen und GegnerInnen der Globalisierung in Österreich, die ein Experiment sein sollte, habe ich auf Seiten der Globalisierungs-GegnerInnen teilgenommen.

Es handelte sich um ein Treffen mit Mitgliedern des World Economic Forum, WEF, das die regelmäßigen Treffen von »Global Players«, Staatschefs und Medien in Davos organisiert. Als Gegenveranstaltung ist das Weltsozialforum in Porto Alegre, Brasilien, entstanden, bei dem sich jährlich zum selben Zeitpunkt die Globalisierungs-GegnerInnen aus aller Welt treffen.

Die Veranstaltung fand während eines WEF-Treffens in Salzburg unter schwersten Sicherheitsvorkehrungen und der Beteiligung von ca. 200 ZuhörerInnen statt.

Das WEF hatte vier BefürworterInnen, das Sozialforum Salzburg vier GegnerInnen der Globalisierung ins Rennen geschickt.

Die dabei gemachten Erfahrungen möchte ich hier kurz reflektieren.

---

1 In: Pelinka, Anton und Plasser, Fritz (Hg.): Europäisch Denken und Lehren, Innsbruck 2007, innsbruck university press, iup, S. 305-313

1. Die Argumente von GegnerInnen und BefürworterInnen blieben im Wesentlichen undiskutiert nebeneinander stehen. Dies lag vor allem daran, dass die BefürworterInnen die Kritik der GegnerInnen überhaupt nicht aufnahmen bzw. auf sich bezogen.

2. Die BefürworterInnnen versuchten im Gegenteil, die Kritik zu vereinnahmen, indem sie sich selbst als Globalisierungs-KritikerInnen darstellten. Motto: Auch wir sehen Probleme, aber wir arbeiten an ihrer Lösung. Von dieser Seite gab es selbstredend keine Infragestellung der Globalisierung selbst. Ein Befürworter, der Global Player Percy Barnevik, schwedischer Chef des Asea Brown Boveri – ABB – Konzerns für Automationstechnik, drehte den Spieß sogar noch um. Seine These: Die Probleme mit der Globalisierung rühren daher, dass es nicht zu viel, sondern zu wenig Globalisierung gibt.

Abgesehen vom Zeitmangel durch die viel zu große Besetzung des Podiums mit neun Personen (je vier und ein Moderator) hat mich an dieser Diskussion etwas besonders gestört: Das blütenreine Gewissen der Globalisierungs-BefürworterInnen.

Wie ist es möglich, dass ein Herr Barnevik sagen kann, er entschuldige sich nicht dafür, lediglich am Gewinn orientiert zu sein und Globalisierung zu definieren als »die Freiheit für meine Gruppe von Unternehmen ..., zu investieren, wo und wann sie will, zu produzieren, was sie will, zu kaufen und zu verkaufen, wo sie will, und die möglichst geringsten Restriktionen zu unterstützen, die aus Arbeitsgesetzen und sozialen Übereinkünften resultieren«[2] – ohne das, wie alle davon negativ Betroffenen, als Skandal anzusehen?

Die Antwort von Herrn Barnevik ist, dass die Globalisierung angeblich rund eine Milliarde Menschen, davon ein Drittel Chinesen, aus absoluter Armut erlöst habe.

Was sind die Grundlagen einer solchen Behauptung?

---

2 Susan George: dortselbst sowie Tagesanzeiger vom 15.1. 2001

Es gibt nur eine, das Messen in Geld. In dem Moment, wo jemand an Geld kommt, und seien es auch nur Minibeträge, gilt er als nicht mehr »absolut arm«. Das Problem mit dieser Art des Rechnens ist jedoch, dass die Kehrseite der Medaille nicht berücksichtigt wird: Der mit der Monetarisierung fast immer einhergehende Verlust (der Kontrolle) von Produktions- und allgemein Subsistenzmitteln, die denselben Menschen bisher das Leben ermöglicht haben.

Herr Barnevik müsste also die Frage beantworten, wieso er das relativ geldlose Leben als absolute Armut, das Minieinkommen eines um seine Produktions- und Subsistenzmittel Beraubten aber als Befreiung aus solcher Armut ansieht. Die Befragung der Betroffenen würde ziemlich eindeutig ausfallen. Aber die interessiert Herrn Barnevik nicht, da er nur ans Geld denkt. Was im Prozess der »Vergeldung« sonst noch geschieht, ist für ihn bedeutungslos.

Damit ist er aber nicht aus dem Schneider. Denn nur dadurch, dass die Menschen (die Kontrolle über) ihre Produktions- und Subsistenzmittel verlieren, können Herr Barnevik & Co. diese für ihre eigenen Interessen verwenden (lassen): zur Neuentstehung von Großgrundbesitz, zur Verallgemeinerung von Warenproduktionen aller Art und zur Durchsetzung des Marktes als kapitalistischem Weltmarkt überall. Herr Barnevik findet das in Ordnung, denn nur dadurch kann er selbst Geld machen, und zwar viel Geld. Und die Menschen könnten nun ja angeblich am Markt kaufen, was sie vorher selber produziert haben, bzw. was Herr Barnevik & Co. ihnen stattdessen inzwischen anbieten.

Die Sache hat vor allem einen Haken: Sie stimmt nicht. Susan George, die Mitbegründerin und Vizepräsidentin der globalisierungskritischen internationalen Organisation »attac« und ebenfalls auf der Seite der Globalisierungs-GegnerInnen, sagte daher, dass eine wachsende Zahl von Menschen sich gar nicht mehr am Markt beteiligen könnte. Bereits 50%, in 20 Jahren etwa 70%, befänden sich außerhalb des Marktes, und zwar nicht »noch«, sondern *schon.* Die absolute Armut wird mit der Globalisierung also erst geschaffen. Sie ist der Zustand, in dem die Leute weder Produktions- und Subsistenzmittel, noch auch nur annähernd ausreichende Geldeinkommen haben. Das Geldeinkommen bleibt so gering, dass es sie nicht befähigt, wirklich am Markt nachzufragen.

Was würde Herr Barnevik also sagen, wenn man ihn mit diesen, von ihm ausgelassenen Zusammenhängen konfrontieren würde? Er würde vermutlich sagen, dass die Globalisierung Einkommen und Beschäftigung *auf die Dauer* weltweit steigern würde. Nur beweisen könnte er das nicht. Im Gegenteil, die Konzerne der Global Players beschäftigen derzeit nur 1-2% aller Lohnempfänger und vernichten ununterbrochen Millionen von kleineren und mittleren Unternehmen, nämlich genau die, die bisher für die meiste Beschäftigung, durchschnittlich 80%, gesorgt haben. Und außerdem zahlen gerade die für die Konzerne produzierenden Plantagen, Sweatshops, Puffs und »freien Produktionszonen« nicht »noch«, sondern inzwischen nur noch Löhne von 1-2 Dollar am Tag, sodass auch außerhalb der südlichen Länder, z.B. in den USA selbst, von einer »neuen Sklaverei« gesprochen wird, die weltweit inzwischen für Hunderte Millionen Menschen gelten soll.[3]

Hier endet das Argument von Herrn Barnevik, der ja selbst dafür ist, nur »die möglichst geringsten Restriktionen … aus Arbeitsgesetzen und sozialen Übereinkünften …« in Kauf nehmen zu müssen. Das heißt, er sorgt selbst dafür, dass es auch in Zukunft nicht besser wird. Im Gegenteil, die Global Players gingen zunächst in den Süden, um die Kosten für Arbeit – die einzigen weltweit noch interessanten »komparativen Kostenvorteile« – auszunutzen[4], um anschließend die drastische Verringerung der Arbeitskosten nach und nach auch im Norden durchzusetzen.

Die empirisch zu beobachtende *Gleichzeitigkeit* von Globalisierung und Verelendung, von Krieg und Entdemokratisierung findet auf diese Weise eine Erklärung. Die »Argumentation« von Herrn Barnevik und

---

3 Bales, Kevin: Die neue Sklaverei, München: Kunstmann 2001; Arlacchi, Pino: Ware Mensch. Der Skandal des modernen Sklavenhandels, München: Piper 2000

4 Fröbel, F./Heinrichs, J./Kreye, O: Die neue internationale Arbeitsteilung. Strukturelle Arbeitslosigkeit in den Industrieländern und die Industrialisierung der Entwicklungsländer, Reinbek: Rowohlt 1977

sein reines Gewissen beruhen also darauf, dass er die tatsächlichen Zusammenhänge nicht zur Kenntnis nimmt. Er kann daher auch so tun, als sei er ganz »unideologisch« – selbstredend im Gegensatz zu den Globalisierungs-GegnerInnen. Er setzt eben alles auf eine Karte: das Geld bzw. den »Markt«.

Bloß, auch dahinter steckt eine Theorie, nämlich die des Wirtschaftsliberalismus und Monetarismus von Milton Friedman, Friedrich von Hayek und den »Chicago Boys«, die für die Premiere des globalen Neoliberalismus in den 70er Jahren mit Gewalt den Diktator Augusto Pinochet in Chile installiert hatten.

Diese hinter der Globalisierungspolitik stehende ökonomische Theorie, die Gewaltsamkeit ihrer politischen Durchsetzung, ihr totalitärer Charakter und ihre Folgen in Gestalt der Schaffung von geradezu obszönem Reichtum für einige wenige und von immer größerer Armut für immer mehr Menschen sind zwar für die Global Players, nicht aber für den »Rest« der Menschheit von Vorteil, und zwar auf Dauer. Daran kann überhaupt kein Zweifel mehr bestehen.

Herr Barnevik muss also so tun, als hätte er keine Theorie, um zu verhindern, mit den Voraussetzungen und Folgen seines Denkens konfrontiert zu werden. Dazu gehört im übrigen auch das bewusste Auslassen historischer Vergleiche, welches ermöglicht, nicht erkennen zu müssen, wie sehr Globalisierung, Kolonialismus und Imperialismus einander gleichen, nur dass dieser Prozess heute wirklich nichts und niemanden mehr auslässt, auch die Erfinder dieser Welt-Wirtschaft, die westlichen, bzw. nördlichen Industrieländer selbst nicht. Auch sie werden zur »Kolonie der Konzerne«, eben weil Globalisierung genau das bedeutet, was Herr Barnevik darunter versteht.

Der Entzug der Argumentationsbasis und des guten Gewissens kann also einmal auf der Grundlage von Wissen und Information erfolgen. Dazu gehört natürlich auch, dass man darüber hinaus den Beweis für die bewusste Bösartigkeit des Globalisierungsprojekts liefern kann. Zum Beispiel das berühmt-berüchtigte MAI, das multilaterale Abkommen über Investitionen: Es wurde nicht zufällig im Geheimen verhandelt und sollte gar nicht an die Öffentlichkeit kommen. Dies geschah, weil das MAI, das später am Einspruch Frankreichs und der weltweit beginnenden zivilgesellschaftlichen Antiglobalisierungsbewegung scheiterte, in der Tat die Legalisierung des Plünderungsfeldzugs der Konzerne durch die Welt vorsah. Dazu wäre es eine Art »Ermächtigungsgesetz« in Gestalt einer totalitären Weltverfassung gewesen.[5]

Auch die Politik von OECD, WTO, IWF und Weltbank, die zum Zusammenbruch ganzer Volkswirtschaften und zu millionenfachem Tod – zumal von Kindern, wie UNICEF feststellt – durch Elend, Hunger und Krieg in aller Welt geführt hat, ist ja nicht auf Naivität oder Irrtum zurückzuführen.[6]

Daneben stellen die langjährige Planung und Durchführung von bewaffneten Konflikten in aller Welt oder die Zerschlagung Jugoslawiens und der Krieg am Balkan, also eines neuen Krieges mitten in Europa, ja wohl keine menschenfreundlichen Akte dar, obwohl (oder weshalb) sie genau als solche propagiert wurden: als »humanitäre Intervention«.[7]

Das Geschäft mit dem Krieg und nicht zuletzt Spekulation statt Produktion – »Investition« ist fast nur mehr Fusion – können auch nicht gerade als ein »Wirtschaften« im positiven Sinne des Wortes angesehen werden.

---

5 Mies, Maria/Werlhof, Claudia von (Hg.): Lizenz zum Plündern. Das multilaterale Abkommen über Investitionen, MAI – Globalisierung der Konzernherrschaft und was wir dagegen tun können, Hamburg: Rotbuch 1998

6 6 Chossudovsky, Michel: The Globalization of Poverty, London: Zed books 1998; Netzwerk gegen Konzernherrschaft und neoliberale Politik, deutsche Ausgabe von: The international Forum on Globalization (IFG): Die Welthandelsorganisation (WTO): Unsichtbare Regierung für die Welt des neuen Jahrtausends? Eine Einführung, Analyse und Kritik, Köln 2001; Soros, George: Die Krise des globalen Kapitalismus. Offene Gesellschaft in Gefahr, Berlin: Alexander Fest 1998

11 Chossudovsky, Michel: wie vorhergehende Fn. sowie ders.: Washington hinter den terroristischen Anschlägen in Mazedonien, 23. Juli 2001 (englische Originalversion: http://emperors-clothes.com/articles/choss/behind.htm); Federici, Silvia: War, Globalization and Reproduction, in: Bennholdt-Thomsen, V./Faraclas, N./Werlhof, C. von (eds.): There is an Alternative. Subsistence and Worldwide Resistance to Corporate Globalization, London: Zed books 2001, S. 133-145

Daneben findet der immer offenere Angriff auf die noch bestehenden Demokratien statt. So ist es nichts Neues, dass etwa die US-Amerikaner nicht unbedingt zu den Freunden der Demokratie in den Ländern des Südens gehören. Neuerdings wird aber auch die Demokratie im Norden z. B. von der WTO als eine Art altmodisches Auslaufmodell, nämlich als »outmoded« bezeichnet, und der Chefberater von Margaret Thatcher, die den Neoliberalismus in England einführte, John Gray, fand: »Globaler Freihandel und Demokratie sind wie Feuer und Wasser«[8].

Auch in Österreich wird angesichts der neoliberalen Hochschulreform, die zum Bereich der Privatisierung der Dienstleistungen im Zusammenhang mit den GATS-Verhandlungen der WTO stehen, inzwischen davon geredet, dass die inneruniversitäre Demokratie die »Geschäftsfähigkeit« der Universitäten« behindere.[9]

Der außenpolitische Berater der US-Regierung der Nachkriegszeit, George Kennan, hatte schließlich schon 1948 davor gewarnt, Illusionen über wachsenden Wohlstand und Demokratie zu verbreiten.[10] In einer Fernsehsendung, die ungefähr zwei Jahre zurückliegt, sagte ein Mitglied der damaligen EU-Kommission: »Wenn die Leute wüssten, worüber wir wirklich verhandeln, dann würden sie uns davonjagen!«

Wir können inzwischen beweisen, wann dieses Projekt, das sich Globalisierung nennt, notwendig beendet sein wird, nämlich spätestens dann, wenn die nicht erneuerbaren Ressourcen der Erde aufgebraucht und damit auch der bisherige technische Fortschritt am Ende ist. Klar ist jedenfalls, und zwar unbestreitbar, dass die westliche

---

8 Gray, John: Die falsche Verheißung. Der globale Kapitalismus und seine Folgen, Berlin: Alexander Fest 1999

9 vgl. Werlhof, Claudia von: Hochschulreform als neoliberaler »Putsch«?, Vortrag beim 29. deutschen evangelischen Kirchentag 2001 in Frankfurt a. M. (2002 in: Skolast, Nr.1, Bozen, S. 116-121; 2005 in: Dimmel, Nikolaus und Schmee, Josef (Hg.): Politische Kultur in Österreich 2000 – 2005, Wien, Promedia, S. 284-292)

10 vgl. Chomsky, Noam: Profit over People. Neoliberalismus und globale Weltordnung, Hamburg/Wien: Europaverlag 1999, S. 24

Art zu leben auf gar keinen Fall global möglich ist. Ein ökologischer Kollaps wäre die unmittelbare Folge.

Warum wird dann aber dennoch ständig weiter so getan, als gäbe es »keine Alternative« zur Ausbreitung des westlichen »way of life«?

So muss gefragt werden, wie denn eine wünschenswerte Gesellschaft überhaupt aussieht, und ob die westliche selbst in ihren Zentren überhaupt dazugehört? Sind wir glücklich, sind wir gesund, gehen wir liebevoll miteinander um, sind wir so frei, uns einmal nicht um Geld und Macht kümmern zu müssen? Sind wir tief empfindende Menschen, haben wir ein gutes Verhältnis zu Tieren und Pflanzen, sind wir klug, weitherzig und tolerant, kennen wir Freundschaft, haben wir Kriminalität, Gewalt und Elend abgeschafft?

Auf der Rückseite der Londoner Zeitschrift »The Ecologist«[11] ist das Bild eines Mädchens der Jarawa abgebildet, die seit Tausenden von Jahren auf einer Inselgruppe im Indischen Ozean leben. Die Jarawa sollen jetzt von der indischen Regierung umgesiedelt werden, weil die Inseln für militärische Zwecke genutzt werden sollen.

Das Mädchen auf dem Bild lacht fröhlich, es ist noch voller Wassertropfen, weil es gerade im Ozean gebadet hat, und in seinem Haar befindet sich eine kunstvolle Ansammlung von Muscheln. Der Text dazu lautet: »Welche Wahl hat sie in der Zivilisation«? Die Antwort ist: »Sie wird

- eine Unberührbare
- eine Prostituierte
- eine Bettlerin
- eine Dienerin
- eine Süchtige oder
- eine Leiche«.

Mit welchem Recht zwingt man dieses Mädchen in die westliche »Zivilisation«?

Pamela Hartigan, mein Counterpart bei dem Streitgespräch mit dem WEF, Managing Director der Schwab-Foundation, die den WEF in den 70er Jahren gründete, begann ihren Beitrag folgender-

11 The Ecologist, Vol 31, Nr. 6, Juli/August 2001

maßen: »Die Geburt einer neuen Welt steht bevor!« Sie meinte damit die globalisierte Welt und sie sprach mit Pathos. Wie kann sie dies alledem zum Trotz, was wir wissen (können), tun? Und wie kann Herr Barnevik immer noch sagen: »Sie brauchen doch unsere Technik!«?

Wenn wir dem guten Gewissen der Täter ein Ende bereiten wollen, müssen wir also noch etwas anderes als die pure Information, das Denken in Zusammenhängen und das Nichtauslassen der Folgen berücksichtigen: den *Glauben.* Zum Nihilismus des Globalisierungsprojekts gehört offenbar eine Heilsbotschaft.

Sind nicht die ständigen weltweiten Großveranstaltungen von Konzernvertretern und Regierungsoberhäuptern eigentlich Propagandaveranstaltungen selbsternannter Heilsbringer, die der Öffentlichkeit suggerieren sollen, dass das, was gut ist fürs Kapital, auch gut ist für die Menschen? – wie übrigens schon einmal zur NS-Zeit.

Sind propere Global Players wie Percy Barnevik ein besserer Ersatz für gewählte Politiker, und ist der WEF-Gipfel in Davos gar gedacht als eine Veranstaltung für Demokratieersatz?

Die Gehirnwäsche funktioniert nur, solange noch geglaubt wird. Denn wir *wissen* ja,

- dass Gewalt und Krieg keine Wohltaten sein können;
- dass gelogen wurde, als gesagt wurde, die neoliberale Politik der Globalisierung bringe mehr Wohlstand und Demokratie für alle;
- dass die Sparpakete ein Betrug sind, weil sie genau wie die Strukturanpassungsprogramme für den Süden lediglich eine Umverteilung von unten nach oben bewirken und am Ende nur den Spekulanten und der militärischen Aufrüstung dienen,
- dass reaktionäre Politik keine »Reform«-Politik ist;
- dass die »Privatisierung« öffentlichen Vermögens eine ersatzlose Enteignung und Beraubung der Bevölkerung darstellt;
- dass es eine Verhöhnung ist, wenn als Rassismus und »Fremdenfeindlichkeit« nicht mehr der weltweite Neokolonialismus oder der Tod durch Abschiebepraktiken, sondern die Kritik an der Piraterie globaler Großkonzerne gilt;

- dass die GegnerInnen der Globalisierung als Anhänger des »Protektionismus« verteufelt werden, während die Konzerne selbst eine Ergebnis der Subventionierung und des Protektionismus zu ihren eigenen Gunsten sind;
- und nicht zuletzt, dass die Globalisierungs-GegnerInnen inzwischen systematisch kriminalisiert werden, weil sie wie eine Art Ketzer nicht an das »Gute« (Göttliche?) der Globalisierung glauben, sodass man inzwischen auch schon mitten in Europa gezielt auf sie schießt (Göteborg, Genua), so als wären es die ökonomischen sowie die politischen Verhältnisse einer *Bananenrepublik*, die zu den fortschrittlichsten Errungenschaften der globalen Modernisierung gehören.

Die totale Verkehrung der bisher (angeblich) gültigen Sicht auf die Welt verweist auf den makaberen Zynismus der Globalisierer. Ihre Heils-Propaganda aber steht und fällt mit dem Missionsgedanken. War es früher das christliche Abendland, so ist es heute der »freie Markt«, auch wenn er vor lauter Monopolen längst nicht mehr existiert – oder gar nie existiert hat.

Der Missionsgedanke ist wie Pamela Hartigans Gebärphantasie über die Geburt einer neuen Welt der Kern des Problems mit dem guten Gewissen. Denn heute bedeutet dies, wo nicht ein McDonald's steht, gibt es kein Essen. Weg mit der Garküche am Straßenrand! Der heutige Missionar geht davon aus, dass McDonald's das Beste für alle ist, und er kommt noch nicht einmal auf die Idee, die Betroffenen zu fragen. Und wenn er merkt, dass sie anderer Ansicht sind, dann »erzieht« er sie – und sei es durch die Gewalt der Fakten, die er schafft. Das Rätsel des Geheimnisses des guten Gewissens ist:

Der Abriss des Bestehenden wird nicht für Gewalt und Verwüstung gehalten, sondern für die bloße Voraussetzung der schönen neuen Welt des westlichen Lebensstils, genauer: des American way of life.[12]

In der Vorstellung von Percy Barnevik und Pamela Hartigan ist

12 Galtung, Johan: Die Welt in der Krise, in: ders. u. a.: Die Gewalt des Zusammenhangs. Neoliberalismus – Militarismus – Rechtsextremismus, Wien: Promedia 2001, S. 53-82

es nicht vorgesehen, dass jemand etwas dagegen haben könnte. Oder dies würde als altmodische Rückständigkeit und Unflexibilität hingestellt.

Die zentrale Frage an Herrn Barnevik und Frau Hartigan und die anderen BefürworterInnen der Globalisierung wäre also gewesen:

Wie sie eigentlich dazu kommen, das, was andere Leute geschaffen haben, nicht zu respektieren, ja gar zu zerstören, und das auch noch für legitim, ja gut zu heißen?

Das ist die einzige Frage, auf die sie letztlich nicht hätten antworten können. Denn das Denken der BefürworterInnen der Globalisierung setzt eine Religion voraus, in der ein Quasi-Gott existiert (der Markt und das Geld) und sie selbst als eine Art Putzkolonne zur Säuberung der Welt von allem Nichtkonformen und Häretischen fungieren. Sie sind also die Glorreichen, die den Dreck wegmachen und überall schöne, saubere, helle McDonald's hinsetzen. Wer davon redet, dass »sie« doch unsere Technik bräuchten, erkennt gar nicht an, dass »sie« selbst schon eine haben, die noch dazu meist viel besser zu gebrauchen ist.

Wahrscheinlich würden sich die globalen Saubermänner und -frauen sogar davor ekeln, das Essen aus der Garküche am Straßenrand überhaupt nur zu versuchen. Auch gefühlsmäßig können sie mit einem Essen, das nicht von McDonald's ist, nichts anfangen. Ja es erscheint ihnen womöglich als gefährlich, wenn nicht gar lebensgefährlich. Und weil sie es für lebensgefährlich halten, in der Garküche zu essen, muten sie denen, die dies bisher taten – ohne daran im mindesten gestorben zu sein – ihre eigene, wirkliche Lebensgefährlichkeit zu – McDonald's. Denn ohne Garküche, aber mit McDonald's werden viele Menschen verhungern, und sie tun es längst. Nicht nur, weil das Essen von McDonald's schlecht ist, sondern auch, weil die meisten es gar nicht bezahlen können und nun keine andere Alternative mehr haben.

McDonald's hinterlässt nämlich eine Leere – so wie die moderne Technik, der Weltmarkt und das am Profit orientierte Geld – und diese nicht nur am Ort des Geschehens, sondern auch anderswo, etwa in den Wäldern Amazoniens, die für McDonald's gerodet werden, damit dort für ein paar Jahre die Kühe weiden können, aus denen die Hamburger gemacht werden, bevor schließlich das Weideland in Steppe und Wüste übergegangen ist ... All dies ist es, was José Bové, den französischen Bauern, dazu bewogen hat, eine im Bau befindliche McDonald's-Filiale mit seinem Traktor zu »demontieren«.[13]

Die Fortschrittsreligion der BefürworterInnen der Globalisierungs ist ein *»alchemistischer« Wunderglaube* daran, dass die laufende Annihilation des Lebens, die rasante Naturzerstörung und die beschleunigte Vernichtung anderer Kulturen (oder von deren Resten) kein Verbrechen darstellen, ja noch nicht einmal etwas ausmachen, wenn nicht gar von allen Betroffenen auch noch bejubelt werden, weil ihnen eine schöne neue Welt des technischen und sonstigen Fortschritts nachfolgen werde. Das ist rein patriarchale Utopie.

Dieser Aberglaube ist noch überall, ja selbst bei GegnerInnen der Globalisierung verbreitet. Immerhin ist er auch schon ein paar hundert Jahre alt und macht seit der Kolonisierung der Welt offenbar unser genuin westliches Selbstverständnis aus.[14] Der Unterschied zu früher ist nur, dass nun endlich auch mit den letzten Überbleibseln nichtwestlicher Zivilisation sowie deren gar frecher Erneuerung für immer und ewig Schluss gemacht werden soll.

Das Streitgespräch in Salzburg hat damit das eigentliche Dilemma der Debatte um die Globalisierung aufgezeigt, wenngleich dies an Ort und Stelle nicht mehr formuliert werden konnte. Ich bezweifle, ob es bei uns im Westen viele Leute gibt, die wirklich beweisen können, dass ihre »Zivilisation« die »bessere« sei. Es glauben daran, man muss sagen »romantischerweise«, aber sicherlich immer noch die meisten. Und nur solange das der Fall ist, können die »Charme-Offensive« und die Umarmungs-Strategie der BefürworterInnen der Globalisierung gegenüber bestimmten Gruppen der kritischen Zivilgesellschaft zur Spaltung der letzteren führen, anstatt dass in der Gegenbewegung *gemeinsam* mit der so notwendigen Diskussion über grundlegende Alter-

---

13 Bové, José/Dufour, Francois: Die Welt ist keine Ware. Bauern gegen Agromultis, Zürich: Rotpunkt 2001

14 Lapham, Lewis: Die Agonie des Mammon. Die Herrscher des Geldes tagen in Davos und erklären sich die Welt, Hamburg: EVA 1999

nativen begonnen wird[15] – und es sind dies die möglichen *Alternativen zur westlichen Zivilisation selbst.*

Aus der Salzburger Erfahrung schließe ich, dass die Globalisierungskritik nur dann nicht vereinnehmbar und womöglich in ihr Gegenteil verkehrbar sein wird, wenn sie nicht mehr unter der Voraussetzung des prinzipiellen Glaubens an die westliche Zivilisation und ihre weltbeglückende Mission geführt wird.

Der Weg dahin liegt eigentlich auf der Hand. Er geht auch von einem Gefühl aus, allerdings von einem ganz anderen. Es ist das Gefühl der Verantwortung für und das Empfinden mit den von Kolonisierung und Globalisierung beeinträchtigten Menschen und allen anderen Kreaturen weltweit, ja dem Globus selber.

Dieses Empfinden sagt uns, dass wir endlich, und zwar global, eine gewaltlose, lebensfreundliche, egalitäre und kooperationsbereite Zivilisation haben wollen und dringendst brauchen werden, wenn wir die Globalisierung, diese wahrscheinlich letzte und radikalste Phase westlicher Zivilisation, überhaupt überleben wollen.

Denn eines wissen GegnerInnen und BefürworterInnen der Globalisierung vielleicht beide – jedenfalls können sie es wissen: Die Globalisierung ist kein Projekt von Dauer. Sie stößt bereits jetzt an die materiellen, geistigen und seelischen Grenzen des Globus. Sie ist bereits in einer Krise und wird notwendig scheitern. Der Neoliberalismus ist die Antwort des kapitalistischen Weltsystems auf die Krise der profitablen Kapitalverwertung, und d. h. des unendlich gedachten Wachstums angesichts der Endlichkeit der Welt und ihrer Ressourcen.

Wenn das MAI 20 Jahre dauern sollte, dann ist das vermutlich der Rahmen, in dem die Global Player denken. Ein »nach uns die Sintflut« können wir, 99,9 % der Weltbevölkerung, uns aber nicht leisten. Wir müssen anfangen, wieder am Leben orientiert, längerfristig und herrschaftsfrei zu denken und zu handeln.

---

15 Mies, Maria: Globalisierung von unten. Der Kampf gegen die Herrschaft der Konzerne, Hamburg: Rotpunkt 2001; Bennholdt-Thomsen, Veronika/Faraclas, Nick/Werlhof, Claudia von (eds.): There is an Alternative. Subsistence and Worldwide Resistance to Corporate Globalization, London: Zed books 2001 (in deutsch Wien, Promedia 2003)

Schlussbemerkung acht Jahre danach

Ein solches Treffen hat in Österreich nie wieder stattgefunden. Das Experiment wurde von den teilnehmenden GegnerInnen der Globalisierung ebenso wie vom Salzburger Sozialforum als gescheitert, weil vergeblich bzw. sogar »kontraproduktiv« eingestuft. Allerdings ist festzustellen, dass auch die Globalisierungs-GegnerInnen nicht alle »zu Ende gedacht« haben, was die Globalisierung für eine angemessene Analyse der Moderne wirklich bedeutet – nämlich den zu beginnenden Ausstieg aus ihr. So weit wollten viele nun doch noch nicht oder überhaupt nicht gehen. Daher waren ihre Argumente gegen die Globalisierungs-BefürworterInnen auch nicht wirklich überzeugend, hielt man doch an den Voraussetzungen der fortschrittlichen Moderne, dem »kapitalistischen Patriarchat«, letztlich gemeinsam fest.

Heute, 2009, nach zehn Jahren MAI-ähnlicher Verhältnisse (vgl. 1. Beitrag in d. Band) ist abzusehen, dass das prognostizierte soziale und ökonomische globale Desaster bereits begonnen hat, wozu neben einer Hungerkatastrophe in rund 60 Ländern der Erde (2008) und dem internationalen Finanz-Crash (2008), der etwa ein Drittel des Geldes des Finanzsektors dahinraffte, vor allem auch die Klimakatastrophe gehört, die erst seit den letzten Jahren nach und nach öffentlich und politisch wahrgenommen wird, sowie der jetzt erst beginnende Zusammenbruch des Arbeitsmarktes. Noch ein weiteres Jahrzehnt neoliberale Globalisierungspolitik werden selbst aus jetziger Sicht unvorstellbare Konsequenzen haben. Und dann ist einfach Schluss – es wird nichts für ein weiteres Wachstum Verwertbares mehr geben – außer durch Krieg.

6. Von der »Lizenz zum Plündern« zur »Lizenz zum Töten«[1]

Rede beim Kongress »Mütter gegen den Krieg«

Vorbemerkung 2009

Mit dem Jugoslawien-Krieg hat es auch in Europa bereits einen derjenigen Kriege gegeben, die inzwischen auch in Afrika, Arabien und Asien stattfinden (Chossudovsky 1996 und 2003; Mies 2004, Hofbauer 2003, 2006 und 2008). Solche Kriege werden geführt im Zusammenhang mit der neoliberalen Globalisierung, der Geopolitik der Sicherung von Ressourcen und der Transportwege; im Falle Jugoslawiens der Gas-»Nabucco«-Pipeline über die Türkei nach Wien als zentraler Verteiler für Europa.; aber auch im Kontext des Neo-Kolonialismus und der »Zurichtung zur Peripherie« (Hofbauer 2003). Die Europäische Union erweist sich also längst nicht mehr als das Friedensbündnis, das sie zu sein behauptet. Im Gegenteil, »bis zum Hindukusch« ist sie bereit, ihre globalen Interessen neben und mit den USA auch militärisch zu vertreten, wenngleich sie diese Einsätze als »Friedensmissionen« deklariert und nicht von Kriegseinsätzen sprechen will (Richter u. a. 2000, Becker u. a.2006). Aber der EU-Vertrag von Lissabon ist nach wie vor auf zwei Säulen aufgebaut: dem Neoliberalismus als einzig verfassungsmäßiger Wirtschaftspolitik und dem ebenso verfassungsmäßig verankerten Militarismus nebst obligatorischer Aufrüstung (Oberansmayr 2004).

Gewaltsame Interventionen und Maßnahmen, etwa gegen Ureinwohner und Protestbewegungen, die versuchen, Wälder, Gewässer und Land gegen Holzfirmen, neue Großgrundbesitzer und den An-

1 Kongress »Mütter gegen den Krieg«, Erfurt, 12.6.1999

bau mit genetisch modifizierten Organismen, Wasserprivatisierung und allgemeine Enteignung seitens internationaler Konzerne zu verteidigen, müssen zu diesen Kriegen eigentlich dazugezählt werden (z.B. von Werlhof u.a. 2003, von Werlhof 2004 und 2007). Denn sie zeigen, wie die Grenze zwischen Krieg und Frieden immer mehr verwischt wird, weil die neoliberale Wirtschaftspolitik überall in den unmittelbaren Krieg gegen Mensch und Natur mündet.

Die folgende Rede wurde 1999 auf dem »Kongress Mütter gegen den Krieg« in Erfurt gehalten. Sie ist ein Dokument der ersten Versuche, mit dem neuen Einbrechen des Krieges »mitten in Europa« (Hofbauer 2006) umzugehen, und gleichzeitig Zeugnis einer feministischen und mütterlichen Anti-Kriegshaltung, die zu den besten und radikalsten Traditionen der Frauenbewegung gehört. Diese Rede steht aber auch in denkbar größtem Kontrast zu der sich mehrheitlich »mutterlos« und aufstiegsorientiert gerierenden »Gender«-Bewegung, die davon ausgeht, dass Modernisierung und Globalisierung für Frauen von Vorteil sind (vgl. letzter Beitrag in d. Band).

Die Geschichte des Balkans in den letzten zehn Jahren beweist allerdings, dass die Befürchtungen, die hier angesprochen werden, allesamt berechtigt waren. Die »Neo-Kolonisierung« (Chossudovsky 1996) des europäischen Südostens durch die Europäische Union ist unvermindert und mithilfe kontinuierlichen Militäreinsatzes sowie einer von außen durchgesetzten inneren Verwaltungsreform, Wirtschaftspolitik und »peripheren Staatlichkeit« fortgesetzt worden.

Rede

Vor zwei Tagen ist der Krieg in Jugoslawien angeblich zu Ende gegangen. Können wir aber jetzt den Frieden feiern?

Nein. Denn der Krieg hat sich nur von der Luft auf den Boden begeben. 15.000 und mehr Soldaten für Jahrzehnte in Jugoslawien, das ist die Perspektive auf einen langen Krieg: Eroberung, Besatzung, Widerstand, Guerilla, Minen, chemische und atomare Verseuchung.

Wenn wir hier als Mütter gegen den Krieg sprechen, dann ist gerade jetzt der richtige Moment. Denn nun sind auch unsere Söhne direkt im Krieg: als schwerbewaffnete Bodentruppen unter NATO-Kommando

– da kann noch so viel von »Friedenstruppen« die Rede sein (und die UNO das Deckmäntelchen abgeben). Wie ja überhaupt neuerdings der Krieg als Frieden und das Vernichten als Akt der Humanität ausgegeben wird. Dazu wird dann plötzlich auch gehören, dass Mann von uns mal wieder das Opfer unserer Söhne, Brüder, Männer und Väter verlangt, und sei es, dass sie wegen der Uranverseuchung im ganzen Kriegsgebiet am Golfkriegssyndrom erkranken und vielleicht sogar sterben. Dieses Risiko gehen von vornherein alle ein, die jetzt dort sind oder hingehen. Aber niemand hat sie gewarnt. Deswegen tun wir es.

Denn wir haben unsere Söhne nicht geboren und großgezogen, damit sie sich gegenseitig erschießen. Wir haben sie auch nicht geboren, damit sie am technischen Fortschritt der Rüstungsindustrie krepieren. Und schließlich haben wir sie auch nicht dafür geboren, dass sie, sei es als Mörder, sei es als Kranke oder Getötete, die Bankkonten der Rüstungskonzerne anfüllen und die Börsen vor dem nächsten Zusammenbruch retten.

Denn das macht dieser Krieg erneut sichtbar, und zwar so umfassend und im wahrsten Sinne global wie nie zuvor. Unsere Ökonomie will Menschenopfer. Sie macht aus Blut Geld. Die Gewalt ist der »Stein der Weisen« dieser Wirtschaft. Die Konzerne wollen den Krieg. Wie Kannibalen und Vampire nähren und mästen sie sich am Leben, das wir und die Natur hervorbringen.

Unsere Wirtschaft der Neuzeit hat immer Krieg geführt. Sie ist Kriegswirtschaft. Nur nicht immer und überall gleichzeitig. Das könnte sich jetzt ändern. Die Globalisierung des Militarismus ist in Sicht. Und vor allem, der Krieg kehrt erneut zurück ins Zentrum, nachdem er in den letzten 50 Jahren vor allem in den Kolonien getobt hat.

Das bedeutet Kolonialismus auch hier. Es beginnt in der ehemals sozialistischen sogenannten Zweiten Welt und endet in Westeuropa. Unsere Wirtschaft begann mit dem Krieg gegen die außereuropäische Welt und verwandelte sie dabei in Kolonien. Der sogenannte Freihandel beruhte auch damals schon auf einer Kanonenbootpolitik, die den Zugang zu Märkten, Arbeitskräften, Rohstoffen, Böden, Geld und allen anderen Reichtümern der Welt erzwang. Freihandel = Freibeutertum. Die Freiheit des Beutemachens.

Die Freiheit der Einen bedeutet Krieg für die Anderen. Das ist auch im heutigen Neoliberalismus nicht anders. Oder: »Die Bombe und der Dollar gehören zusammen«, wie Terry Wolfwood, eine kanadische Friedensaktivistin, es ausdrückt. Der Krieg hat also immer und immer mehr gerade auch ökonomische Gründe, und genau sie werden uns wieder einmal penetrant verschwiegen. Schon früher erzwang der Krieg die Integration von Menschen und Kontinenten in eine Wirtschaft, deren Logik nicht die Erhaltung des Lebens, sondern einzig und allein dessen Verwertung zur Erhaltung von Profiten war. Es ist daher für diese Wirtschaft gleich, woher der Profit kommt. Ob davon, dass wir arbeiten, davon, dass wir konsumieren, oder davon, dass wir konsumiert werden, dass wir durch Arbeit und auch ohne sie vernichtet werden. Das heißt in der Wirtschaftswissenschaft »schöpferische Zerstörung«! Unser Tod und der der Natur kann für die Wirtschaft womöglich also noch profitabler sein als unser Leben, und wir sind allemal nur ihr Rohstoff, tot oder lebendig, so wie der Verkauf von Rüstungsgütern und Waffen zur Zeit profitabler ist als der von manchen Konsumgütern.

Die Spekulation mit dem Krieg wirft heute mehr ab als die mit dem Frieden. Also findet sie statt. Und damit sie auch realisiert wird, findet auch der Krieg statt. Dieser Krieg wird also gemacht, und zwar von oben. Er fällt nicht einfach vom Himmel, wie nachher die Bomben, und er gründet auch nicht im Hass und in Rachegelüsten alter Feinde oder verfeindeter sogenannter Ethnien, oder in der angeblichen Moral empörter Humanisten. Man hätte ihn ja mit einem Waffenembargo gegen Jugoslawien beenden können. Das tat man aber nicht, denn der Krieg ist ein eiskalt geplantes Geschäft, und zwar ein riesiges.

Der NATO-Krieg hat bisher ungefähr 35 Milliarden DM gekostet, und was er zerstört hat, beläuft sich ca. auf das Doppelte. Dazu kommen noch die innerjugoslawischen Kriegskosten sowie die Folgekosten. Das ist es, was der normale Mensch nicht verstehen kann. Es ist doch ein Wahnsinn, sagt er sich, alles kaputt zu machen und alles zu verschwenden, weil er denkt, dies sei ein Verlust. Er hat insofern Recht, als es sein Verlust ist, denn wir alle, die Steuerzahler und Bevölkerungen in ganz Europa und natürlich in Jugoslawien werden den

Krieg zu bezahlen haben, und wenn das Kriegmachen so weitergeht, werden wir alle früher oder später daran verarmen.

Aber auf der anderen Seite wurde verdient. 35 Milliarden gingen bereits an den militärisch-industriellen Komplex. Für die Tarnkappenbomber und Uranbomben, für Wunderhubschrauber, Piloten und Computerfachleute. Für die ist Krieg kein Wahnsinn, sondern das Geschäft ihres Lebens. Für sie wäre es ein Wahnsinn, es nicht zu machen.

Krieg ist auch eine Messe. »Life« ist zu sehen, wie die neuesten High-Tech-Waffen sich bewähren und ihr Verkauf in alle Welt boomt. Die Auftragsbücher der Waffenhändler sind voll. Man sieht es an den Börsen. Der Dow Jones erreicht Spitzenwerte wie noch nie. Der drohende Zusammenbruch des internationalen Finanzsystems ist erst einmal abgewendet. Asien-, Russland- und Brasilienkrise sind in die Ferne gerückt. Die Spekulanten können vorerst aufatmen. Die Frage für sie ist nur, wie das auch in Zukunft so weitergehen kann. Wie kann man Kriege planen, vorbereiten, durchführen und beenden, als wären sie Unternehmungen wie andere auch?

Das alles schließt das Geschäft mit dem Frieden keineswegs aus. Neben den anderen Bombengeschäften – wie das mit der humanitären Hilfe mit Spendengeldern – geht es vor allem auch um das Geschäft mit dem Wiederaufbau, das seinerseits zur Hilfe erklärt wird. Es ist nichts anderes als unsere Hilfe an die Konzerne, die sich daraufhin erneut milliardenschwer ans Werk machen können. Hilfe für den Wiederaufbau ist Hilfe für die Konzerne.

Während man schon ungeniert von diesem Wiederaufbau redet, zerstört man weiterhin, was wiederaufgebaut werden soll. Logisch, denn wenn die Brücke ganz geblieben wäre, könnte man sie ja nicht wieder aufbauen. Gerade auch diese zivilen Schäden sind daher keineswegs unbeabsichtigte »Kollateralschäden«, bedauerliche Nebenwirkungen der Bombardierungen. US-Präsident Clinton selbst soll einmal gesagt haben, man wolle Serbien in die Steinzeit zurückbomben.

So setzt die Modernisierung Jugoslawiens, sein Reifwerden für Europa, für die EU, seine Zerstörung voraus: der Krieg als Zeitraffer des sogenannten Zivilisations- und Entwicklungsprozesses. Aber die

Zivilschäden müssen als Irrtümer ausgegeben werden, solange es nach Internationalem Recht verboten ist, zivile Einrichtung und schutzlose Zivilisten militärisch anzugreifen.

Daher hat im Mai eine Gruppe internationaler Juristen die NATO und 60 Einzelpersonen, darunter die Regierungschefs und Außenminister der NATO-Staaten, beim Internationalen Gerichtshof wegen des Verbrechens des seit Nürnberg sogenannten Angriffskriegs verklagt. Man habe mutwillig und ohne militärische Notwendigkeit zivile und kulturelle Einrichtungen und das Leben wehrloser Zivilisten vernichtet, und dies seien Kriegsverbrechen.

Aber die Lizenz zum Töten haben sich die NATO und die Rüstungskonzerne schon jetzt einfach genommen, und sie werden dafür sorgen, dass dieses Unrecht neues Internationales Recht wird, – dass nämlich das neue Gewaltmonopol der neuen politischen Weltordnung in Händen der NATO ruht, möglichst angeführt von den USA. Damit würde der militärische Arm dieser seit dem US-Präsidenten Reagan angestrebten neuen Weltordnung legitimiert und definiert.

»Der Krieg ist gut für die Wirtschaft«, sagte die amerikanische Ökonomin Hazel Henderson. Wer die Wirtschaft ist, wissen wir nun. Es sind die, die am Krieg sehr viel verdienen, und nicht das Volk, das ihn und seine Folgen bezahlt. Aber damit nicht genug. Auch vor dem Krieg in Jugoslawien wurde schon an ihm verdient, und zwar durch den »schamlosen Krieg der Finanzzentren« – wie es Marcos, der Sprecher der mexikanische Zapatisten, nannte. Er war einer der ersten Kritiker der Globalisierung und des Neoliberalismus: Und in diesem Fall richtete sich der Krieg gegen die jugoslawische Wirtschaft.

Der NATO-Krieg gegen Jugoslawien, so Terry Wolfwood aus Kanada, ist »eine Eskalation von Aktionen des Internationalen Währungsfonds, der Weltbank, des geplanten Multilateralen Abkommens über Investitionen und der Welthandelsorganisation«. Der kanadische Kollege Michel Chossudovsky hat diese Zusammenhänge als erster nachgewiesen. Seit den 80er Jahren wird Jugoslawien von diesen Internationalen Institutionen systematisch ausgeplündert: Seine Industrien werden lahmgelegt, Löhne gesenkt; Arbeitslosigkeit wird geschaffen, der Staatshaushalt geschrumpft und das gesamte Volksvermögen in wenigen Jahren abgesaugt. Mittel dazu waren die Kreditvergabe an Jugoslawien und seine wachsende Verschuldung aufgrund der stets sinkenden Preise für seine Exporte und des steten Anwachsens der Preise seiner Importe. Bei den Umschuldungsverhandlungen wurde die berühmte »Schocktherapie« des Internationalen Währungsfonds angewandt, die von nun an die interne Wirtschaftspolitik bestimmte, die sogenannten »Strukturanpassungsprogramme«, SAPs. Sie bewirkten die rabiate Entmachtung der Regierung, die Zerrüttung des öffentlichen Sektors, die beschleunigte Abwälzung des Schuldenproblems auf die Bevölkerung und eine beschleunigte Umverteilung von unten nach oben, hin zu den Internationalen Finanzzentren als den Gläubigern.

Ergebnis waren, wie auch in den bisher von dieser Therapie betroffenen Ländern des Südens, innere Konflikte und Zerfall des jugoslawischen Staats sowie seines Wohlstands, unterstützt vom Westen, insbesondere Deutschland. Kroatien und Slowenien erklärten sich mit westlicher Unterstützung unabhängig, Bosnien-Herzegowina wurde in eine Art Protektorat, sprich Kolonie des Westens, umgewandelt. Ein ähnliches Projekt steht nun dem Kosovo bevor, ja ganz Jugoslawien, wie der sogenannte Friedensvertrag es seit Rambouillet vorsieht.

Chossudovsky nennt das die »Rekolonisierung des Balkans«, die da begonnen hat. Diese führt zu einem neuen Staat. Statt des souveränen Nationalstaats entsteht ein neuer »peripherer« und abhängiger, ein unselbständiger Kolonialstaat, quasi die Bananenrepublik in Europa.

Der ökonomische Grund einer solchen militärischen, politischen und juristischen Neuregelung der Verhältnisse auf dem Globus ist das angestrebte »freie Fließen« des großen Kapitals. Grenzenlos, ohne Behinderungen durch andere Souveräne, Gesetze, Widerstände und Traditionen, schafft es sich so ein globales, »ebenes Spielfeld«, auf dem die »globalen Spieler« sich tummeln und ungestört von Menschenrechten, Konkurrenz und Machtbefugnissen Dritter ganz zum eigenen Vorteil agieren können. Sie wollen nicht nur plündern, sondern auch das Recht dazu, die »Lizenz zum Plündern«. Das ist der Titel eines Buchs, das meine Kollegin Maria Mies und ich über das Multilaterale Abkommen über Investitionen, das MAI, geschrieben haben, jenen Vertrag, der eine neue politische Verfassung für den Globus formuliert, in der all dies legal und global gewesen wäre. Wie Sie wissen, ist wegen der weltweiten internationalen Bewegung dagegen dieser Vertrag nicht unterzeichnet worden. Er war von den größten Industrieländern, von den 29, die in der OECD organisiert sind, vorbereitet worden.

Das war also ein großer und unerwarteter Erfolg der globalisierungskritischen Bewegung, und es zeigt, dass es sich lohnt, Widerstand zu leisten.

Aber das in den letzen 20 und 30 Jahren enorm angewachsene, monopolartig konzentrierte Kapital gibt den Plan nicht auf, beides zu wollen, die Lizenz zum Plündern und die zum Töten. Noch dieses Jahr soll auf der Jahrtausendrunde, der »Millenium Round«, in Seattle im November über die Welthandelsorganisation ein neues MAI unter anderem Namen und unter verschärften Bedingungen zusammen mit den Ländern des Südens ausgehandelt sein. Wenn wir das nicht verhindern, haben wir demnächst die legale Diktatur des Kapitals wie die Militärdiktatur der NATO gleichzeitig, und das global. Man sieht daran, wie ernst es mit den Problemen und Krisen der Kapitalverwertung, insbesondere der Spekulanten, steht, dass ihnen Demokratie, relativer Wohlstand, sozialer Friede und die sogenannten Menschenrechte geopfert werden, die am Schluss nur mehr noch für die Konzerne selber gelten sollen. Der Rest ist ihre Naturressource bzw. ihr ebenes Schlachtfeld.

Unter dieser Perspektive passt alles zusammen, was in Jugoslawien und am Balkan geschieht und geschehen ist und bisher so verwirrend aussah. Alles wird nun klar, und es ist sinnvoll, von hier aus über weitere spezifische geopolitische Interessen in der Region, z. B. Erdölinteressen, die Spaltung der östlichen Länder, Hegemonie auf dem Balkan usw. sowie natürlich den ganzen Komplex der innerjugoslawischen Reaktionen, Gewalttaten und Verhältnisse nachzudenken. Schließlich ist auch die »gegnerische« UCK mit westlicher Hilfe, übrigens Drogen- und Mafiageldern, aufgebaut worden, um auch am südlichen Ende des Landes Sezessionsbewegungen auszulösen. So kommt es, dass der Westen beide Seiten »unterstützt«.

Eines ist jedenfalls klar, mit Milosevic persönlich und mit seinen Missetaten hat der Krieg überhaupt nichts zu tun. Milosevic ist nur der Vorwand, dem sogar die Intelligenz, die sogenannte Intelligenz in diesem Lande auf den Leim gegangen ist, einschließlich Biermann und Habermas und des amerikanischen NS-Kritikers Goldhagen – von den Grünen und sozialistischen Köpfen ganz zu schweigen. Welch eine Peinlichkeit am Ende dieses Weltkriegsjahrhunderts!

Vielleicht hängt es daran, dass die Männer immer noch – echt patriarchal – vom Krieg, der Macht und den Waffen sowie der Technik geblendet sind und nichts Grundsätzliches gegen eine Ökonomie haben, die auf der mittelbaren und unmittelbaren Vernichtung von Leben beruht, das sie schließlich nicht hervorbringen und an dessen Erhaltung sie sich seit 5000 Jahren kaum mehr beteiligen. Sie wissen also eigentlich gar nicht, was sie denken und tun, bzw. sie wollen es nicht wissen. Oder vielmehr, immer wenn sie nicht weiter wissen, schlagen sie zu. Diese Primitivität muss ein Ende haben.

Daher müssen wir Frauen beginnen, es anders zu machen. Wir müssen unsere uralte Kompetenz im Umgang mit dem Leben in allen seinen Formen wahren, die radikale Lebensbejahung pflegen, die heute allein aus der nicht zuletzt inzwischen auch mentalen und seelischen Krise führen kann, die uns Patriarchat, Männerwirtschaft und Krieg schon so lange beschert haben, dass wir nun am Rande einer globalen Katastrophe unerhörten Ausmaßes angelangt sind.

Wir lehnen die ökonomischen, militärischen und politischen Projekte der Globalisierung in jeder Hinsicht und unversöhnlich ab. Wir wehren uns dagegen, eine Opferhaltung, eine »hilfreiche« Haltung einzunehmen und uns instrumentalisieren zu lassen. Wir wollen eine Wirtschaft ohne Profit, ohne Konkurrenz und Kriegs-»Notwendigkeit« und eine Gesellschaft ohne Herrschaft und Gewalt, und zwar so bald wie möglich. Die bestehende Gesellschafts-»Ordnung« wird sowieso nicht mehr lange bleiben.

Wir stellen uns den Konflikten, die das Leben mit sich bringt, auch das unter den heutigen Bedingungen, und werden nicht müde, ohne Angst anzuprangern und zu verhindern zu versuchen, was das Leben auf der Erde beschädigt. Mit dieser Geisteshaltung der Dissidenz werden wir uns stattdessen mit unseren Kindern innerlich und vielleicht, wo es geht, auch äußerlich aufmachen und neue Wege beschreiten. Denn wenn nicht wir damit anfangen, wird es niemand tun.

Wir weisen den Weg ins 3. Jahrtausend. Es soll ein Jahrtausend der eigenmächtigen Frauen, des Lebens und der Fülle werden, und nicht ein Jahrtausend des Elends, der Abhängigkeit und des Sterbens.

Das erste ist, dass wir uns eine eigene Öffentlichkeit schaffen, denn die Medien entsprechen unseren Bedürfnissen in keiner Weise. Mit der Schaffung dieser alternativen Frauenöffentlichkeit haben wir hier ja schon begonnen.

»Mütter gegen den Krieg« ist das älteste, gründlichste, würdevollste und ehrenhafteste Projekt der Geschichte. Ihm fühlen wir uns verpflichtet, und von hier aus werden wir weitergehen und alle guten Geister werden mit uns sein!

Literatur

Chossudovsky, Michel: The Globalization of Poverty, London, zedpress, 1996

Henderson, Hazel: Paradigms in Progress. Life beyond Economics, London, Adamantine Press, 1993

Mies, Maria und Werlhof, Claudia von (Hg.): Lizenz zum Plündern. Das Multilaterale Abkommen über Investitionen – MAI. Globalisierung der Konzernherrschaft, und was wir dagegen tun können, Hamburg, Rotbuch, 1998 (4. Aufl. 2003)

Schmid, Thomas (Hg.): Krieg im Kosovo, Reinbek, Rowohlt 1999

Werlhof, Claudia von: Fragen an Ramona. Die Zapatisten, die indianische Zivilisation, die Matriarchatsfrage und der Westen, in: dies.: Mutter-Los. Frauen im Patriarchat zwischen Angleichung und Dissidenz, München, Frauenoffensive 1996, S. 189-224

Werlhof, Claudia von: Demokratiekonform?, in: Juridikum, Nr.2/1998, Wien, S. 38-39.

Werlhof, Claudia von: MANIFEST: Frauen sehen/säen Zukunft – Alternativen zur Globalisierung. Schlussdokument, Internationaler Kongress des Vereins »Alpenweiber«, Innsbruck 1999

Werlhof, Claudia von: Die Märkte und das MAI, in: Greif, Wolfgang, Leitgeb, Gerlinde und Wintersberger, Gerald (Hg.): Alternativen zum Neoliberalismus. Kurswechsel: Sozial ins 21. Jahrhundert, Wien 1999, S. 159-171

Werlhof, Claudia von: Frauen und Globalisierung, in: INWO (Hg.): Zukunftsfähige Gesellschaft. Globalisierung und Geldreform, Aarau 1999, S. 73-91

Wolfwood, Terry: On Globalization, Democracy, MAI and Alternatives: A Conversation with Maria Mies, in: Canadian Dimension, Jan/Febr. 1999

Weitere Veröffentlichungen nach 1999

Becker, Jörg und Beham, Mira: Operation Balkan: Werbung für Krieg und Tod, Baden Baden, Nomos, 2006

Chossudovsky, Michel: War and Globalisation. The Truth behind September 11, Quebec, AGMV 2003

Hofbauer, Hannes: Osterweiterung. Vom Drang nach Osten zur peripheren EU-Integration, Wien, Promedia 2003

Hofbauer, Hannes: Mitten in Europa. Politische Reiseberichte aus Bosnien-Herzegowina, Belarus, der Ukraine, Transnistrien/Moldawien und Albanien, Wien, Promedia 2006

Hofbauer, Hannes: Experiment Kosovo. Die Rückkehr des Kolonialismus, Wien, Promedia 2008

Mies, Maria: Krieg ohne Grenzen. Die neue Kolonisierung der Welt, Köln, PapyRossa, 2004

Oberansmayr, Gerald: Auf dem Weg zur Supermacht. Die Militarisierung der europäischen Union, Wien, Promedia 2004

Richter, Wolfgang, Schmähling, Elmar und Spoo, Eckart (Hg.): Die Wahrheit über den NATO-Krieg gegen Jugoslawien, Schkeuditz, Schkeuditzer Buchverlag 2000

Richter, Wolfgang, Schmähling, Elmar und Spoo, Eckhard (Hg.): Die deutsche Verantwortung für den NATO-Krieg gegen Jugoslawien, Schkeuditz, Schkeuditzer Buchverlag 2000

Werlhof, Claudia von: Einführung zur Präsentation der Ergebnisse der Jury, in: Wiener Tribunal gegen die Österreichische Regierung wegen Beihilfe zur NATO-Aggression gegen Jugoslawien, Wien 2000, S. 84-85

Werlhof, Claudia von: »Globalization« and the »Permanent« Process of »Primitive Accumulation«, in: Arrighi, Giovanni and W. L. Goldfrank (Eds.): Festschrift for Inmmanuel Wallerstein, Part II, Journal of World-Systems-Research, Vol. VI, Nr. 3, fall-winter 2000, S. 728-747

Werlhof, Claudia von: Globale Kriegswirtschaft oder »Earth Democracy«. Wo steht Österreich? in: Grüne Bildungswerkstatt (Hg.): Zur Gewalt des Zusammenhangs. Neoliberalismus, Militarismus, Rechtsextremismus, Wien, Promedia 2001, S. 33-51

Werlhof, Claudia von: »Kollateralschäden«... Rede anlässlich des Europäischen Tribunals zum »NATO-Krieg« gegen Jugoslawien, Berlin 2.-3.6.2000, in: ab 40, Nr. 1/2002, München, S. 42-43

Werlhof, Claudia von: Vom Wirtschaftskrieg zur Kriegswirtschaft. Die Waffen der »Neuen-Welt-Ordnung«, in: Mies, M.: Krieg ohne Grenzen, 2004, S. 40-48

Werlhof, Claudia von: Thesen zu Frauen und Krieg – was heißt »Krieg als System«? in: Friedensforum, Juni 2006, Ausg. 3-4, Stadtschlaining, S. 24-25

Werlhof, Claudia von: Alternativen zur neoliberalen Globalisierung oder Die Globalisierung des Neoliberalismus und seine Folgen, Reihe Wiener Vorlesungen, Wien, Picus, 2007

Werlhof, Claudia von, Bennholdt-Thomsen, Veronika und Faraclas, Nicholas (Hg.): Subsistenz und Widerstand. Alternativen zur Globalisierung, Wien, Promedia, 2003

7. Satanologie in Zeiten der Apokalypse

Wovon René Girard (nicht) spricht und was daraus folgt – Zur Begründung eines neuen katholischen Fundamentalismus[1]

Vorbemerkung

Am Anfang der Neuzeit waren in Europa die »vier apokalyptischen Reiter«, Hunger, Pest, Krieg und Tod, unterwegs. Heute, am Ende der Neuzeit, sehen wir sie in neuem Gewande in fast allen Gegenden der Welt. Angesichts der dadurch überall erkennbar werdenden globalen Krise der modernen Zivilisation finden einerseits zunehmend Debatten über die »Globalisierung«, »neue Kriege« und ein Ende der Moderne, andererseits über »fundamentalistische« Ideologien und den »Terrorismus« als »fanatisch-religiöses«, insbesondere »islamistisches« Ausleben von Ressentiments statt sowie über die sich heute womöglich erfüllende biblische Prophezeiung einer »Apokalypse«.

Innerhalb dieses Klimas sind die Arbeiten des französischen, in den USA lebenden Kulturanthropologen René Girard aufgefallen. Seine »mimetische Theorie« wird vor allem von Gewaltkritikern, aber gerade auch von katholischen Theologen positiv rezipiert.

An der Universität in Innsbruck gilt Girard als Haupttheoretiker der Forschungsgruppe »Mimetische Theorie« innerhalb der universitätsweiten interdisziplinären Forschungs-Plattform zum Thema »Weltordnung – Religion – Gewalt« (WRG).

---

1 Überarbeitete Fassung, zuerst publiziert als: Satanologie angesichts der Apokalypse. Wovon René Girard (nicht) spricht und was daraus folgt, In: Projektgruppe »Zivilisationspolitik«: Aufbruch aus dem Patriarchat – Wege in eine neue Zivilisation? Frankfurt a.M. 2009, Peter Lang Verlag, S. 283-343

Im August 2007 erschien ein aktuelles Interview mit Girard in der Literaturzeitschrift »Sinn und Form«. Es wurde geführt von dem Theologen und Girard-Experten Wolfgang Palaver als Mitglied der Gruppe »Mimetische Theorie« und Leiter der Forschungs-Plattform WRG insgesamt[2].

In diesem Interview kommt statt Klarheit die Verwirrung, die Girard in der heutigen Debatte – aus meiner Sicht – stiftet, deutlich zum Ausdruck. So behauptet er, »dass alle Religionen in gewisser Weise Sieger über die Gewalttätigkeit sind«[3], womit vor allem das Christentum gemeint ist. Andererseits aber sei »die Gewalt ... eine Erklärung für die Erbsünde« – obwohl oder weil (?) die ja generell als die »Sünde« der Frau gilt – und damit »Teil der Offenbarung«[4], also unvermeidbar? »Waffen« seien »Werkzeuge des menschlichen Zorns«[5] – nicht aber der Rüstungsindustrie und der Armeen? – und der Krieg könne bzw. solle »in einem apokalyptischen Kontext gesehen« werden[6]. Wäre er daher gar im Zusammenhang mit einem entsprechenden »göttlichen Plan« für die Menschheit zu erkennen?

Allein Jesus verhalte sich »in einer Weise, die ... die Gewalt beenden würde«[7]. Also steht Jesus nicht selber in einer solchen Tradition der Gewaltfreiheit[8], sondern hat sie erst erfunden. Hat sich jedoch die Gewaltfreiheit im Christentum selbst überhaupt durchgesetzt?

Der »Terrorismus«, schließlich, sei »das Entfesseln einer lange unterdrückten Grausamkeit«, und er sei »nur möglich, wenn die potentiellen Täter Gelegenheit haben, sich zu opfern, um andere zu töten«[9]. Hier ist es wie mit dem schon genannten »Zorn« – gesellschaftliche Zusammenhänge, Interessen und Verhältnisse, die weit weg von

2 Palaver 2007

3 Palaver a. a. O., S. 455

4 ebenda

5 ebenda

6 Palaver a. a. O., S. 456

7 ebenda

8 vgl. Mulack 2009

9 Palaver a. a. O., S. 460

jedem Zorn oder sonstigen Affekten stehen, bzw. solche erst schaffen und/oder für ihre eigenen Zwecke verwenden, werden nicht in Erwägung gezogen. Einen Terrorismus, wiederum, der mit Selbstmordattentätern nichts zu tun hat, scheint es nicht zu geben. Hier bleibt es dabei, »9/11« war anscheinend tatsächlich der Grausamkeit von afghanischen Höhlenbewohnern geschuldet[10]

In der Tat, die Religion »kehrt zurück«, und es gibt »eine Politisierung der Religion«[11]. Diese führe aber nicht nur zur möglichen »Beeinflussung« des Islams durch »Judentum und Christentum«[12], sondern sie könnte auch zur Beeinflussung unserer Interpretation des heutigen Weltgeschehens führen. Wie das bei Girard aussieht, wollen wir uns im Folgenden ansehen.

Unvereinbarkeit

Als Mitglied einer anderen Gruppe der Innsbrucker Forschungs-Plattform, die zum Thema »Matriarchatsthese/Patriarchatskritik« arbeitet, wurde ich aufgefordert, mein Unbehagen gegenüber Girard zu formulieren. Dies ist die ausführliche Überarbeitung des Vortrages, den ich 2006 dazu in Innsbruck gehalten habe[13].

Beim Lesen von René Girard hatte ich nämlich immer schon Schwierigkeiten. Ich verstand nicht, was er eigentlich will. Ich habe mich geärgert, weil er den Wald vor Bäumen nicht sah, wie ich fand. Ich fühlte mich von seinem »Furor« nicht im Geringsten angesprochen, er ließ mich völlig kalt. Ich empfand ihn als lieb- und humorlos und als äußerst aggressiv, was mich wunderte, weil er angeblich gegen Gewalt und für Jesus ist. Außerdem habe ich mich gelangweilt, paradoxerweise, weil er aus meiner Sicht über die »Nebenkriegsschauplätze« nicht hinauskam.

10 vgl. dagegen Chossudovsky 2003

11 Palaver a. a. O., S. 461

12 ebenda

13 Die halbe Fassung dieser Ausarbeitung findet sich in: Palaver u. a. 2008

Ich war kurz davor, aus Desinteresse das Handtuch zu werfen. Schließlich habe ich mich entschlossen, ihm noch einmal mein Ohr zu leihen, um »hinter« die Widersprüche zu kommen, die ich meinte, festgestellt zu haben. So konzentriere ich mich hier neben »Das Heilige und die Gewalt« vor allem auf »Ich sah den Satan vom Himmel fallen wie einen Blitz. Eine kritische Apologie des Christentums«.

Dabei ist mir klar geworden, warum ich solche Probleme mit dem Lesen von Girard hatte, und was das mit seiner »mimetischen Theorie« zu tun hat: Sie ist nämlich eine »Satanologie«. Ich wusste bisher nicht, dass es so etwas im 20. Jahrhundert gab.

Wovon René Girard (nicht) spricht – vom Satan

René Girard spricht vom Satan, und das, wovon er nicht spricht, ist auch der Satan. Dahinter zu kommen, ist mir ausgesprochen schwer gefallen.

Wenn ich Satan – was immer »er« auch sei – überhaupt sehen würde, dann in unserem Gesellschaftssystem, und zwar gerade in seiner heutigen Gestalt als kapitalistisches Patriarchat bzw. dessen kriegerische »Globalisierung« durch den Neoliberalismus[14]. Girard dagegen sieht ihn dort gerade nicht[15]. Anders gesagt: Von dem, worin Girard den Satan nicht sieht, spricht er auch nicht, jedenfalls nicht analytisch-theoretisierend. Das ist allerdings der weitaus größere Teil der Welt und der Gewalt in ihr, gegen die Girard ja eine auch zeitlich umfassende Anthropologie, Religions-, Kultur- und Gesellschaftstheorie entworfen haben will.

Noch anders gesagt: Girard spricht nicht davon, wie die Welt, auch ohne Satan zu bemühen, erklärt werden könnte, und zwar die ganze. Denn dass auch die übrige Wissenschaft ein Problem mit der Erklärung der Welt und der Gewalt in ihr hat, ist inzwischen offen-

14 von Werlhof 2007a

15 Girard 2002, S. 208f, 211f

sichtlich, insbesondere heute, wo die Moderne trotz bzw. wegen ihrer »Globalisierung« einem durchaus unrühmlichen und überaus gewalttätigen Ende entgegengeht[16]. Anstatt aber an diesem Manko anzusetzen, tut Girard etwas ganz anderes. Denn gerade den Versuch, die Welt »säkular« zu erklären, hält er für illusorisch[17]. Demgegenüber baut er auf eine andere Illusion bzw. eine Fiktion, die seinem »Theorie«-Gebäude zugrunde liegt: Das angeblich immer schon entscheidende Wirken eines sogenannten »Satans« in der Welt.

Damit bewegt sich Girard programmatisch hinter die Aufklärung zurück:

Sehen wir uns also an, was er mit einer derartigen Spekulation (nicht) erklären kann.

Die Welt im Sinne der üblicherweise damit gemeinten Makro-Verhältnisse interessiert Girard also nicht. So ist die Globalisierung für ihn durchaus keine vor allem ökonomische Frage, sondern – ganz im Gegenteil – eine der globalen »Sorge um die Opfer«[18]. Sagt er das aus Unkenntnis, glaubt er der Propaganda des Neoliberalismus oder leidet er unter einem Mangel an Empathie, eben an »Sorge«?

Girard geht stattdessen vom Kommen der christlich prophezeiten »Apokalypse« aus[19]. Erscheinen ihm daher das – durchweg von Menschen gemachte – Elend und der beginnende Zusammenbruch der Welt in polit-ökonomischer wie sozial-ökologischer Hinsicht nur als »logisch«? Jedenfalls findet er, man müsse nun wählen zwischen der »Wahrheit« der Apokalypse und dem »Weltfrieden«[20]. Wäre der Frieden demnach die Unwahrheit, die Enthüllung der Wahrheit aber der Krieg? Wenn ich diesen Satz zu Ende denke, würde das bedeuten, die »Global Players« und ihre Militärs gewissermaßen als Gesandte Gottes zu begrüßen.

---

16 vgl. Wallerstein 1979, Bourdieu u.a. 1997, Tarnas 1999, S. 558f, Chossudovsky 2002 und 2003, Mies 2004, Diamond 2005, Wright 2006

17 Girard 2002, S. 50ff, 227, 235, 237, 239

18 Girard 2002, S. 221f

19 Girard 2022, S. 230

20 Girard 2002, S. 232

Girard befindet sich damit in der Tradition der christlichen Opfertheologie und Leidensphilosophie, die namens all derer, denen ein solches Leid zugefügt wird, abzulehnen ist.

Gesellschaftliche Verhältnisse sind für Girard nichts weiter als kollektiv organisierte religiöse Opferrituale[21] oder – in der Moderne – »Institutionen«, die an deren Stelle getreten seien, nämlich als »Gesetz *gegen* Mord«[22] – anstatt, wie angeblich vor der Moderne, *für* den Mord. Was diese Institutionen bedeuten, wie sie entstanden und warum sie überhaupt da sind sowie alles, was an gesellschaftlichen Verhältnissen darüber hinaus existiert, ist für ihn keine Frage der Analyse, sondern wird als gegeben vorausgesetzt.

So ist Girard vor allem mit den bzw. manchen Mikroverhältnissen in dieser Welt bzw. in ihren »westlichen« Anteilen beschäftigt, noch genauer in den USA, in der er ja die meiste Zeit verbracht hat. Er nimmt dabei pars pro toto.

Generell setzt er eine Verfasstheit aller, ob der »archaischen« oder heutigen Gesellschaften, in Form von Herrschaft und Hierarchien seitens »der Mächte«[23] als Normalität voraus. Dass er damit nur von Patriarchaten spricht[24], interessiert ihn nicht. Aber da befindet er sich ja im »main-stream«. »Die Mächte« in der Gesellschaft seien aber nicht »blindlings zu verurteilen«, denn sie sorgten schließlich für »die Aufrechterhaltung der Ordnung«[25]. Ihre Genese und deren Zusammenhang mit den von ihm beobachteten Phänomenen analysiert er nicht. Er hat also weder eine Geschichts-, noch Gesellschaftstheorie, in der es mehr als bloße religiöse Gewalteindämmungs- und Opfermechanismen bzw. säkulare Institutionen gäbe, ja, die Gesellschaft resultiert bei ihm lediglich »aus den Beziehungen zwischen den Menschen«[26]. Er hat aber auch keine »säkulare« Theorie darüber, warum es immer wieder

---

21 Girard 2002, z.B. S. 84ff, 104, 109ff

22 Girard 2002, S. 112, 118

23 Girard 2002, S. 126

24 vgl. von Werlhof 2006

25 Girard 2002, S. 128

26 Girard 2002, S. 63

zu Gewalt in Form eines »mimetischen Furors« und der »mimetischen Ansteckung«[27] hysterischer[28] und gewaltgieriger Massen im »Lynchmord mit nackten Händen«[29], im Opfer eines »Sündenbocks« oder im wiederholten Blut-Ritual eines »Gründungsmords«[30] als – überhistorischer – »Normalität« kommt bzw. all dies in persönlichen Gewaltverhältnissen der Menschen untereinander wiederkehrt.

Zentral ist dabei Girards »Mimesis«-Begriff. In der Mimesis-Diskussion bedeutet Mimesis generell etwa »Nachahmung« oder »Anverwandlung« und kennzeichnet die Art, wie Lebewesen – gerade auch gefühlsmäßig – mit der Außenwelt in Verbindung sind bzw. treten[31], also was der lebendige Zusammenhang oder die »Verbundenheit alles Seienden«[32] für das einzelne Lebewesen bedeuten und worauf sich insbesondere seine Gefühle und Empfindungen richten. Im Anschluss an Platon, der die Mimesis abwertend dem Tierreich zuordnet, wird der Mimesis-Begriff vor allem in der Ästhetik- und Kunst-Theorie, später aber auch für die Erklärung weiterer gesellschaftlicher Vorgänge verwendet[33].

Das Besondere an Girard ist, dass er die Mimesis nicht als prinzipiell positive Lebensäußerung, ja, Lebensgabe versteht, sondern in den einseitigen und krass negativen Zusammenhang mit »Satan« und dessen Gewalt stellt. Demnach ist »Mimetik« so etwas wie Mimesis an Satan; seine Nachahmung und seine »Hineinnahme« ins Innere des Menschen. Nach Girard okkupiert Satan förmlich die menschlichen Gefühle, und Menschen richten ihr Gefühlspotential auf Satan und an ihm aus. Die Gleichung lautet: Satan = »Mimetik«.

»Mimetische Rivalität«, »mimetisches Begehren«, »mimetische Konkurrenz«, »mimetische Ansteckung« und »mimetischer Furor«

27 Girard 2002, S. 16, 235

28 Girard 2002, S. 143

29 Girard 2002, S. 87

30 Girard 2002, S. 10, 61

31 Genth 2002, S. 26f

32 von Werlhof 2007b

33 Gebauer/Wulf 1992

haben als Begriffe der Mimetik bei Girard immer einen einzigen Inhalt: Das Empfinden von Gewalt, brennender Gewalt.

Die Gewalt als unmittelbare und »heiße« hat bei ihm eine kollektive wie individuelle Seite. Andere Formen von Gewalt, z.B. eine »kalte«, rationale, wie etwa die Eichmanns, kommen bei ihm nicht vor, so auch nicht die Kriegsvorbereitung, die organisierte Ausbeutung, systematische Unterdrückung bzw. Herrschaft, der geplante Raub sowie deren »wissenschaftliche« Begleitung.

Girard behauptet, dass die von ihm thematisierte »heiße«, affektive Gewalt – ebenso wie ihre angeblich organisierte, allerdings nur vorübergehend wirksame »Befriedung« – durch den kollektiven »Opfer-Mechanismus« im »mimetischen Zyklus«[34] und nicht durch die menschliche »Natur«[35], aber auch nicht durch gesellschaftliche Verhältnisse verursacht sei, etwa durch Herrschaft, Unterwerfung, Ausbeutung und Krieg. Denn je länger diese dauern, desto eher ist ja in der Realität – nicht aber bei Girard – ihr »Einrücken« von außen ins Innere, ihre »Internalisierung« zu beobachten. Im Gegensatz dazu werden affektive Formen menschlicher Gewalt von Girard als von »Satan« in uns ausgelöste, »personifizierte« und bösartige, als gewaltorientierte »Mimetik«[36], eine Art ansteckende »Krankheit«[37] definiert.

Gleichzeitig ist es aber derselbe Satan, der uns diese Gewalt im Sündenbockopfer »zyklisch« immer wieder austreibt! Genau diese Eigenschaft Satans, gewissermaßen auch sein eigener Exorzist zu sein, sei nämlich sein »Geheimnis«[38]. Dadurch würde vermieden, dass die gesellschaftliche Ordnung immer wieder im Chaos eskalierender Gewalt versänke[39], denn Satan habe ein Interesse an der Aufrechterhaltung dieser Ordnung als seiner »Welt«, in der er der »Herrscher« ist[40].

34 Girard 2002, S. 15, 35 ff, 93

35 Girard 2002, S. 229

36 Girard 2002, S. 114

37 Girard 2002, S. 228

38 Girard 2002, S. 53

39 Girard 2002, S. 56, 104, 106

40 Girard 2002, S. 227

Damit wäre Satan der Organisator und Manipulator[41] der Gewalt ebenso wie ihrer vorübergehenden Eindämmung und anschließenden – quasi schwarz-magischen – Wiederanfachung. Satan ist demnach Krisenproduzent ebenso wie Krisenmanager, und zwar auf der persönlichen Ebene ebenso wie auf der »gesellschaftlichen« im Sinne der kulturell-religiösen Ebene. Satan, der große »Sowohl-als-auch«-Tausendsassa?

Der Satansbegriff von Girard ist eine Tautologie.

Das in gegenseitiger bösartiger Nachahmung – durch Mimetik – zum Ausdruck kommende »Begehren« hat nach Girard allerdings gleichzeitig ursprünglich die »Erhebung« des Menschen aus dem Tierreich und dem »Animalischen« ermöglicht und zur menschlichen Kultur geführt[42]. Wo sich aber der Unterschied zwischen Mensch und Tier verlöre, sei dies »immer mit Gewalt verbunden«[43]. Deshalb sei dann gerade ein »Gründungsmord« notwendig, um menschliche Kultur zu erfinden[44], einschließlich der angeblichen Notwendigkeit seiner ständigen Wiederholung im Opferritual.

Wieso hat also die Erhebung über das Tierreich den Menschen nicht weniger Gewalt gebracht, sondern im Gegenteil diese auch noch systematisiert? Was ist der Unterschied zwischen »Aggressoren«, die sich in »kollektiver Hysterie« wie »Raubtiere aufführen«[45], und den letzteren? Schließlich töten Raubtiere noch nicht einmal in Rivalenkämpfen, sondern nur, wenn sie Hunger haben, aber nicht, um Gewalt auszuüben.

Wenn das »Begehren« sowohl für »das Beste wie für das Schlimmste in uns verantwortlich ist«[46], dann entnehme ich dem »guten« Begehren einerseits also eine grobe und unreflektierte Naturverachtung, andererseits vermisse ich im Weiteren die Berücksichtigung dieser positiven

41 Girard 2002, S. 93
42 Girard 2002, S. 32
43 Girard 1994, S. 189
44 Girard 2002, S. 110f
45 Girard 2002, S. 86
46 Girard 2002, S. 32

Seite des Begehrens bzw. der damit verknüpften Mimesis/»Mimetik«. Nur im Zusammenhang mit dem Wirken Jesu scheint dieses positive Begehren, paradoxerweise allerdings vor allem in Gestalt des Verzichtes, wieder eine Chance zu haben, wenn auch nicht überall. Denn der Verzicht auf Gewalt bzw. deren Verbot dürfte, wenn der Drang nach Gewalt so menschlich ist, dass er geradezu das Kennzeichen der »conditio humana« ist, lediglich in den Untergrund führen.

Satan ist nach Girard jedenfalls immer in der Welt bzw. »bei uns« und zwar trotz nun 2000 Jahren Jesus. Ja, Jesus als der Retter vor Satan und der eventuelle Erlöser unseres guten Begehrens wäre womöglich ohne Satan gar nicht zum Zuge gekommen, weil er, Jesus, ein »übernatürliches Geschöpf« ist, das »die Menschen krank macht, um sie anschließend zu heilen«[47]. Der »Erlöser« ist in seinem Handeln abhängig davon, dass vorher »Gewalt und Chaos« herrschen[48]. Also muss er sie wohl auch wollen, vielmehr sogar selbst herbeiführen? Da Jesus der christlichen Lehre nach ja Gott ist, ist zu fragen: Hat Gott Satan absichtlich in die Welt geschickt?

Girard kümmert sich sehr intensiv um Satan. Er »versteht« alles, was Satan »tut« und »will«, und er kleidet ihn in immer wieder neue Gewänder[49]. Satan ist als »Mimetik«[50] das Böse, die Gewalt, »Mörder von Anbeginn«, der »Versucher«, der »Ankläger« und »Regisseur« der »Opferkulte« und »Sündenbockmechanik« bzw. »Opfermaschinerie«, »Herrscher dieser Welt«[51]. Er ist anwesend in uns und abwesend als Subjekt. Er ist gleichzeitig »tätig« und ein »Mechanismus«. Er besetzt uns und treibt sich uns auch selbst wieder aus. Deswegen sei Satan neben der schlechten gleichzeitig aber auch eine angeblich »gute« Gewalt[52]! Denn damit rettet er immer wieder die Ordnung.

---

47 Girard 1994, S, 131

48 ebenda

49 Girard 2002, S. 50ff

50 Girard 2002, S. 93

51 Girard 2002, S.45, 227

52 Girard 2002, S. 107, Girard 1994, S. 66

Es ist bemerkenswert, dass wir Satan – nach Girard – auch heute immer noch unsere Ordnung zu verdanken haben[53], andernfalls das offenbar noch viel schlimmere »Chaos« der Fall wäre. Da gibt es nur: »No exit!« Wir scheinen gefangen in der brodelnden Gewalt – Hölle des Irdischen. Es hülfe nur noch: die Erlösung vom irdischen Leben und das Weiterleben im Jenseits.

Gerade in oder um uns Menschen herum sei Satan jedenfalls permanent anzutreffen. Er erscheint als Teil von uns selbst und unserer Gewalt in Form von all dem, was wir uns gegenseitig kollektiv oder individuell Grässliches antun. Dies ist das zentrale Thema bei Girard, denn, apodiktisch: »Der gegenseitigen Gewalt kann keine noch so stabile Herrschaft und keine Versöhnung je ein Ende setzen«[54].

Gewalt ist demnach die entscheidende anthropologische Konstante in uns.

Von einem menschlich Positiven, das etwa über diese angeblich in uns wirkende Dauer-Gewalt des Satanischen hinausgeht, ist dabei eher nicht die Rede[55]; auch nicht von so etwas wie eventuell »satansfreien Zonen« im Menschen und um ihn herum, etwa draußen am Berg oder drinnen im Kinderzimmer.

Im Gegenteil, eine satanische Transzendental-Anthropologie[56] definiert uns: Zum »Menschen« gehört Satan als eine Art »Dämon« dazu, sozusagen in »Personalunion«, und dies in der besonders modern formulierten Variante einer dämonischen »Mechanik« oder Automatik, sozusagen statt »deus« nun »diabolus ex – bzw. in -maquina«.

Nun weiß ich immerhin, warum Girard dauernd so aufgeregt ist, ja geradezu beleidigend wird, indem er den Menschen einen immer noch existierenden, offenbar furchtbaren »animalischen Herdeninstinkt«[57] – er kann Tiere auf den Tod nicht ausstehen – unterstellt,

53 Girard 2002, S. 126

54 Girard 1994, S. 454

55 Girard 2002, S. 237

56 Girard 2002, S. 93

57 Girard 2002, S. 217, 238

die Menge »brutal und dumm«[58] nennt, das menschliche Begehren als »Krankheit« bezeichnet[59], allen Menschen einen »Hunger nach Gewalt« unterstellt[60], sie in einer »seit Anbeginn bestehenden Knechtschaft«[61] sieht und ihnen keine Möglichkeit zur »Selbstbefreiung« attestiert[62].

Girard entpuppt sich hier als ein Menschenfeind. Wir sind angeblich alle »Hörige« im Banne Satans.

Besonders fällt immer wieder die Dämonisierung der Tiere und unseres »tierischen Erbes« auf, die auch schon in der Antike, zu Zeiten der Hexenverfolgung und später gerade seit der Aufklärung zu beobachten ist[63]. Girard scheint auch davon auszugehen, dass der Mensch als Individuum, also ohne Gemeinschaft und Beziehungen, leben könne bzw. sogar solle.

Insgesamt ist Girard nicht freundlich mit den Menschen, gerade in ihrer Masse. Aber wer plant eigentlich die Gewalt, z. B. den Krieg? Wer schafft den Hunger – nicht den nach Gewalt, den anderen – in die Welt? Wer nimmt den Menschen ihr Land weg? Wer zahlt miserable oder gleich gar keine Löhne? Girard behauptet dennoch, es gäbe heute keine Sklaven und Leibeigenen mehr – welch eine Unkenntnis! Der Westen kämpfe gegen die »Unterentwicklung« – die er seit Jahrhunderten überall selbst erschaffen hat? Er sei weniger »ethnozentristisch« als alle Vorgänger – das Wort Rassismus kennt Girard nicht –, er habe die Welt sogar »geeint« – vielleicht in der Monokultur von Coca Cola & Co. – sowie eine »Furcht, Gesellschaften zu demütigen, die nicht zur privilegierten Gruppe gehören«[64]. Gilt dies auch für Afghanistan, den Irak und den Kongo?

Jedenfalls ist in diesen angeblichen Groß- und Entwicklungstaten

58 Girard 2002, S. 216

59 Girard 2002, S. 228

60 Girard 2002, S. 115, 196

61 Girard 2002, S. 175

62 Girard 2002, S. 64

63 vgl. Meier-Seethaler 1992

64 Girard 2002, S. 208f

des Westens, wie Girard sie sieht, der Satan gerade abwesend. So sei »die westliche Welt bis in unsere Tage hinein den zwingenden Formen der wesenhaften Gewalt … entgangen«[65]. Sonst wären die sogenannten westlichen »Entwicklungsleistungen« als friedliche, wie Girard sie sieht, ja auch nicht möglich gewesen. Nur: Sie sind als friedliche und rein positive ja gar nicht der Fall. Im Gegenteil, keine Zivilisation war je so global gewalttätig wie die moderne, westlich-christliche[66]. Gerade da muss daher doch Satan mitgewirkt haben – es sei denn, er ist ein Witz!

Dennoch warnt Girard uns eindringlich vor der Allgegenwart des Leibhaftigen überall sonst und denjenigen Menschen, die ihn partout, vor allem an/in sich selbst, nicht wahrhaben wollen.

So »systematisch« hier alle Menschen angesprochen werden, so systematisch wird aber gleichzeitig übergangen, dass diese Menschen nicht nur Individuen sind, sondern auch in einem Gesellschafts-System leben, und überhaupt – eben wie Wölfe oder Bienen – nur in Gemeinschaft überleben können. Gesellschaft ist also weit mehr als ein Opferritual-Zusammenhang bzw. dessen heutige Auflösung und Ersetzung durch angeblich opferferne »Institutionen«. So ist »System« für Girard alles Mögliche: seine Denkweise, Satan und bestimmte menschliche Verhaltensweisen, nur nicht die – trotz aller Opferrituale und vor allem auch ohne diese existierende, auch über »Institutionen« hinausgehende – Gesellschaftsordnung, in der wir alle versammelt sind.

Es ist also zu fragen: Warum soll eine allgemeine Theorie über menschliches Fühlen und Handeln ohne eine ordentliche Gesellschaftsanalyse auskommen? Warum soll die Analyse der Mikro- ohne die der Makroverhältnisse möglich sein? Warum soll eine Anthropologie, Kulturtheorie oder Religionswissenschaft – gerade in Zeiten der »Globalisierung« – den gesamtgesellschaftlichen, politischen, ökonomischen, sozialen, geschlechtsspezifischen, technologischen, militärischen und ökologischen Rahmen außer Acht lassen bzw. bloß als gegeben voraussetzen?

65 Girard 1994, S. 380

66 vgl. Mies 2003

Nach Girard resultiert die Gesellschaft jedenfalls aus nichts weiter als den »Beziehungen zwischen Menschen«[67]; und als »Hindernis auf dem Weg zum Heil« sieht er lediglich die »sündige Menschheit«, »zwischenmenschliche Beziehungen« und eine »konfliktuelle Mimetik«[68].

Viele Theologen schwören auf den Nicht-Theologen Girard[69] vielleicht deshalb, weil er gerade auch das angebliche Wirken Jesu innerhalb des Christentums thematisiert: Denn darin liege unsere kommende »Rettung« in, nach oder trotz der ebenfalls kommenden »Apokalypse«[70] und dem endgültigen »Sturz Satans«[71].

Mit Jesus ist für Girard jedenfalls die Befreiung von negativer Gewalt – es gibt ja, wie gesagt, angeblich auch eine positive, nämlich die mit »besänftigender Wirkung«[72] – in der Welt erschienen, und zwar auch noch zum ersten Mal in der Menschheitsgeschichte[73].

Welch kühne These angesichts der Dauer dieser Geschichte, in der Jesus bestenfalls eine junge Erscheinung ist.

Es ist offensichtlich nicht im Interesse von Girard, die Geschichte zu »periodisieren« und vor- und nicht-patriarchale, nämlich »matriarchale«, Gesellschaften zur Kenntnis zu nehmen; und die sind nicht etwa frauenbeherrscht, sondern am »mütterlichen Anfang«, mater arché bzw. einer »mütterlichen Ordnung« orientiert – und sie existieren als satan-lose und durchaus friedliche zum Teil immer noch[74]. Stattdessen sind für Girard alle vorchristlichen Gesellschaften »heidnisch« und das heißt bei ihm: nur mühsam gebremst satanischer Gewalt verfallen[75].

---

67 Girard 2002, S. 63

68 Girard 2002, S. 189

69 Palaver 2003, Schwager 2004

70 Girard 2002, S. 230

71 Girard 2002, S. 228

72 Girard, S. 227, Girard 1994, S. 66

73 Girard 2002, S. 174 ff

74 Göttner-Abendroth 1988 und 2006

75 Girard 2002, S. 138

Daher nimmt er die aus nicht-patriarchalen Gesellschaften hervorgegangenen Traditionen von Gewaltlosigkeit, Herrschaftsfreiheit, All- und Naturverbundenheit, Gerechtigkeit, Gegenseitigkeit, Friedlichkeit, freundlicher mimetischer »Anverwandlung« [76] und »Satansfreiheit« – von Indigenen bis zu Gandhi – einfach nicht zur Kenntnis. Liebe und Gewaltfreiheit sind für ihn erst mit Jesus erfunden worden[77]. Und eine »ideale Gesellschaft« habe sowieso »nie existiert«[78].

Girard negiert alles, was nicht zu seiner These passt. Dazu gehören insbesondere menschliche und vor allem mütterliche Traditionen und entsprechende Kulturen seit unvordenklichen Zeiten[79], wie ideal oder nicht ideal sie auch gewesen sein mögen.

Erst das christliche »Kreuz« habe die Welt verändert, nämlich »auf den Kopf gestellt«[80] – in der Tat, nicht auf die Füße! Daraus erklärt sich auch, warum das Positive bei Girard durchaus nicht allgemein in den Menschen, jedenfalls nicht als »Masse«, zu erwarten ist. Denn warum sollten die Massen sich mittels Askese von Satan befreien wollen, anstatt direkt ein gewaltfreies Miteinander im Hier und Jetzt zu schaffen, wozu vor allem das Verlassen seines »Reichs«, der Herrschaftsordnung des Patriarchats, gehört? Aber darum geht es Girard ja auch nicht.

Nach Girard hat Jesus gegen Satan immer noch nicht wirklich gesiegt, obwohl er nun schon seit 2000 Jahren in der Welt ist. Man hat als Durchschnittsmensch im Diesseits eben nach wie vor hauptsächlich mit Satan anstatt mit Jesus zu tun, wenn sich Gott auch in Jesus vorübergehend verleiblicht haben und ganz direkt im Diesseits erschienen sein soll, damit seine Anwesenheit unübersehbar ist und gegen Satan wirksam werden kann. Aber der angeblich nach Gewalt dürstende Herdentrieb der Menge scheint unbeeindruckt, sodass an-

---

76 Genth 2002, S. 25

77 Girard 2002, S. 203-205; vgl. dagegen Mulack 2009, die Jesus in der matriarchalen Tradition sieht

78 Girard 2002, S. 203

79 Vgl. Amadiume 1997, Biegert 1991, Liedloff 1980, Somé 2000, Todorov 1985

80 Girard 2002, S. 180

geblich (»neu«-)»heidnische«, nämlich satanische[81] Verhältnisse immer wieder einbrechen. Dies sei z. B. im Nationalsozialismus[82] der Fall gewesen. Insgesamt scheint eigentlich nur eine »Elite« fähig zu sein, sich dem Magnetismus mimetischen Rivalisierens entziehen, dem »Hunger nach Gewalt«[83] »entsagen« zu können.

Askese ist angesagt. Wie originell. Gnostisch, so vermutet Sloterdijk im Nachwort[84], könnte Girards Werk genannt werden, und Sloterdijk versteht darunter Weltflucht und -fremdheit; einen »heiligen Protest gegen Welt und Leben«, die »Sezession vom Seienden überhaupt«, ein »phantastisches Abseits, links von der Schöpfung, fern von den Mächten des Kosmos« und in »der Fülle des Nichts an Welt und Wirklichkeit«[85]. Aber wer könnte sich einen solchen »Geist der großen Verneinung«[86] wohl leisten? Eine Mutter mit Kindern vielleicht?

Und woher kommt eigentlich ein »Hunger« nach Gewalt? Wer ist denn wie »Achill, das Vieh«, den Christa Wolf in »Kassandra« beschreibt[87], und der bei Girard eine Art überhistorisches Massenphänomen zu sein scheint? Immerhin haben schon die alten Griechen das Böse im »Animalischen« gesehen. Aber wie wird man – wieder? – zum »Vieh«? Durch Satan? Christa Wolf ist ohne Satan ausgekommen: Der gewaltlüsterne und -triefende Achilles ist das scheußlichste, perverseste und grauenerregendste Produkt schlechthin von Patriarchat und Krieg. Aber die kommen bei Girard nicht in diesem Zusammenhang oder überhaupt nicht vor, weil er den Satan gerade dort nicht ansiedelt. Oder liegt es daran, dass der Krieg zum »Heilsplan« gehört?

Dave Grossman, immerhin ein ehemaliger Oberstleutnant der US-Armee, beschreibt, wie schwierig es für das Militär aller Zeiten

81 Girard 2002, S. 92, 138
82 Girard 2002, S. 151
83 Girard 2002, S. 196
84 Sloterdijk 2002, S. 251
85 Sloterdijk 1991, S. 18f, 21
86 Sloterdijk 1991, S. 30
87 Wolf 1994

war, den Soldaten das Töten beizubringen[88]. Die wollten nicht. Das schildert auch schon Sunzi für die chinesische Armee im Jahre 500 vor Chr.[89] Es gibt nämlich ein uraltes Tötungstabu. Und so schossen sie in allen Armeen lieber daneben, bis man ihnen Tötungs-Maschinen, d. h. Distanz zum Gegner, geben[90] bzw. sie selbst in Killer-Maschinen verwandeln konnte[91].

Wieso weiß Girard davon nichts, und wo kommt dieses bereits lange vor Jesus vorhandene Tabu her? Stattdessen hungern bei Girard die Massen immer schon nach Blut und sättigen sich an ihm wie die sogenannten »Kannibalen«[92]. Das Argument kennen wir schon, nämlich als Projektion von Kolonisatoren und Missionaren auf die angeblich »Primitiven« in Übersee[93].

Satan ist also ausgerechnet der Militärforschung nach gerade nicht immer schon mit den Menschen verbunden gewesen, wie Girard behauptet[94], sondern erst dann, als das Tötungstabu gebrochen wurde – nämlich im Patriarchat, mit dem der Krieg beginnt[95].

Heute sind diejenigen mit dem »Furor« vor allem die Veteranen, die aus den Kriegen von Girards Wahlheimat, den USA, aus der Welt zurückkommen und diese Heimat in eine neue Front verwandeln[96]. Benötigt man Satan, um das »Post Traumatic Stress Disorder«, PTSD, der Veteranen zu erklären[97], das Wüten, die Schlaflosigkeit, das Schuldbewusstsein, die Morde und Selbstmorde daheim? Es ist das, was die Kriegs-Maschine und die total rational und ohne den geringsten Furor kalkulierenden Befehlshaber aus den Soldaten

---

88 Grossman 1996, S. 249 ff

89 Sunzi 2000

90 Grossmana. a. O., S. 156

91 Grossmana. a. O., S. 262 ff

92 Girard 2002, S. 10 f

93 vgl. Stüben 1985

94 Girard 2002, S. 110 ff

95 Dieckvoss 2003

96 Girard 1994, S. 66

97 Grossman a. a. O., S. 281 ff

gemacht haben[98]. Aber Girard sieht den Satan nur »hinter« den »Mächten«[99], nicht aber ganz konkret auch in ihnen, den Generalen, Präsidenten und Waffenproduzenten. Ist das der Fall, weil hier mehr als nur »zwischenmenschliche Beziehungen« und »konfliktuelle Mimetik« eine Rolle spielen?

Man kommt am Ende nicht umhin, Satan, die Tiere (?) und Jesus als – »mimetische«? – Rivalen zu sehen, fast wie im typisch patriarchalen Kampf unter Männern, in diesem Falle (ohne die Tiere) besser »Geistern«: Dort siegt Satan immer noch und ist auch noch zum Nachahmer Jesu geworden, wodurch er viele Leute gerade heute erneut hinter's Licht führe[100], wie Girard beklagt. Ahmt Jesus umgekehrt auch Satan nach, wenn er »krank macht, um heilen zu können« (s. o.)?

Angesichts der Satans-Gefahren will Girard uns aber ordentlich wachrütteln. Von seiner eigenen Besessenheit ausgehend macht er aus Satan eine Art Schablone, eine »formale Form«[101], die er uns allen überstülpt, um uns in der Manier einer »self-fulfilling prophecy« reduktionistisch zu bändigen. Was darüber hinaus existieren könnte, wird systematisch weggelassen.

Wovon und wie Girard (nicht) spricht – von den Frauen

Satan macht uns angeblich das Gute – nämlich Gott – streitig und hat damit nach wie vor, wenn nicht sogar immer mehr Erfolg. Schuld daran haben wir Menschen, die wir anscheinend wesentlich mehr auf Satan hören als auf Jesus. Das gilt insbesondere für die Frauen, wie ich der Logik Girards entnehmen muss, obwohl bzw. weil er von Frauen selten, aber wenn, dann sehr negativ und voller uralt-patriarchaler Diffamierungen spricht[102].

---

98 Grossman a. a. O., S. 249 ff
99 Girard 2002, S. 126
100 Girard 2002, S. 225
101 Ernst 1996
102 Girard 1994, S. 54 ff

Denn die Nähe zur »Hölle des Leiblichen«, sei es des irdischen oder unterirdischen, wird noch allemal bei Frauen als größer angesehen als bei Männern. Schließlich geht das Leben, auf das es Satan ja abgesehen hat, auf jeden Fall durch ihren Leib. Und außer dem Menstruationsblut sei »die Sexualität … unrein, weil sie mit der Gewalt in Zusammenhang steht«[103]. Mit der weiblichen oder der männlichen Sexualität und Gewalt?

Aus keiner matriarchalen Gesellschaft ist ein Zusammenhang von Sexualität und Gewalt bekannt. Er ist einzig typisch für patriarchale Verhältnisse[104]. Girard liefert hier eine Rechtfertigung für gewalttätiges männliches Sexualverhalten: Er ist damit kein »Theoretiker der Gewaltfreiheit«, sondern der Gewalt-Rechtfertigung. Denn die Gefahr der »Verführung« zur Gewalt geht bei ihm von Frauen aus[105]. Aufgrund der »Erbsünde«[106] sind Frauen nämlich angeblich offener für Satan. Er geht sozusagen in ihnen ein und aus. Jedenfalls muss das die »Schwäche« sein, die den Frauen seit Platon und auch von Girard[107] – ohne jede weitere Argumentation – attestiert wird. Im »Hexenhammer« von 1487 wird ebenfalls von dieser Schwäche gesprochen. Sie hieß dort »fe mina«, geringerer Glaube, der die angeblich größere Anfälligkeit der Frauen für Satan erklären sollte[108].

Der Beweis für die behauptete weibliche Schwäche ist entsprechend immer durch das Kinderkriegen erbracht. Denn dieses geht ja nur, wenn ein Geschlechtsverkehr stattgefunden hat – von dem angeblich nur die Mutter Gottes ausgenommen war – und somit immer der Satan und die Gewalt mit von der Partie gewesen sein müssten. Dass es uns alle ohne – gewaltsamen? – Geschlechtsverkehr gar nicht gäbe, macht eben die Sündhaftigkeit von uns Menschen aus. Da aber die so starken Männer nicht gebären können, müssen die für die Hervor-

103 Girard 1994, S. 55

104 Voss 1988, Wolf D. 1994, Mulack 1996, Margotsdotter-Fricke 2004

105 vgl. Deschner 1992

106 Girard 2002, S.237

107 Girard 1994, S. 208

108 Institoris / Sprenger 1974

bringung des irdischen Lebens angeblich notwendigen »Schwächen« eben im »schwachen Geschlecht« versammelt sein.

Dass die Schwäche der Frauen gegenüber dem Glauben oder Satan eher eine Stärke sein muss, nämlich die, sich den Geboten der Kirche auch zu widersetzen und trotz oder wegen Satan und seiner, vielmehr der Männer, Gewalt immer wieder ganz eigenmächtig das Leben in die Welt setzen zu können oder dies auch zu unterlassen, ist der eigentliche Grund für ihre Verfolgung als »Hexen« gewesen. Schwächliche Frauen, wie sie Girard beschreibt, hätten nicht verfolgt werden müssen. Denn die Hexenverfolgungen waren weder ein Phänomen des Mittelalters, noch gar der »Suche nach Opfern« seitens einer »besessenen« mittelalterlichen Menge oder Masse geschuldet[109]. Sondern die Verfolgungen waren das Ergebnis einer rein von oben – insbesondere durch Theologen und Juristen – inszenierten, geplanten und über 600 Jahre durchgezogenen Kampagne, nämlich der Inquisition. Und diese diente der Ausrottung der »die Mächte« bedrohenden »Ketzer«, Bauern, Bäuerinnen und später der sogenannten »Hexen«, die der frühneuzeitlichen »Entwicklung« weltlicher und kirchlicher »Mächte« nicht zuletzt durch ihre Eigenmächtigkeit und ihren Widerstand, also ihrer Stärke wegen, im Wege waren[110]. Das heißt, die »Menge« hat sich der Verfolgung auch noch widersetzt, anstatt sie mitzumachen!

Das kann Girard mit seiner Opferritual-Theorie nicht erklären. Ein Opferritual hat aber Jahrhunderte lang mitten im christlichen Europa stattgefunden.

Dabei sagt Girard, dass im Christentum keine »blutrünstigen« und »realen« Opferungen mehr stattgefunden hätten[111]. Die »Drecksarbeit« der Ermordung der Menschen geschah zwar am Ende durch weltliche Schergen, doch die »peinliche Befragung«, nämlich die Folter, sowie der Kerker sahen alle Beteiligten in Aktion: So ist der religiöse – und zwar christliche – Charakter dieses Opferrituals bis

---

109 Girard 2002, S. 99

110 Federici 2004

111 Girard 2002, S. 137

hin zum »Autodafé«, der Selbstanklage vor der Hinrichtung, vollkommen klar. Er passt jedoch in gar keiner Weise zu dem angeblich so jesuanisch geprägten Christentum mit seinem »Schutz der Opfer«[112] als unschuldigen. Wo ist denn ein Inquisitionsopfer jemals von der Kirche als unschuldig anerkannt worden?

Immerhin ist die letzte Hexe erst im 18. Jahrhundert verbrannt worden, also in der bereits weit fortgeschrittenen und nach Girard so »säkular« institutionalisierten Neuzeit. Das heißt, dass diese Verfolgung – die auch in den Kolonien eine Entsprechung hatte – von Anfang an zur modernen westlich-christlichen »Entwicklung« und Politik für den Fortschritt hier wie da gehört hat und auch als solche begründet wurde[113].

Die erste »moderne«, durch und durch rational und bürokratisch organisierte »Institution« Europas war die Inquisition selbst. Was bedeutet das für die Analyse der angeblich »säkularen« und ebenfalls »rationalen«, angeblich gewaltfernen Institutionen der Moderne einerseits, und für das Christentum andererseits, das sowohl »rational« ist wie opferorientiert, anstatt das Opfer ein für alle Mal zu beenden? Was würde daraus für den Charakter der bis heute gefeierten »Rationalität« auch in anderen Zusammenhängen, z. B. der Politik, Ökonomie und Wissenschaft, folgen[114]?

Die Störung der Mär von der Gewaltfreiheit der christlichen Religion wird von Girard in einem Nebensatz beiseite gewischt: Das Christentum sei »von opferkultischen Überresten kontaminiert«[115]. Wahrscheinlich gehören dazu auch die Kreuzzüge und die brutalen Methoden der Verbreitung des Christentums in aller Welt, das – wie auch Papst Benedikt XVI. auf einer Reise durch Südamerika behauptete – angeblich von den Menschen überall freiwillig und rasch angenommen worden sei[116]. Und wie ist es mit den heute nach wie

112 Girard 2002, S. 210

113 Mies 1992a, S. 110ff

114 vgl. Kimmerle 1980, S. 135ff

115 Girard 2002, S. 223f

116 Girard 2002, S. 233

vor stattfindenden Segnungen der Soldaten für ihren Militäreinsatz[117]? Sind das unsere »Gotteskrieger« in einem »gerechten«, nach George Bush sogar »heiligen« Krieg, etwa gegen den »Islam« und »islamistische Terroristen«?

Was die Frauen angeht, so kolportiert Girard die übl(ich)en patriarchalen, unlogischen und niederträchtigen Urteile über sie: als nicht nur »schwaches«, sondern auch gefährliches, ja dämonisches Geschlecht, als potentielle »Ungeheuer«[118], die trotz allen menschlichen Fortschritts auf der Ebene des Tierreichs verblieben zu sein scheinen, von »Unreinheit und Gewalt« umgeben[119]. So behauptet er, dass sich angeblich »entfesselte Frauen« im Dionysos-Kult »unterschiedslos auf Männer und Tiere stürzten«[120], als handele es sich dabei um eine Art Erlaubnis für die Frauen, ihrer Gewalt endlich freien Lauf zu lassen. Kein Wort dagegen fällt über den patriarchalen Charakter dieses Rituals, bei dem – übrigens jahrtausendelang – gleichzeitig Frauen von männlichen Priestern getötet wurden[121].

Stattdessen wird den Frauen hier Gewalttätigkeit als »Normalität« unterstellt: Das gilt auch für die Beschreibung von anderen Beispielen, in denen Frauen als »blutige Hetzmeute« dargestellt werden: Walküren, Amazonen, die Erinnyen und Mänaden[122]. Dass diese Frauen auf höchst unterschiedliche Weise den organisierten Widerstand gegen die patriarchale Eroberung und den gewalttätigen Umbau der Gesellschaft repräsentieren[123], also auch kollektive Formen von Widerstand gebildet haben, die gerade nicht mit der Kriegs-Gewalt der Männer im Patriarchat zu vergleichen sind[124], – Formen, die Girard gar nicht erst erwähnt –, wird unter den Tisch gekehrt. Es ent-

117 vgl. Hecht 1999

118 Girard 1994, S. 188f

119 Girard 1994, S. 54f

120 Girard 1994, S. 188

121 Treusch-Dieter 2001

122 Palaver 2003, S. 383

123 Bornemann 1979

124 Vgl. Drewermann 1992, Loraux 1992, Wolf Ch. 1994, von Werlhof 2003a

spricht eben nicht dem Bild der immer schon »schwachen« Frauen, dass sie sich gewehrt haben. Diesem Bild entspricht aber auch nicht die weibliche »Hetzmeute«.

Es wird hier auch grundsätzlich unterschlagen, dass niemand behauptet, Frauen seien »von Natur aus« weniger gewalttätig als Männer. Sondern die Kultur, die vor allem Frauen aufgebaut haben, ist nicht nur weniger, sondern grundsätzlich gar nicht gewalttätig. Sie geht nämlich von den Erfahrungen der Mutterschaft aus. Die Aufzucht von Menschen mit Gewaltmitteln ist, das erfährt jede Mutter, gar nicht möglich und geradezu »kontraproduktiv«. Sie macht alle Beteiligten krank. Kinder sind Liebende. Sie kommen zur Welt mit Liebe zum Leben, zu ihren Müttern, Vätern und ihrer Umgebung. Diese Liebe »vor« jedem »Glauben« macht das Wunder des Lebens aus. Sie des »Satanischen« zu verdächtigen, ist absurd[125]. Die mütterliche Ordnung ist stattdessen gerade an Gewaltfreiheit und Opferlosigkeit orientiert. Dass Mütter sich »für ihre Kinder aufopfern«, ist dagegen das Ergebnis patriarchaler Bedingungen und von Jahrhunderten christlicher Opferideologie.

Die Behauptung, am Anfang »jeder Kultur« stünde ein »Gründungsmord«[126], gilt daher keineswegs für matriarchale, sondern allein für patriarchale Gesellschaften. Die Behauptung, dass menschliche Gesellschaft und Kultur nur durch eine solche Gewalttat und ihre rituelle Wiederholung möglich sei, ist Girards eigene Gewaltpredigt. Ohne Gewalt droht dann nämlich gleich die Kulturlosigkeit.

Frauen haben von ihrer Geschichte und Gegenwart her also einen anderen kulturellen und Erfahrungshintergrund in dieser Frage. Das bedeutet aber nicht, dass man sie nicht auch zu Gewalttäterinnen und vor allem Mittäterinnen speziell auch bei der Ausübung der »kalten« Gewalt machen und erziehen kann. Aber das zeigt wohl weniger, wie böse Frauen »sind«, als mehr, wie böse eine Kultur/Gesellschaft im Umgang mit ihren Mitgliedern sein kann. Sie muss es aber nicht sein. Doch genau das ist es, was Girard behauptet.

---

125 vgl. Liedloff 1980, Tazi-Preve 2004

126 Girard 2002, S. 107-118

Wir begegnen bei Girard also immer noch der gleichen Hetze, wie sie in der Bibel über Eva und dann am deutlichsten im Hexenhammer über alle Frauen, über Frauen als Gattung, verbreitet wurde. Die Frau ist da sogar nicht nur ebenso böse wie der Mann – das wird heutzutage dann »Geschlechtergleichheit« genannt[127]. Sondern sie ist sogar noch viel böser, bzw. das Böse schlechthin[128], nämlich monströs und »bitterer als der Tod«, wie es im Hexenhammer heißt. Girard redet wie die europäischen Kirchenmänner und Hexenverfolger, Juristen und Ärzte, Philosophen und Naturwissenschaftler seit Jahrhunderten, ohne damit – heute – ein Problem zu haben.

Wegen des Vorwurfs, dass wir Frauen dem »Bösen« und Satan so nahe sind, haben wir Jahrhunderte lang gebrannt. Girard hat dieses Opfer in sechs- oder siebenstelligen Zahlen (genau weiß das nur die Glaubenskongregation als Nachfolgerin der Inquisition, die im Vatikan die Protokolle aller Inquisitionsverfahren verwaltet) jedenfalls nicht zum Inhalt seiner Reflexion über religiöse und andere Opferkulte gemacht. Denn dieses Opferritual wies andere Merkmale auf als die von ihm sonst als »typisch« diskutierten: So haben die Hexenverbrennungen auch keineswegs einer Befriedung und »Entschuldung« oder gar »Entspannung« der Massen gedient; abgesehen davon, dass die Massen keineswegs »einmütig« hinter der Verfolgung und Opferung standen. Im Gegenteil, Kinder wurden z. B. gezwungen, der Verbrennung ihrer Mütter zuzusehen[129].

Man kann auch wirklich nicht sagen, dass Satan bei diesen Opferungen zur Aufrechterhaltung der Ordnung beigetragen hätte, die ja hier gerade zerstört wurde, um der Neuzeit – und ihren darauf aufbauenden »Institutionen« – Platz zu machen.

Denn, und das ist natürlich des Rätsels Lösung, im Falle der »Hexen« ging es ja schließlich der Propaganda nach gerade gegen Satan und gar nicht gegen Menschen bzw. Frauen! Es ging angeblich um nichts Geringeres als um seine Vernichtung, seinen »Sturz«.

127 Palaver 2003, S. 381

128 Meier-Seethaler 2004

129 Federici 2004, S. 185f

Also war es gerade kein »normales« Opferritual, so wie »er«, Satan, es sonst inszenierte. Ganz im Gegenteil, die Christenheit hat es angeblich gegen ihn eingerichtet. (Ob wohl Jesus dafür war?) Deshalb war das Opfer auch nicht unschuldig, denn es sollte ja in Satan selbst bestehen. Also war es auch keine Gewalt, die da ausgeübt wurde, denn sie sollte die Gewalt selbst vernichten ...

Aber wir, die Frauen, haben gebrannt, wenn auch – angeblich – Satan gemeint war! Jedoch, warum sollte ausgerechnet der Teufel verbrennen?

Außerdem hat es offensichtlich auch nichts genützt. Trotz Jesus, Teufelsaustreibung und Verbrennungen ist Satan immer noch da, und die überlebenden Frauen sind immer noch – oder jetzt erst recht – schwach, nämlich vor allem geschwächt – denn das Ganze brachte sie nachhaltig um, ihren Leib, ihre Kultur und Ökonomie, ihre Zusammenhänge, ihr Wissen, ihren Geist und ihre Seele.

Inzwischen sind die Frauen von der Hexe, die – als Frau im Bunde mit Satan – angeblich die Welt bedrohte[130], zur braven Hausfrau und zur so hart wie noch nie arbeitenden, und wenn überhaupt, dann miserabel bezahlten, »doppelt belasteten«, »hausfrauisierten« Lohn- plus Haus-Arbeiterin mutiert[131]. Ja, Frauen sind inzwischen so brav, dass sie noch nicht einmal mehr Kinder bekommen wollen. Aber das ist natürlich auch wieder falsch, denn ohne Menschen können weder Satan noch Jesus etwas bewirken.

Wir nennen das den patriarchalen »double-bind«: Was Frau auch tut, es ist verkehrt. Das hat sich seit ihrer Verfolgung keineswegs geändert.

Die Frau muss also, selbst wenn sie lieber keusch und kinderlos bliebe, den Satan womöglich auch unfreiwillig über sich ergehen lassen und die Sünde und das damit einhergehende Leid auf sich nehmen. Girard sieht im Faktum des Geburtenrückgangs in den Industrieländern also nicht eine – seiner Argumentation nach ja auch mögliche – positive Distanzierung der Frauen von Satan, sondern erneut etwas Schlechtes,

---

130 Kimmerle a. a. O., Wolf H-J. 1990

131 Mies 1992a, S. 91 ff

nämlich einen – immer noch vom »Hexensabbat« kommenden? – »Hedonismus«[132]. Mittels diesem scheinen Frauen Satan ihren gebärfähigen Leib zu entziehen, um ihn anderen, »unfruchtbaren« Lüsten zu widmen, und damit das dringend benötigte Menschenmaterial, das er, dieser Leib, für das weitere Wachstum der Industriegesellschaft produzieren könnte, hintan halten bzw. in anmaßender »neuheidnischer« Manier qua Abtreibung »opfern« zu dürfen glauben.

Auch in dieser Frage kümmert sich Girard natürlich nicht um gesellschaftliche Umstände: eine »feminisierte Armut«, die Verantwortungslosigkeit vieler der dazugehörenden Männer, das allein gelassen Werden der Frauen und Mütter seitens der Gesellschaft und sogar vieler Familien sowie die Erfolge, die die christliche Austreibung jeder Lebensfreude, mit der angeblich Satan gemeint ist, inzwischen zeitigt. Das alles bedeutet, dass viele Frauen, vor allem im so entwickelten Westen, die Hoffnung inzwischen aufgegeben haben. Sie wollen nicht nur nicht[133], sie können auch nicht mehr. Es fehlt ihnen buchstäblich die »Lust« – Satan? – dazu.

Frauen stehen bei Girard dennoch nach wie vor unter dem Zentralverdacht, letztlich noch »mimetischer« zu sein als Männer, obwohl es die letzteren sind, die vor allem um Macht und Ehre rivalisieren[134] und Geld und Karrieren »begehren«. Wie käme es sonst dazu, dass Frauen weltweit nur 1 % aller Produktionsmittel besitzen und nur 10 % aller Löhne erhalten, wie die UNO einmal ausgerechnet hat?[135].

Die Realitäten des Frauenlebens interessieren Girard nicht im Mindesten für eine »Argumentation«, die »geschlechtsneutral« erscheint, wie es ja in der Wissenschaft auch sonst üblich ist. Frauen sind angeblich »mit gemeint«, wenn von »den Menschen« die Rede ist, in Wirklichkeit aber unsichtbar gemacht. Lediglich ihre »Leibhaftigkeit« – Erbsünde – ist dauernd von Interesse, auch oder gerade dann, wenn sie sich dieser Sünde zu entziehen drohen.

---

132 Girard 2002, S. 220

133 vgl. Firestone 1975

134 Girard 2002, S. 73f

135 von Werlhof 2003a

Immerhin gibt es auch in den USA seit Jahrzehnten eine Frauenforschung. Aber aus der Perspektive christlicher Leidensphilosophie und Satanologie ist das wahrscheinlich nicht relevant: Gerade Frauen sollen ja leiden (können) und trotzdem als Gebärerinnen »funktionieren«.

Die technologische Lösung der Gebär-Frage, die von der Frau als »Gebärmaschine von Arbeitskräften«[136] über die »Mutter-Maschine«[137] zur Maschine als Ersatz-»Mutter« im Raume steht, nämlich die technische Ersetzung der Mutter[138] als oberstes patriarchales Projekt[139], müsste Girard daher eigentlich zupass kommen. Die wirklichen Sünden und Gewaltverbrechen, die mit derartigen Eingriffen in die »Schöpfung« begangen werden und würden, etwa in der Reproduktionstechnologie, der Stammzellenforschung, dem Klonen und der Gentechnik[140], sind Girard nicht besonders aufgefallen. Sie befinden sich ja auch »außerhalb« der Gewaltformen, die er für relevant hält. Einen Satan sieht er hier offenbar nicht am Werke

Kurzum, Frauen sind des Satans und sie entkommen ihm nicht, gleich, was sie tun; ja, sie sollen und dürfen ihm gar nicht entkommen. Die Hexen lassen grüßen. Immer noch geben sie das Bild ab, an dem Mann uns misst, nicht zuletzt Girard selbst!

Aber trotz aller durchaus gelungenen Versuche, den Frauen »den Teufel« auszutreiben, scheinen bei Girard ja auch die Männer ihm verfallen zu sein.

Könnte das daran liegen, dass Girard mit **Satan** eigentlich **»die Frau«** meint? Soll das heißen, dass Girard eigentlich die Frauen für das Gewaltproblem in der Welt verantwortlich macht? Ja, wäre nach Girard dann eine neue und umso gründlichere Hexenverfolgung nötig?? Ist es das, was er uns am Ende so aufgeregt nahe legt, ohne es – »politisch korrekt« – selbst auszusprechen???

---

136 Federici 2004, S. 184

137 Corea 1986

138 Schmölzer 2006

139 von Werlhof 2003b

140 vgl. Rifkin 1986, Mies 1992b, von Werlhof 1997, Kissler 2006

Wovon Girard (nicht) spricht – vom »Menschen« als »Maschine«; und wovon er deshalb nicht sprechen kann – von der Mimesis zwischen Mutter und Kind

Ob bewusst und gewollt oder nicht, »der Mensch« ist bei Girard mit dem Dämon unterwegs. Sein Menschenbild ist ein »doppeltes«, wo Mensch – da auch Satan. Dabei wird – aber ganz modern – der Mensch als »Maschine«, leere Hülle/Apparat, »homo vacuus« (Greco 2000), gesehen, der jeder Tiefe, Fülle, jedes eigenständigen Innenlebens, jedes selbst bestimmten und von anderen unabhängigen Wollens, also jeder Eigenmächtigkeit und gewissermaßen der Seele entbehrt. Diese(r) Maschinen-Mensch/Mensch-Maschine[141] wird über die Mimetik, also die gewaltbereite Übernahme des Begehrens anderer, dazu veranlasst, nicht seinen »Trieben«, etwa im Sinne eines eigenen, inneren Begehrens zu folgen, sondern: »Der Nächste ist das Vorbild unserer Begehren«[142].

Im Unterschied zur buchstäblichen Maschine wird der Mensch dabei aber nicht durch »Energie«-Zufuhr, sondern durch den im Inneren waltenden »daimon« Satan bewegt. Im Gegensatz zu Leuten, die »die Gewalt des Menschen als ihm äußerlich setzen«[143], sieht Girard Satan nämlich eher als eine Art »Sp(i)rit«, der uns Mensch-Maschinen innerlich erfüllt, in Gang setzt und dabei in eine bestimmte Richtung lenkt, nämlich die Gewalt. »Der Mensch«, ein Gewalt-Automat?

Wenn dem so wäre, hätten »Institutionen« wie das Militär und – ganz aktuell – die Computerspiele-Industrie eigentlich längst gesiegt und gar nichts mehr am Menschen zu ändern.

Es ist bemerkenswert, wie dieses Menschenbild von Girard, der gerade kein Technikkritiker ist, mit der Analyse des Zusammenhangs von gesellschaftlicher Maschinisierung und der Zunahme bestimmter

141 Bammé u. a. 1983

142 Girard 2002. S. 24

143 Girard 1994, S. 125

Formen affektiver Gewalt korrespondiert[144]: Die Maschinisierung, so Genth, »geht mit einem allgemeinen Gewalt- und Aggressionskult einher«, und ein »struktureller Effekt der Maschinisierung ist die Aggression«[145]. Nicht Satan wäre demnach verantwortlich für die Gewalt, sondern die Durchsetzung von gesellschaftlichen Verhältnissen, die an der Maschinentechnik orientiert sind und zu einer »Mimesis an die Maschine« führen[146]; und das heißt: zu einer »Mimesis an die Gewalt« als Charakteristikum derjenigen Destruktions- und Tötungsvorgänge, die jede maschinelle Produktion voraussetzt, begleitet und zur Konsequenz hat.

Hier gibt es eine offensichtliche Parallele zur Mimesis an Satan. Demnach wäre die Maschine in ihren Wirkungen »satanisch«. Sie hält die Gefühle der Menschen besetzt. Menschen richten ihre Empfindungen auf etwas, das selbst keine hat. Sie, im Besonderen übrigens Männer, »lieben« die Maschine, aber diese liebt sie nicht zurück. Die Maschine ist kalt, aber bewirkt heiße Affekte – wie Satan? Ist die Maschine der moderne Satan?

Nur, warum haben Menschen mit der Mimesis an die Maschine überhaupt angefangen, wo die Maschine doch ein destruktives und gewalttätiges Verhältnis zur Welt voraussetzt? Diese Paradoxie ist nur über eine Kritik des Patriarchats mit seiner Frauen- und Naturverachtung sowie seinen modernen, »fortschrittlichen« Frauen- und Natur-Überwindungsstrategien zu erklären. Aber genau diese Strategien teilt Girard ja. Auf diese Weise wird er die These, dass Satan und die Maschinisierung aufs Engste zusammenhängen könnten, leider nicht anerkennen. Denn dann würde er auf einmal nicht mehr als Satanskritiker, sondern als Satanist dastehen.

Ganz modern versteht Girard »den Menschen« als prinzipiell asoziales, nach und nach herdentriebfreies, atomisiertes, sich selbst als »autonom« begreifendes Individuum, als »l'homme machine«, wie

144 Genth 2002, S. 241, 245

145 Genth 2002, S. 245

146 Genth 2002, S. 129ff

La Mettrie und Descartes im 17. Jahrhundert es zuerst formulierten[147]. Allerdings fügt Girard seiner Art von »Behaviorismus« eben Satan hinzu, der in dieser Hinsicht gewissermaßen dem »Trieb« bei Freud entspricht, wenn auch gerade nicht einem »instinktgeleiteten«, der ja noch aus dem Tierreich käme, sondern dem maschinengeleiteten »Trieb« in Form des »Affekts«.

So sieht Girard »den Menschen« zwar immer schon von Satan befallen, also vom »Ursprung« menschlicher Kultur und Gemeinschaft an: Eine Gewalttat, nämlich der »Gründungsmord« gilt als der Anfang und bedeute die »Erfindung der Menschheit«[148]. Der Mord hat dabei angeblich eine »schöpferische Kraft«[149]; die »schöpferische Mordtat«[150] nehme die »Gründerrolle« ein[151]. Darauf basiere die erste menschliche »Kultur«, und zwar, weil der Mord angeblich »eint«[152]. Ja, die »Triebfeder« der »Menschwerdung« sei das »Opfer« gewesen[153]: Am »Anfang der Menschheit« stehe das »Menschenopfer«[154]. Welch ein Lob der Mordtat!

Was wäre dann aber der »historische« Zusammenhang von Satan, Gewalt, Mensch und Maschine? Ist Satan bzw. die nach ihrer gewaltsamen Gründung systematisch organisierte Menschheit – das Patriarchat als Herrschaftssystem – sozusagen die erste »Maschine«[155], seine Gewalt die erste »System«-Gewalt, der sich »der Mensch« anschließend mimetisch »anverwandelt« hat?

Hier wird zunächst das Patriarchat exkulpiert: »Schöpfung aus Zerstörung« – seine Methode – wird anerkannt, und genau daran erfolgte die Mimesis. Satan ist also zunächst der Menschen Mimesis ans Patriarchat.

---

147 La Mettrie 1988, Descartes 1990

148 Girard 2002, S. 109

149 ebenda

150 Girard 2002, S. 110

151 ebenda

152 Girard 2002, S. 111

153 Girard 2002, S. 118

154 Girard 2002, S. 107

155 Mumford 1977

Da wusste ich, warum mir Girard ständig selber so gewalttätig vorkommt. Denn selbstverständlich ist am Anfang weder das Wort (wie im Johannesevangelium), noch gar der Mord (wie im Krieg als »dem Vater aller Dinge« bei Heraklit), sondern die Geburt.

Von der Mutter-Erfahrung her gesehen ist »Schöpfung aus Zerstörung« unwahr, pervers und wahnsinnig. Bei Girard aber erscheint der Mörder als Held, der durch seine Zerstörungstat den »höheren«, über das Tierreich »hinausgehobenen« Zustand erreicht zu haben glaubt. Nur so habe menschliche Kultur beginnen können. Die weibliche, gewaltfreie, lebendige Schöpfung ist dabei inexistent bzw. wird, wie zu sehen war, Satan unterstellt. Und kann sie – daher? – einfach angeeignet werden und steht zur Vernichtung bereit? Das ist die patriarchale Pseudo-Normalität und -Realität bei Girard: »Wahr« ist nicht Liebe, sondern Gewalt, wahr ist nicht das Leben Geben – und zwar ohne jeden Satan –, sondern das Leben Nehmen. »Ich töte, also bin ich!«?[156].

Erst nach Jahrtausenden bekommt die Liebe wieder eine Chance: durch Jesus[157]. Aber welche Liebe ist damit gemeint? Sicher nicht die, ohne die es überhaupt kein Leben geben würde. Denn die wird immer gebraucht, auch vom Patriarchat. Ohne sie wären wir lange vor Jesus ausgestorben. Diese Liebe als »heidnisch« im Sinne von satanisch-gewalttätig zu diffamieren, ist der ganze Trick, die Sünde, die Girard selber begeht![158]

Was ist nun nach Girard der Unterschied zwischen den Menschen und ihrer Mimetik im frühen Patriarchat und denen im späten, dem heutigen?

»Der Mensch« als Quasi-Maschine in der sich modernisierenden Massengesellschaft wurde zunächst, was die auf kleinen Parzellen wirtschaftende Landbevölkerung anging, von Marx als »Kartoffelsack«, in dem die Einzelnen »zusammengeworfen« sind, bezeichnet[159].

---

156 von Werlhof 2003a

157 Girard 2002, S. 192

158 vgl. Scott Peck 1990

159 Marx 1970, S. 407

Später, als das Industriezeitalter Einzug gehalten hatte, sind das »Proletariat« (Marx), die »einsame Masse«[160] und das Phänomen des »außengeleitet Seins« im Behaviorismus[161] zu unterscheiden. Doch davon ist bei Girard nicht die Rede.

Beim Behaviorismus standen die Erfahrungen mit dem naturwissenschaftlichen Experiment Pate[162]. Sind Menschen wie Ratten im Käfig manipulierbar? Vielmehr umgekehrt: Wenn Menschen auf der Folter und in den Kerkern der Inquisition manipulierbar waren und die Erfahrungen damit über Jahrhunderte aufgezeichnet, interpretiert und verwendet wurden und werden, dann muss das mit allen anderen Lebewesen schließlich auch möglich sein. Es ist also anders herum: Die Inquisition stand Pate für das naturwissenschaftliche Experiment[163].

Girard sieht sich nicht in der Analyse der Inquisition, der Einsamkeit, des Autismus[164] und der Außenleitung – nur die Maschine ist als Nichtlebewesen grundsätzlich von außen geleitet – des modernen Individuums angesiedelt. Ihn interessieren mehr die angeblich existierenden »positiven« Seiten des über das Tierische und Leibliche erhabenen Einzelnen. Allerdings definiert er den menschlichen »Körper« – und ganz in der Tradition des Behaviorismus – lediglich als »Maschine, die Nahrung in Fleisch und Blut verwandelt«[165]. Er hat also selbst eine »Mimesis an die Maschine«[166] vollzogen, ohne sie – vor allem auch in ihrer schrecklichen Reduziertheit – zu bemerken: So muss er gerade durch sein langes Leben in den USA viel mehr von solchen mimetischen Vorgängen der Angleichung an Maschinelles auch im Inneren der Menschen mitbekommen haben als andere im nachzüglerischen Europa, das -zumindest von Über-

160 Riesman 1958

161 Skinner 1982

162 Grossman a. a. O., S. 312 ff

163 Mies 1992a, S. 109, Modelmog 1991

164 Schober 1998

165 Girard 1994, S. 390

166 Genth 2002

see her gesehen – noch länger in weniger modernen »Werten« verharrte. Aber er hat es – obwohl selbst Mimesis-Theoretiker – nicht so interpretiert, sondern die »Mimetik« lediglich in Gestalt Satans noch im »Tank« der Mensch-Maschine platziert, und das sogar zeitlich rückwirkend, so selbstverständlich scheint ihm die Maschine als Technik zu sein. Die Maschinentechnik kommt ihm also eher als immerwährende Normalität vor, denn als etwas, das ziemlich neu ist und sogar noch hinterfragt gehört. So ist er auch voll des Lobes über den noch »nie dagewesenen« technischen und wirtschaftlichen »Fortschritt« heute[167]. Daneben muss das berühmte, mimetisch zu Rivalität und Begehren mobilisierende »Keeping up with the Joneses!« als Motor der Waren-, Konsum- und Leistungsgesellschaft, das ja viel früher in den USA aufgetaucht ist, Girard beeinflusst haben. Aber es ist ja wohl nicht als anthropologische Konstante anzusehen. Doch überraschenderweise sieht Girard in der Warenfülle auch gar nicht das Problem der Mimetik. Im Gegenteil, da nun alle genug bekommen könnten, sei hier eher eine Beruhigung zu erwarten[168].

Auch die andere, eher äußere Seite des modernen und vor allem männlichen Individuums ist für Girard vorausgesetzt, insofern es keine sozialen Bindungen hat, noch will, die ein positives Verhältnis zu Müttern und sonstigen (Wahl-)Verwandten, Nachbarn, Dorfgenossen, Kollegen, Freunden, Ehe- und Liebespartnern herstellen würden. Denn wo bei Girard Beziehungen existieren, sind sie von vornherein durch »mimetische Rivalität« ge- und zerstört[169], weil er diese als Produzentin von »Ersatzopfern« für die heute angeblich nicht mehr stattfindenden rituellen Opfer ansieht. Ja, Menschen seien »nur dann zur Versöhnung fähig, wenn diese auf Kosten eines Dritten geht«[170]. Komisch, wieso mache ich dauernd gerade auch gegenteilige Erfahrungen? Wie wären die denn zu erklären?

---

167 Girard 2002, S. 211

168 Girard 2002, S. 226

169 Girard 2002, S. 195, 199

170 Girard 1994, S. 380

Girards apodiktisches Urteil ist in seiner »Reinform« nicht nur eine Zumutung, es ist auch unrealistisch. Der Mensch ist nicht einfach nur und vor allem schlecht, selbst unter den ungünstigsten Bedingungen nicht. In der von Girard offenbar geteilten und uninterpretiert vorausgesetzten Hobbes'schen Variante einer Gesellschaft, in der immer schon jede(r) gegen jede(n) antritt[171], kann man letztlich gar nicht (über)leben. Daran ändern auch das früher angeblich »reinigende Opferblut«[172] und die »Entspannung nach dem Mord«[173] nichts, die er »Katharsis« nennt, die mir aber eher wie der Orgasmus eines Triebtäters vorkommt. Denn warum und wie viele Leute waren/sind eigentlich derart pervers, wie Girard von uns allen, die Frauen – und er selbst? – eingeschlossen, annimmt? Und heute, wo das Opferblut zu fehlen scheint, sind dafür die »intimsten Beziehungen« und die »sich am nächsten stehenden Menschen« in die blutigen Ersatzhandlungen verwickelt. Welch eine »Erklärung« für die Gewalt von Männern gegen Frauen und Kinder in der Familie![174].

Unter ausschließlich derart unsozialen und absurden Bedingungen von Lebensbeginn an würden die Menschen bereits als Babys sterben. Die utopisch orientierten Experimente des preußischen Militärs, Findelkinder und Waisen nach lediglich rationalen (sic!), ordnungs- und gehorsamsorientierten Kriterien aufzuziehen, um mit ihnen eine Elite-Garde zu bilden, sind ja bekanntlich gescheitert. Die Kinder haben es einfach nicht überlebt. Das Leben ist eben ohne Mütter und wenigstens ihre Liebe, Neugier und Freude nicht zu haben.

Aber bei Girard hat »der Mensch« nicht nur kein Gesellschaftssystem im Nacken, sondern auch keine Mutter gehabt. Nicht umsonst ist aber die »Mimesis« zunächst eine Art Symbiose zwischen Mutter und Kind, ohne die ein Hineinwachsen des neuen Lebens in die bestehende Umwelt gar nicht möglich wäre. Eine lebensfreundliche, ja vom Leben entzückte, in gegenseitige »Anschmiegung« und »Anver-

---

171 Girard 2002, S. 41

172 Girard 2002, S. 56

173 Girard 2002, S. 168

174 Girard 2002, S. 195, 199

wandlung«[175] sowie kreative, kooperative Aktion mündende Mimesis zwischen Mutter und Kind fehlt bei Girard gänzlich, von ihrer langen Geschichte ganz zu schweigen. Satan scheint ihm den Blick darauf zu verstellen.

Es mangelt also an einem positiven Mimesis-Begriff außerhalb des »guten Begehrens«, in dem Mimesis zunächst einmal überhaupt diejenige Fähigkeit aller Lebewesen ist, die ein Überleben gewährleistet[176]. Dies geschieht auf der Basis von Gegenseitigkeit, empathischem Mitempfinden, einem sich Beschenken[177], einem sich Lieben innerhalb der Verbundenheit – und nicht im Krieg – mit dem konkreten Leben vor Ort. Ohne eine solche Liebe sind auch das Gebot Jesu: »Liebe Deinen Nächsten wie Dich selbst« und das der »Feindesliebe« wie im Gleichnis vom »guten Samariter« nicht nachvollziehbar. Mimesis, verstanden als Umgang mit der »Verbundenheit alles Seienden[178], ist aus dieser Sicht eine unverzichtbare »Naturbegabung«[179] alles Lebendigen zum Zwecke seiner weiteren Existenz, und zwar in Freude und Fülle: man könnte sagen, eine Art Rhizom des Lebens.

Aber für Girard ist gerade diese »boden- und leibnahe« Mimesis höchstens eine Gewalt erregende Nähe zum Tierreich, aus dem es sich (gleichfalls gewalttätig) zu erheben gilt, also gar nichts Positives. Seine positive Mimesis des guten Begehrens ist gerade umgekehrt dazu der typisch patriarchale Verzicht auf Leiblichkeit: allein, ohne Frau (mit der Maschine als Ersatz?) auf dem Weg von Satan zu Jesus.

Es ist aber zu fragen, wie es zu einer so dramatischen Transformation, ja Verkehrung mimetischer Fähigkeiten des Lebensanfangs und der Lebenserhaltung in das kommen kann, was bei Girard als mimetische Rivalität, mimetischer Furor, mimetisches Begehren etc.

175 Genth 2002, S. 25

176 Genth 2002, S. 23f

177 Vaughan 1997, 2007

178 von Werlhof 2007b

179 Genth 2002, S. 23

thematisiert wird, und was Genth die »verdorbene« Mimesis[180] bzw. die Mimesis an die Gewalt, die Maschine, oder mit Adorno die »Mimesis ans Tote« nennt[181]. Vielleicht kann man diesen Vorgang auch verstehen als das Umkippen der im Patriarchat, im Christentum und besonders in deren moderner Version, dem maschinenorientierten westlichen Kapitalismus, frustrierten, unmöglich gemachten und verzweifelten Lebenskraft, des »Eros«, in gewalttätige Affekte bzw. den »Thanatos«. Der letztere käme dadurch überhaupt erst zustande – im Gegensatz zu Freuds Annahme einer eigenständigen Existenz zweier Triebe, anstelle von nur einem, nämlich einem Lebenstrieb mit zwei Gesichtern. Aber auf eine solche Erklärung für die Gewalt[182] kommt Girard nicht, da er ja von vornherein, vom Beginn der leiblichen Existenz an, auf Satan als Grund für Mimesis als prinzipielles Gewaltgeschehen festgelegt ist und eben im patriarchalen Gesellschaftssystem und in der Maschinisierung nichts Verwerfliches erkennt. Im Gegenteil, das alte wie das moderne Patriarchat scheinen aus seiner Sicht ja gerade gegen Satan, »inkarniert« in den Frauen, vorzugehen!

Generell handelt es sich jedenfalls bei Girards Mimesis-Begriff um eine pervertierte Mimesis, eine Ausrichtung der mimetischen Fähigkeiten an gewollter Gewalt, die zwar individuell jedes Mal neu »erfunden« wird, aber gesellschaftlich in Form bestimmter, keineswegs zufälliger Verhältnisse und Zwänge erst einmal vorhanden sein muss, bevor sie sich in dieser Weise durchsetzen kann. Dem begegnet Girard mit der schlichten Behauptung, Menschsein und blutige Gewalt seien immer schon zusammen aufgetreten, und nur der »Mechanismus des versöhnenden Opfers« – also gerade die (patriarchale) Gesellschaftsorganisation – verhindere, »dass die Wahrheit des Menschen an den Tag tritt«[183].

Was hier stattdessen an den Tag tritt, ist neben Girards Frauenhass seine allgemeine Menschenfeindlichkeit. Dass »der Mensch« blut-

180 Genth 2002, S. 38

181 Genth 2002, S. 45

182 vgl. Gruen 2002

183 Girard 1994, S. 405

triefend zur Welt kommt, ist bekannt, aber auch gewalttriefend? Nach Marx ist jedenfalls nur die kapitalistische Gesellschaftsordnung gleichzeitig blut- und gewalttriefend entstanden.

Im Gegensatz zu Girards Menschenfeindlichkeit steht seine System- und Maschinenfreundlichkeit: Wo eine (patriarchale) Ordnung bzw. Maschinerie am Werke ist, nämlich die »Opfer-Maschinerie«, da hat sie ja angeblich sogar gewaltlindernde Wirkungen. Insofern hält Girard offenbar die Maschinisierung – ganz im Gegensatz zu Genth – generell für gewalthemmend.

Wer kann sich eigentlich den Zwängen moderner Gesellschaften entziehen? Wer kann so tun, als gäbe es keine systematisch aufgebaute und »gepflegte«, ja dem Einzelnen – umso mehr im heutigen Neoliberalismus – regelrecht per Job, Werbung, Karriere und Sozialisation oktroyierte Konkurrenz, Rivalität, Neid, Gier, Missgunst und Gewalt? Und das gar in den USA? Wer hat denn daran ein Interesse? »Cui bono?« – so etwas fragt Girard nicht. Und: Was davon ist nun eigentlich überhistorisch? Ist es im Sozialismus dasselbe gewesen, im Mittelalter, in den Despotien, den Kolonien, im Matriarchat? Girard unterscheidet nur zwischen »heidnisch« (= satanaisch) und »christlich« (= jesuanisch).

Welche gesellschaftlichen Bedingungen führen dazu, die Mimesis zu »verderben«, wie geschieht dies, und wie gehen die Menschen damit um, und zwar Männer und Frauen, Junge und Alte? Denn wenn ohne wenigstens grundsätzlich positive Mutter-Kind-Symbiose, -Verbundenheit bzw. -Mimesis das Leben erst gar nicht erwachsen werden und die Mimesis erst dann in ihr Gegenteil »umschlagen« kann, dann wissen zumindest Frauen als Mütter, was eine positive Mimesis bedeutet, aber auch, was es an Leid bedeutet, wenn diese verkehrt wird, und wie, wodurch dies geschieht.

Mütter als »Expertinnen« für Fragen der Mimesis werden von Girard selbstverständlich nicht wahrgenommen. Das ist zwar merkwürdig für einen, der eine »mimetische Theorie« entworfen hat, nicht jedoch für Girard, für den ja auch das Mutter-Kind-Geschehen entweder inexistent ist oder – man kann es auch nach intensiver Girard-Analyse kaum glauben – gleich mit zum Gewalttätigen, Satanischen,

»Heidnischen« bzw. auf die Stufe des – von ihm als widerwärtig empfundenen – Tierreichs gehört.

Girard scheint in einer Art von Ekel vor allem Leiblichen und Weiblichen gefangen zu sein. Ist es das, was er auch an sich selbst als »satanisch« erlebt und uns mitteilen will? Sieht er deshalb nichts anderes?

Die auch in unseren Gesellschaften »notwendige« und immer noch – wenn auch nicht immer – vorhandene positive Kraft der Mimesis an der Lebensbasis verweist nicht zuletzt auf Gesellschaften, in denen die Mimesis eben nicht »verderben« und in allgemeine Rivalitäts- und Gewaltverhältnisse münden muss. Wir kennen solche mütterzentrierten Gesellschaften, und es gibt überall Reste von ihnen, selbst unter streng patriarchalen Verhältnissen. Ohne solche Reste kann auch heute keine Gesellschaft überleben. Sie finden sich vor allem in der Subsistenz, der Selbstversorgung, z. B. gerade auch innerhalb der Hausarbeit[184] und im Geschenk[185]. Es gab diese Reste, es gibt sie immer noch, und hier halten die Menschen zusammen, anstatt sich gegeneinander zu verschwören oder sich gegenseitig abzuschlachten[186]. Gründungsmorde und Opferkulte für »hysterisierte Massen«[187] brauchen sie nicht. Solche Dramen finden da gar nicht statt. Warum nicht? Wie, warum und wodurch wurde und wird dieser Zusammenhalt zunehmend zerstört? Durch Satan? Ist Satan dann der (männliche) Hass auf eine mütterzentrierte Gesellschaft? Woher aber sollte er kommen? Aus noch lebenden Gesellschaften dieser Art ist nichts dergleichen bekannt, im Gegenteil[188].

Für Girard jedoch ist die satanische Gewalt-Mimetik die zentrale überhistorische Konstante, und von daher geraten grundlegende gesellschaftliche Verschiedenheiten und verschiedene Dimensionen des

184 von Werlhof / Mies / Bennholdt-Thomsen 1983

185 Vaughan 1997

186 Liedloff a. a. O., Illich 1982, Bennholdt-Thomsen / Mies 1997, Göttner-Abendroth 2006, Vaughan 2007

187 Girard 2002, S. 143

188 Göttner-Abendroth 2006

Gesellschaftlichen nicht in seinen Blick. Satan ist also entweder in der lebensnahen positiven Mimesis nicht wirksam, oder gerade hier ebenso wie anderswo. Das Letztere ist im katholisch-christlichen Bild vom Menschen durchaus der Fall, wie das »Aussegnen« der Frauen nach einer Geburt zeigt, also der Exorzismus des Teufels, der da angeblich eine Rolle gespielt hat.

Girard kümmert sich aber nicht um die positive Seite lebendiger Verbundenheit bzw. Mimesis. Hatte er denn nicht selbst eine Mutter und Kinder oder kennt er keine? Oder hasst er seine Mutter? Und wenn ja, wie kann er das verallgemeinern? Um für ihn positiv zu sein, muss die Mimesis jedenfalls an der »Offenbarung« anknüpfen[189], und die ist bei ihm weit weg vom Geburtsgeschehen. So scheint – bis auf eine, sicher männliche Elite, nämlich eine »hellsichtige kleine Minderheit«[190] – sonst kaum jemand in die Nähe solcher Offenbarung zu geraten.

Das Thema einer »notwendig« positiven Mutter-Kind-Mimesis sprengt jedenfalls Girards Referenzrahmen und Glaubensbekenntnis, das negativ durch Satan und positiv durch Jesus bestimmt ist. Wenn nämlich Mütter und Kinder und eine ihnen entsprechende Ordnung, die »matriarchale« oder »mütterliche Ordnung«, des Rätsels Lösung schon entwickelt hätten, dann bräuchte es ja des originären Retters, Erfinders und »Revolutionärs« Jesus[191] nicht mehr. Mütter, Kinder und eine ihrer Mimesis-Kultur entsprechende friedliche und freundliche, Konflikte ohne Gewalt austragende und kluge, lebenserfahrene sowie an Egalität orientierte Gesellschaftsordnung hätte es schließlich ganz ohne Satan und schon lange vor Jesus gegeben. Man bräuchte sich nur zu erinnern.

Das ist ein Thema für friedliebende Menschen, nicht aber für Girard. Denn solange diese Menschen nicht Christen sind, bedeutet das nur die »Rückkehr zu heidnischen Gewohnheiten«[192], und das heißt

189 Girard 2002, S. 237

190 Girard 2002, S. 217

191 Girard 2002, S. 185

192 Girard 2002, S. 225

zu Satan und seiner Gewalt. Für Girard sind also gerade matriarchale Gesellschaften besonders satanisch und gewalttätig? Eine solche Sicht wird er nirgendwo bestätigt finden.

Allerdings geht es bei ihm auch nicht wirklich ohne Satan und seine Gewalt. Denn nur durch – nicht irgendeine, sondern durchaus die satanische – Gewalt scheint man nach Girard Gewaltlosigkeit kennen lernen zu können[193]. Das nenne ich Erpressung mit Satan.

Eines ist daher nun klar geworden: Girard liebt die Menschen und vor allem die Frauen wirklich nicht. Er ist nicht an ihrer Wahrheit als einer ohne Satan, ja vielleicht auch ohne Jesus, je nachdem, wie man ihn interpretiert, interessiert. Dennoch will er sie befreit sehen. Wovon und warum?

Christlich gesehen ist der Mensch – wie in jeder Herrschafts-Ordnung – grundsätzlich schlecht, übrigens gerade auch als matriarchaler (trotz bzw. gerade wegen der »Großen Göttin« jedenfalls als »heidnisch« bezeichneter) Mensch. Daher wird – allerdings nur von christlicher Seite – immer darauf beharrt, dass die matriarchale Gesellschaft, wenn überhaupt davon die Rede ist, als »archaische« besonders gewalttätig war[194]. Da wird so getan, als hätten die Frauen die Schrecken der Herrschaft und des Blutopfers geradezu erfunden, die man bei Männern im Übrigen für ganz normal, ja unverzichtbar hält. So braucht man sich auch nicht um die Ergebnisse der Matriarchats- oder kritischen Patriarchatsforschung kümmern und stülpt ihnen einfach die eigene Projektion über.

Dadurch ist als Alternative alles ausgeschlossen, was sich heute außerhalb des Christentums bewegt. Girard nennt all dies »Neo-Paganismus«[195] und unterstellt ihm damit die alte Satans-Gewalt-Opferlogik[196], letztlich im Stile des – projizierten – »Satanismus«-Vorwurfs.

Wie aber, wenn sich in diesen Alternativ-Bewegungen echt

193 Girard 1994, S. 380

194 Guggenberger u. a. 2006, Palaver 2003, S. 381-384

195 Girard 2002, S. 226

196 Girard 2002, S. 138

jesuanische Tendenzen durchsetzen, selbst wenn sie sich nicht so nennen, bzw. sich umgekehrt die Verwurzelung Jesu in viel, viel älteren matriarchalen Traditionen herausstellen würde?[197] Ja, die Interpretation von Jesus als einem, der angeblich nach einer post-leiblichen und erst dadurch post-sündigen Jenseits-Welt strebt, könnte hier echten Schaden nehmen.

Indem Girard es gar nicht ernst meint mit dem Frieden, der Gewaltlosigkeit und dem Sturz Satans, lehnt er alle diese Bemühungen rund um den Globus[198] pauschal ab. Hier bleibt er finsterster Dogmatiker, ja, er kommt mir vor wie ein Großinquisitor! Denn er hat es schon richtig gesehen: den Alternativbewegungen in der Welt geht es in der Tat um eine Art von Diesseits, um »Pacha-Mama«, wie die Indios sagen, den Leib von Mutter Erde und um unseren eigenen, den sie allerdings in ein »All« eingebettet sehen, sozusagen in ein Dies-All-Seits. Und das braucht kein Jen-Seits. Denn es ist dieser Leib, dessen Leben bedroht ist, aber wohl kaum wegen der leiblichen »Sünde«, sondern der weltweiten Zerstörung aufgrund der Profitmacherei.

Wo da wohl der Satan ist?

Warum fordert Girard eigentlich nicht selbst einen Verzicht auf das Profit-»Begehren«?

Aus der Sicht von Girard kann der Mensch erlöst werden, aber gerade nicht durch seine Rück- oder Vor-Kehr ins Leiblich-Irdische. Dazu werden dann aber Dritte gebraucht, denn wenn der Mensch im Prinzip (auch) gut (genug) wäre, würde er es selbst wollen und letztlich auch schaffen, sich vom vorhandenen Schlechten zu befreien. So aber, als Mensch mit Satan im Inneren, ist angeblich keine »Selbstbefreiung« möglich[199], also muss er von außen – von oben? – befreit werden. Er braucht dazu Helfer und Herren wie Jesus, vor allem aber »Institutionen« wie Kirchen und Schulen – und natürlich Girard?

197 wie Mulack 2009 belegt

198 von Werlhof/Bennholdt-Thomsen/Faraclas 2003, Shiva 2005, Korten 2006, Holloway 2006, Kumar 2007

199 Girard 2002, S. 64

Girard liebt die Menschen also nicht nur nicht, er vertraut ihnen auch nicht, er freut sich nicht an ihnen, er ist nicht neugierig auf sie, er sieht gar nicht ihre vielen Seiten – er kennt sie gar nicht. Da er immer nur den Satan in ihnen und um sie herum sucht, sieht er sie selbst nicht. Er hat keine »echte« Menschenkenntnis. Nicht nur die Gesellschaftsordnung, »der Mensch« selbst ist, Anthropologie hin oder her, der »blinde Fleck« bei Girard!

Insgesamt hat Girard trotz seiner überhistorischen These einen sehr modernen, positivistischen Ansatz, in dem es parallel zum Menschen als Quasi-Maschine auch die Opfer-»Maschine« und -»Mechanik« sowie den Sündenbock-»Mechanismus« gibt. Aber genau wie bei Freud und dessen Rede vom »psychischen Apparat« und einer – wohl sehr patriarchal-männlichen – »Triebstruktur«, die nicht so sehr an »animalische Instinkte« als mehr an die eventuell explodierende Dampfmaschine erinnert und daher ab und zu eine »Abfuhr« nötig hat, bleiben das Technikproblem ebenso wie die Gesellschaftssystem-, Geschlechter- und die Mutter-Kind-Mimesis-Frage sowie diejenige nach außerchristlichen, -kapitalistischen oder allgemein -patriarchalen Alternativen bei Girard gänzlich unreflektiert bzw. von vornherein diffamiert.

Wie die meisten Wissenschaftler begrüßt Girard den technischen »Fortschritt« und hält ihn für einen Maßstab der »Überlegenheit unserer Welt«, der westlich-US-amerikanischen[200]. Deswegen merkt er auch nicht, wie stark sein Menschenbild positiv an der Maschine orientiert ist, und dass das Mensch-Maschine-Verhältnis zu den größten Problemen der Gegenwart gehört[201]. Auch dies beeinträchtigt seine Aussagen im Rahmen seiner eigenen Disziplin, der Anthropologie. Was es heißt, dass wir im Maschinenzeitalter und in der industriellen Massengesellschaft leben, die ja keineswegs zur Tradition der Menschheit gehören, wird auf keiner Ebene problematisiert, sondern bloß vorausgesetzt. Das ist nicht nur Apologetik des Christentums, sondern der modernen westlichen Zivilisation schlechthin.

---

200 Girard 2002, S, 211

201 Genth 2002, Ullrich 1977, Unseld 1992

Die Frage nach der »Natur« des Lebens, schließlich, zu dem die Mimesis überall, nicht nur beim Menschen, sondern auch im Pflanzen- und Tierreich gehört – man denke an mimetische Wunder wie den Schnee-Leoparden! – ist Girard daher am aller fremdesten. Denn die Überwindung der Natur ist ja angesagt und der Maschine einprogrammiert. So gibt es von der Natur bei ihm nur Negatives zu berichten, denn sie ist es, die »von außen auf dem Menschen lastet«, wie »Tod, Krankheit« und andere »Naturphänomene«[202]. Es ist dabei besonders der Tod, mit dem angeblich »die böse Gewalt in die Gesellschaft eindringt«[203].

Da fragt sich, ob er nicht statt des Todes das Töten, also die patriarchale Verfügung über das Leben, im Auge haben sollte, und welcher Zusammenhang zwischen dem »Naturbösen« und dem bösen Satan besteht. Denn »Krankheit« ist bei ihm ja auch die – gesellschaftliche – »Mimetik« und nicht bloß Naturphänomen.

Satan wird von Girard nicht unbedingt zwischen Feldern und Wäldern gesucht. Denn die Gewalt »des Menschen« käme nicht von außen – da ist ja auch der lebendige Zusammenhang – sondern von Satan im Inneren: »Das Spiel der Gewalt« ist »allen Menschen eigen«[204]. Nun, dann hätten wir endlich eine Erklärung dafür, wo die nicht bloß individuelle, sondern wo überhaupt die gesellschaftliche Gewalt herkommt, wenn nicht von Satan: sie kommt aus der menschlichen Natur! Das entspräche der typisch modernen Projektion der gesellschaftlichen Gewalt auf alle/s andere auch[205].

Satan ist aber bei Girard kein Naturwesen mehr. So war noch der platonische daimon namens »Eros« durchaus ein solches, das zwischen Himmel und Erde angesiedelt war, so wie auch Luzifer einstmals – als engelhafte Lichtgestalt – gesehen wurde. Doch bei Girard ist der Nachfolger, Satan, zwar immer noch daimon, dies aber nun nicht mehr als »gute innere Stimme«, sondern als böser Geist, Gefahr,

202 Girard 1994, S. 125

203 Girard 2002, S. 374

204 Girard 2002, S. 377

205 vgl. Böhme 1988

Plage, Herr, Trieb, Verführer zum Bösen und zur Gewalt (und darüber hinaus auch zum Gegenteil!) – jedenfalls: ein Blitz in der Finsternis – aber inzwischen ganz ohne Himmel. Da scheint der daimon eher im Folterkeller hinter der »Eisernen Jungfrau« oder am Elektroschock-Hebel zu sitzen.

Ein solcher »böser Geist« erinnert mich an die düsteren Gestalten der »geistigen Welt«, wie sie bei einem Worms, Crowley oder diversen »Satanisten« beschworen werden[206]. So scheint Girard eher im Stil dieser schwarzmagischen patriarchalen Tradition seine Aufgabe darin zu sehen, auch ganz persönlich den Kampf gegen Satan im (eigenen?) Inneren aufzunehmen.

Schließlich ist Satan bei Girard im Gegensatz zum früheren Naturwesen vor allem auch zum ganz modern anmutenden dämonischen »Energie-Experten« in Sachen Mensch mutiert, einem Elektriker, Mechaniker oder Maschinisten ähnlich, der ein allerdings böses »Leben« in der Mensch-Maschine verursacht bzw. den »Geist« – etwa im Sinne des »Pneuma«[207] – allerdings als aggressiven, in die sonst (angeblich) eher tote und leere »Materie« bläst. Satan macht – oder »schöpft« gar? – Leben, wenn auch ein böses. Satan, ein düsterer Alchemist? Er ist das Böse am/im Leben. So behauptet Girard am Ende letztlich nicht nur, dass Satan das Leben böse macht, sondern dass es – von sich aus – gar kein gutes Leben gebe. Wenn irgendetwas böse genannt werden kann, dann das: Das Leben selbst sei böse.

Dann würde auch die Abwendung von der Maschine nichts nützen.

Wenn es Satan, dem »Todero« (Alleskönner), gleichzeitig gelungen ist, daneben auch als ein ganz profan wirkender Lügner, Betrüger und Manipulator, also eher als eine Art Chefplaner, Oberbefehlshaber oder Politiker zu wirken, der es immerhin erreicht, dass die Ordnung aufrechterhalten wird, dann verwandelt sich »die bösartige Gewalt« dadurch sogar angeblich in »Stabilität und Fruchtbarkeit«[208]! Ja, die

206 Worms 1988

207 Sloterdijk 1991, S. 28

208 Girard 1994, S. 390

»2. Schöpfung«, nämlich die aus Zerstörung, scheint doch immer wieder zu gelingen[209].

Patriarchaler im antiken wie im neuzeitlichen Sinne geht's eigentlich nicht mehr. Daher meine Vermutung: Satan ist selbst ein Produkt des Patriarchats, unter dem inzwischen die Patriarchen selbst leiden. Jedenfalls kommt er in Matriarchaten nicht vor.

Wovon Girard gar nicht spricht – von der wahren Gewalt als dem heutigen »Opfer-Mechanismus«

Wer hat eigentlich überhaupt noch einen freien, von Satan unbeeinflussten Willen, ein eigenes Innenleben, eine Seelentiefe und ist überhaupt ein guter Mensch nach Girard? Man müsste sie suchen unter denen, von denen er nicht spricht. Wer kommt bei ihm nicht vor?

1. Die Frauen, insbesondere als Mütter. Die kämen infrage, aber sie sind gewiss nicht gemeint, wie bereits festgestellt, im Gegenteil.
2. Die weltlich Herrschenden, die sich als Herren der Welt fühlen bzw. sich so aufführen. Es sind allerdings diejenigen, die ohne jeden »Furor« eiskalt Kriege und Ausbeutung planen, durchführen lassen, töten und töten lassen in aller Welt[210]. Es sind die, die die Erde plündern, die Wälder vernichten und von Leuten wie Girard völlig ungestört dabei sind, das Leben auf dem Globus unlebbar zu machen[211]. Es sind diejenigen, die von Menschen, Tieren und Pflanzen ununterbrochen Blutopfer fordern und nehmen und neue »Gründungs«-Morde am laufenden Band begehen wie im Irak, in Afghanistan oder im Kongo, übrigens die allermeisten davon Männer[212].

---

209 von Werlhof 2003b

210 vgl. z. B. Perkins 2004

211 Chossudovsky 2002

212 Mies 2004

Hat Satan mit denen nichts im Sinn, obwohl es ja offensichtlich ganz und gar sein Reich ist, in dem diese anderen Herren agieren und regieren?

Sind diese Herren vielleicht gute Jesus-Menschen?

Und: Ist es sein Reich oder ist es ihres? Oder ziehen sie sogar am selben Strick?

Von diesen Leuten ist keine (analysierende) Rede bei Girard, es sei denn am Rande und in positivem Ton[213]. Hier klafft eine riesige Lücke. Was wirklich böse genannt werden kann und muss, taucht bei Girard gar nicht erst auf, z. B. die direkte, eindeutige und ganz unambivalente Bösartigkeit der »Global Players«[214].

Es ist die Reduzierung der Gewalt auf grauenhafte Lynchmorde und ihre Dämonisierung bei gleichzeitiger Verniedlichung des wirklich umfassenden, systematisch durchgesetzten Bösen und seine »Banalisierung« sowie die Aufbauschung von vergleichsweise harmlosen Affekten wie Neid und Eifersucht, was bei Girard so ärgerlich macht. Von den keineswegs blutrünstigen oder im Affekt geschehenden, mimetisch aufgeladenen, sondern rational geplanten und durchgeführten täglichen Verbrechen gegen Menschen, Leben und die Erde spricht er nicht, oder nicht in negativer bzw. systematisch-analytischer Weise[215]: vom Krieg, Kolonialismus, Kapitalismus, Patriarchat und von der Globalisierung, in der dies alles zur ganz säkular herbeigeführten »Apokalypse« kulminiert. Soll das Scheitern des christlichen Abendlandes in Gestalt der westlichen Zivilisation nun also gar als ominöser Plan Gottes ausgelegt und »erklärt« werden?

Girard tut so, als ob das Reden über Gewalt ein Tabubruch wäre, den er mutigerweise begeht. Meint er das, weil er indirekt auch von seiner eigenen, »brennenden« Versuchung zur Gewalt redet? Marx und Freud haben diesen Tabubruch angeblich auch begangen. Der Tabubruch ist aber erst dort der Fall, wo über den Zusammenhang von persönlicher Gewalt und Gewalt als Gesellschafts-System gesprochen wird. Denn

---

213 Girard 2002, S. 202, 208, 212, 213

214 von Werlhof 2007a, Mies / von Werlhof 2003

215 Girard 2002, S. 213

erst dann erscheinen hinter der Gewalt heute etwa die zerstörerischen Interessen globaler Konzerne und ihrer Handlanger auf allen möglichen gesellschaftlichen Ebenen in einem Herrschafts-, ja Kriegssystem, dessen eiskalte Gewalt von oben kommt und gewollt wird. Erst da hört die Koketterie mit der Gewalt auf und fängt der Ernst der Sache an, wo die Mimesis an eben dieses Gewalt-System, ja seine »Fetischisierung« und deren durchaus auch persönlichen Folgen thematisiert werden: mit der Analyse des (kapitalistischen) Patriarchats, aus der allein eine Abkehr von dieser Gesellschafts-»Ordnung« folgen kann[216].

Wenn Girard allerdings die heutigen »Opfer« und die »Sorge« um sie erwähnt[217], dann sieht er keinen Zusammenhang mit dem »bösen« und womöglich wirklich »satanischen« Charakter des Gesellschaftssystems als solchem, auch außerhalb eventueller Opfermechanismen in seinem Sinne. Es bleibt z. B. unerfindlich, wo diese Opfer heute überhaupt herkommen[218], nachdem ja kein Opferritual mehr bestehe.

So spricht Girard insbesondere nicht von einem Gesellschafts- und Wirtschaftssystem, das seine Mitglieder alltäglich zum Bösen, nämlich zur Konkurrenz, zur Unterwerfung und Ausbeutung, zum Betrug, zum Hass, zum Mitmachen und zur Lüge zwingt. Er spricht nicht von Abermillionen täglichen Opfern der Profitmacherei und Spekulation, den Zigtausenden, die täglich verdursten und verhungern[219], den überall vergewaltigten und ermordeten Frauen, denen, die in heutigen Kriegen umkommen, zu 80-90 % Zivilisten, vor allem Frauen und Kinder, denen, die in vorsätzlich angelegten Minenfeldern verstümmelt werden, die durch Folter, Zwangsprostitution, buchstäbliche Leibeigenschaft, Zwangsarbeit und Sklaverei gehen[220], die Girard ja ignoranterweise als abgeschafft betrachtet. Er spricht auch nicht von denen, die mutwillig oder so nebenbei radioaktiv verseucht werden[221]

216 von Werlhof 2007c

217 Girard 2002, S. 202

218 Girard 2002, S. 208

219 Ziegler 2004

220 Arlacchi 1999, Bales 2001

221 Günther 2000

oder einfach »nur« dem allgemeinen »Fortschritt«, z. B. im Verkehr, zum Opfer fallen.

Noch nie hat es Hunderte Millionen Sklaven auf der Welt und Dutzende von Kriegsschauplätzen auf einmal gegeben, noch nie so viele Tote täglich, bloß weil ihnen der Zugang zu Boden, Wasser und Nahrungsmitteln inzwischen versperrt ist. Girard redet auch nicht von den Menschen, die seit Jahrhunderten im Namen der »Entwicklung« vertrieben und enteignet wurden und werden: von Land, Produktionsmitteln, Selbstversorgung und den Existenzmöglichkeiten selbst[222]. Davon ist heute weiterhin auch der verbliebene »Rest«, nämlich die Hälfte der Menschheit, bedroht, 3 Milliarden noch existierende Kleinbauern auf der Welt[223].

Am allerwenigsten redet Girard davon, dass und wie diese Gewalttaten direkt geplant und organisiert werden, nämlich von weltweit operierenden Institutionen, die extra dafür geschaffen wurden, wie das Bankensystem und die Konzernvereinigungen, die WTO, der IWF und die Weltbank, die die Gier zum Weltsystem ausgebaut haben, von den Einzelregierungen einmal abgesehen[224]. Aber Girard behauptet, heutige Institutionen seien frei von Mimetik und Opfer[225]. Er redet auch nirgendwo davon, dass diese, die wahre Gewalt, nicht zufällig vor allem von ganz rational denkenden und wahrscheinlich überhaupt nichts empfindenden, völlig gleichgültigen Bürokraten ohne jeden Bezug zu irgendeiner Masse begangen wird[226].

Die »Ordnung«, die das hervorbringt, ist eine katastrophale Un-Ordnung. Das Chaos, das Girard beim Zusammenbruch dieser Ordnung aufgrund des fehlenden Opfermechanismus heute, der offenbar durch das »private« Quälen von Frauen und Kindern nicht wettgemacht wird, befürchtet[227], ist durch diese »Ordnung« selbst

---

222 Mies / Shiva 1993

223 Amin 2004

224 Chossudovsky 2002

225 Girard 2002, S. 204, 208

226 Perkins a. a. O.

227 Girard 2002, S. 189

längst eingetreten. Man stelle sich vor, der Frauenbewegung würde es auch noch gelingen, diesen relativen »Segen«, den das Frauenopfer in solchen Zeiten nach Girard zu stiften scheint, auch noch abzuschaffen. Dann wären diese Frauen nach Girard doch auch direkt für den Untergang unserer Gesellschaftsordnung verantwortlich, nicht aber die Globalisierung, der Krieg und die dazu gehörigen »Mächte«!

Wie kann Girard das Opfer heute mit seiner Theorie erklären? Gar nicht. Denn es gibt für ihn heute weder Opfermechanismen, noch gesellschaftliche Verhältnisse außerhalb davon, die die Opfer erklären könnten. Heutige »Institutionen« seien ja sogar zur Opfervermeidung da[228]. Welch ein Hohn! Das hat die Inquisition von sich selbst auch schon behauptet. Warum hat er dazu nicht Ivan Illich gelesen[229], der die »Kontraproduktivität« moderner Institutionen erklärt, die nämlich immer das Gegenteil von dem hervorbringen, was sie selbst – angeblich – anstreben?

So bleibt der Gewaltbegriff bei Girard in unerträglicher, in selbst direkt gewalttätig wirkender Weise eingeschränkt. Weder von direkter ökonomischer, politischer und religiöser[230], noch von indirekter, »struktureller« und im System selbst angelegter Gewalt[231] hat er anscheinend je gehört, von Massenvernichtung und Krieg gerade heute zwar am Rande[232], aber folgenlos für seine Analyse. Er nimmt sie nicht zur Kenntnis, weil er ja gerade gegen die bisherigen und zugegebenermaßen unzureichenden Erklärungsversuche von Gewalt eine andere Theorie entworfen hat – oder weil er sie als gottgewollte »Apokalypse« definiert? Ist es ein Trick, Aufstieg und Niedergang der westlichen Moderne, an denen das Christentum von Anfang an prominent und federführend beteiligt war, jetzt auf einmal zur Apokalypse zu (v)erklären, um nicht zur Verantwortung gezogen zu werden?

---

228 Girard 2002, S. 207 f

229 Illich zuletzt 2006

230 Widerspruch 1993

231 Galtung 1982

232 Girard 2002, S. 208

Ist auch das gemeint, wenn es heißt, »das lügnerische Religiöse« bewahre »vor dem Chaos«[233], und wenn die Menschen »die Unwissenheit verlieren«, nehme man »der menschlichen Gewalt den letzten Hemmschuh«[234]? Wie, wenn darunter heute auch das christlich Religiöse fiele, und die religiösen und anderen »Mächte« lediglich eine panische Angst davor hätten, dass die Wahrheit über ihre eigene Gewalt die Augen der ehemals Gläubigen öffnete? Welch einer Wut, und zwar einer gänzlich unsatanischen, würden sie da begegnen?

Girard hat zur Gewalt nur Dogmatisches, Dämonisches, Individuelles, Eklektisches, extrem Frauenfeindliches, Satans- oder Gottgewolltes und, was die westliche Gesellschaft als ganze angeht, sogar fast nur Positives zu sagen. Ausgerechnet der technische Fortschritt, die kapitalistische Wirtschaft und die Globalisierung – die angeblich »beste« aller Gesellschaften seit je – seien auf dem institutionellen Weg unterwegs in eine vielleicht sogar jesusgemäße Zukunft[235]. Widersprüche, wie die angeblich gleichzeitige »Entgrenzung der Opferlogik« und die dadurch geschehende »Zerschlagung« des »modernen« Staates durch die Globalisierung[236], bleiben einfach so im Raume stehen.

Aber Girards Anspruch ist es, im Gegensatz zu anderen alles Wesentliche über die Gewalt in der Welt von Anbeginn der Geschichte an gesagt zu haben.

Die Natur kommt schließlich bei Girard – wie schon gesehen – auch nicht als Opfer systematischer Gewalt vor, von einem Nebensatz abgesehen[237], selbst wenn es noch so viele ökologische Probleme, Klimawandel, ausgerottete Fauna und aussterbende Flora gibt. Da sieht er auch keinen Zusammenhang mit den Zerstörungen durch Industrialisierung, Fortschritt der Maschinerie und moderner Warenproduktion. Im Gegenteil, die scheint ja die mimetische Rivalität sogar

233 Girard 2002, S. 126

234 Girard 1994, S. 201

235 Girard 2002, S. 207, 211 f, 218

236 Girard 2002, S. 208

237 Girard 2002, S. 213

zu besänftigen[238]. Kultur ist eben Naturbeherrschung, Macht über das böse Leben, die bösen Tiere und den bösen Tod, nicht zu vergessen die besonders bösen Frauen.

Wie kann ohne Schaden für die Analyse »des Menschen« und der Gesellschaft die Natur als Grundlage unserer Existenz einfach unter den Tisch fallen, und dies in Zeiten nahender »Apokalypse«? Welch eine Exkulpation der Gewalt durch einen angeblichen Gewaltkritiker!

Mein Vorschlag zur Interpretation: Wie, wenn heute doch – wie etwa zu Zeiten der Inquisition – neue, unpersönlich wirkende kollektive Opfer-Mechanismen in und durch »Institutionen« am Werke wären und sie gleichzeitig auch als »religiöse« verstanden werden könnten?

Daher noch einmal zu den heutigen Opfern. Die von Girard sogenannte »Sorge um die Opfer«[239] ist ja vor allem deswegen da, weil es trotz aller eventuellen »Sorge« immer mehr werden. Wie, wenn das dadurch geschieht, dass gerade die modernen, säkularen Institutionen, z. B. »der Markt«, Opfer »verlangen« und genauso undurchschaut wirken wie ihre religiösen Vorgänger? Und wer sagt, dass an diese Opfer nicht »geglaubt« würde, also an das »Gute« daran, dass sie gebracht werden: an das moderne Menschenopfer in Medizin und Arbeitsprozess, durch neoliberale Wirtschaftspolitik, »humanitäre Interventionen«, Hilfs- und Friedensmissionen, technischen Fortschritt, Entwicklung, Warenproduktion, Wachstum, Folter und Krieg?

Heißt es nicht ständig, für den Fortschritt müssten Opfer gebracht werden, und zwar Menschenopfer? Und Opferriten gibt es auch: Sport- und andere Heldenkulte, nächtliche Organtransplantationen, die Zerstückelung der Vorgänge um die Hervorbringung neuen Lebens in der Petrischale und anderswo, generell das in Ökonomie, Politik, Wissenschaft, Krieg und Kunst gebrachte, meist unsichtbar bleibende Lebens- und vor allem Frauenopfer[240] sowie die Feier der »Global-Players« jährlich in Davos, die Feier des »großen Fressens«[241].

238 Girard 2002, S. 226

239 Girard 2002, 202 ff

240 Bergmann 1996 und 2000

241 von Werlhof 2007a, S. 107

Vielleicht sind ja die Institutionen und das System von heute gar nicht so säkular wie sie erscheinen? Vielleicht hat das religiöse Opferritual, die »heidnische Opfermaschinerie«, gar nicht wirklich aufgehört zu wirken? Vielleicht leben wir, umgekehrt, gerade in einer durch und durch und wie nie zuvor vom Opfer geprägten und durch dieses Opfer geradezu definierten Gesellschaft?[242] Wobei das Opfer oft nur als »Kollateralschaden« gilt. Dann wäre dieses Opfern auch gar kein »heidnisches«, sondern ein christliches. Die christliche »Sorge um die Opfer« seitens der Institutionen wäre dann nur Ideologie, Aushängeschild, Lippenbekenntnis, und in Wirklichkeit geht es um das Gegenteil. Vom Resultat her gesehen ist dies jedenfalls der Fall. So hat Entwicklung bei uns bis jetzt immer Unterentwicklung – und das heißt Menschen- und andere Opfer – anderswo bedeutet[243]. Sollen wir davon ausgehen, dass das nicht gewollt war[244]? Wenn ja, dann hätten wir auf diese »Entwicklung« eben verzichten müssen. Weil das aber gerade nicht geschah, war es selbstverständlich gewollt. Es wurde nur – christlicherweise? – nicht eingestanden.

Wenn es überhaupt eine Sorge um die Opfer gegeben hat und gibt, dann muss sie ja irgendwann, und zwar nicht nur in Einzelfällen, wirksam werden, sonst hat es sie nur zum Schein gegeben und ohne das Opfer/n zu verhindern. Das heißt, es hat sie eben nicht gegeben.

Da sind überall Zusammenhänge, die geradezu auf ein systematisches Opfer/n, ein Opfer/n als »System«, hinweisen. Aber Girard ficht das nicht an. Seine Art angeblicher Interdisziplinarität nimmt dies alles nicht zur Kenntnis. Dagegen wäre es ja erklärbar, warum es heute mit den Opfern nicht besser, sondern immer schlimmer und auch noch global geworden ist, und das nicht wegen einer fehlenden, sondern umgekehrt wegen einer immer mehr »durchschlagenden« Opfer-»Maschinerie«. Deren wichtigster »Mechanismus« ist ja bekannt: die Profitmacherei. Und die steht auch von der Kirche unangefochten da und verbreitet sich qua Neoliberalismus

242 vgl. Baecker 2003

243 Frank 1968

244 Illich 2006

noch viel schneller in aller Welt, als es ohnehin seit dem Kolonialismus schon der Fall war[245]. Allerdings wird dazu heute vermehrt zum Mittel des Krieges und anderer Formen von Gewalt nach außen und innen gegriffen[246]. Vielleicht ist also dieses Opfern anstelle des Jesusglaubens wirklich die neue Religion geworden[247], und sie wäre weder heidnisch, noch christlich im Sinne Girards, sondern christlich im Sinne einer Moderne des Patriarchats. Und diese wäre als säkularisiertes Christentum zu verstehen, aber nicht im Sinne einer christlichen Ordnung, die säkularisiert worden wäre, sondern umgekehrt im Sinne einer säkularen Ordnung, die durch und durch christlich, wenn auch sicher nicht jesuanisch, geprägt ist. Denn eines wird – ganz christlich – am meisten geopfert: die Natur und/als der lebendige Leib. Da liegt doch womöglich der Satan im Pfeffer!

Für Girard jedoch ist die drohende Auflösung der Ordnung durch das *Fehlen* eines Opfer-»Mechanismus«, wie er ihn versteht, zu erklären. Der eindeutig »religiöse Mord« müsste also wegen seiner angeblich befriedenden Wirkung demnach wieder eingeführt werden, während der nach Todorov »atheistische Mord«[248] heute in Form des »alltäglichen Massakers«[249] unangefochten und auch als eventuell gleichzeitig »religiöse«, nämlich als Glaubens-Frage uninterpretiert bliebe?

Ein kommendes Chaos ist vor der patriarchalen Art von Ordnung, ob modern oder »archaisch«, jedenfalls nicht bekannt. Im Gegenteil, das patriarchale Herrschaftssystem hat die gesellschaftliche Unordnung überhaupt erst geschaffen. Vor diesem Hintergrund sind die Phänomene der systematischen Gewaltanwendung, seien sie als religiöser, seien sie als säkularer Opfermechanismus definiert, ganz anders zu verstehen. Sie legitimieren und erhalten die Unordnung und sind damit ein ebenso säkularer wie religiöser Betrug. Eben deshalb sollen sie nicht durchschaut werden. Dazu trägt Girard bei, indem

---

245 Mies 1992a

246 Mies 2004

247 Baecker a. a. O.

248 Todorov 1985, S. 175

249 Ziegler 2004

er das heutige, in seiner Weite und Tiefe noch gar nicht begriffene Desaster nicht dem christlichen Westen anlastet, sondern vor allem als Kommen der schon mehrmals angekündigten Apokalypse, also als göttlichen Plan, deutet.

Er sieht also nicht, dass die Herrschafts-, Religions- und Gewaltordnung selbst sowohl für die kommende Apokalypse, wie auch für die Verzweiflung, Perversion, den Ekel und die Gewalttätigkeit der Menschen sorgt, die gezwungen sind, in ihr zu leben. Und er sieht kaum, dass ihre Gewalt meist gerade noch nicht einmal im Furor ausgetobt wird, sondern in der krankmachenden Mittäterschaft bei der kalten Gewalt, im Gehorchen und Sich-Fügen, im Sich- und andere Beherrschen und Unterdrücken – im Nicht-mehr-Leben(-Lassen) – ob mimetisch ausgelöst oder nicht.

Girard will jedenfalls den Menschen nur die eine Gewalt austreiben ohne die andere, und den Grund für beide unbehelligt lassen. Eine repressive Moral, fürwahr.

Die Frage ist also: Wer hindert eigentlich die Menschen daran, friedlich zusammen zu leben, ihre Konflikte gewaltfrei auszutragen und verantwortungsvolle Gemeinschaft zu sein? Sie sich selber?

Wovon Girard spricht: den patriarchalen Mythen, wovon nicht: den matriarchalen Mythen. Die Folge: Verbot der »Anklage«

Da Girard nur die patriarchale Gesellschaftsordnung kennt, die er allerdings nicht als solche benennt, weil das nur möglich ist, wenn man ein Gegenteil dazu sieht, nimmt er auch nur patriarchale Mythen zur Kenntnis. Diese haben selbstredend einen »Gründungsmord« zum Inhalt[250], eben weil die patriarchalen Gesellschaften überall mit dem Überfall, der Eroberung und der Ermordung der »Großen Mutter und Göttin« sowie der sich auf sie berufenden Gesellschaften beginnen[251].

250 Girard 2002, S. 109ff

251 s.a. Weiler 1991

Dafür braucht es eine Rechtfertigung. Das ist der Inhalt der patriarchalen Mythen. Girard aber wundert sich: »Die eigentlich religiöse Dimension lässt sich mit einer mütterlichen Substanz, einer ursprünglichen Gebärmutter vergleichen, deren sich die Riten im Verlauf der Zeit entledigen, um sich in entritualisierte Institutionen zu verwandeln«[252]. Er kann dies aber nicht erklären.

Die matriarchale Mythen- sowie die kritische Patriarchats- bzw. Matriarchatsforschung können das sehr wohl[253]. Denn hier wird ja offensichtlich ein Mutter- und Göttin-Mord beschrieben. Das passt aber nicht in Girards Bild, weil er behauptet, dass das Blut-Opfer als »Gründungsmord« vor dem Entstehen der Götter und Göttinnen kommt, und die letzteren erst aus dem Mordopfer als »vergöttlichte« hervorgehen. Göttinnen seien daher ursprünglich »Sündenböcke« in ihren Kulturen gewesen[254]. Demnach hätte es also nicht darum gehen können, sich »der mütterlichen Substanz zu entledigen«, sondern diese wäre als »vergöttlichte« bzw. »Göttin« erst das Resultat des Opferrituals gewesen.

»Göttinnen« und »Götter« vor dem Monotheismus werden also als aus dem Opferritual hervorgegangen betrachtet – im Gegensatz zum erst später »entdeckten« monotheistischen Gott, der als umfassender, über allem stehender und vom Opfer unabhängiger All-Gott gesehen wird.

Hierbei wird unterschlagen, dass die »Grosse Göttin« seit unvordenklichen Zeiten ebenfalls als All-Göttin bzw. »All-Mutter« verstanden wurde: Als Göttin, die nicht nur unabhängig vom Opfer ist, sondern im Gegensatz zu ihm steht, gleichzeitig aber nicht »über« allem waltet, sondern dieses All selbst ist und damit auch »in allem« ist, weil sie es hervorbringt. Allein, dass Girard dieses Göttin-»Konzept« der »Alten« nicht berücksichtigt, ist eine Art von Mutter- bzw. Göttin-Mord[255].

---

252 Girard 2002, S. 121

253 Göttner-Abendroth 1988, Treusch-Dieter 2001, James 2003. Tazi-Preve 2004

254 vgl. Palaver 2003, S. 382

255 Tazi-Preve 2004, S. 96ff, Mulack 2009

Die Dinge sind einfach zu klären: Es kommt eben nicht der Mord vor der Geburt. Und was die frühe »Kultur« hervorbringt und eint, ist die Selbstorganisation um die Geburt herum: die »mütterliche Ordnung« und/als deren Einbettung in die »kosmische« All-Mutter-Ordnung, später auch Göttin genannt. Wie die Geburt, so kommt auch die »Göttin« lange, lange vor den patriarchalen Mordtaten[256], die sich der Göttin entledigen müssen, um selbst scheinbar an deren Stelle treten zu können. Das ist der wirkliche Betrug im wiederholten Gründungsmord–Opferritual: dass es nur eine/n Ersatz-Gott/-Göttin »schafft«, dem als »Schöpfer« einer »Ordnung« gehuldigt wird, die nicht auf der Feier des Lebens, sondern der der Gewalt beruht. Schließlich kann diese Ordnung nicht ohne Gewalt auskommen, da sie mittels ihrer die »Macht über« geschaffen hat und ohne sie nicht bleiben kann.

Es ist daher offenbar »notwendig«, ausgerechnet von der matriarchalen Ordnung – so nebenbei – zu behaupten, sie »wurzele im Opfermechanismus« ebenso wie die patriarchale[257]. Andernfalls wären »der Mensch« bzw. »die Frau« nicht in allererster Linie böse, gefährlich und gewalttätig, und dann würde das ganze Gebäude der »mimetischen« und anderer patriarchaler Theorien in sich zusammenfallen.

Der Mythos von Thiamat und Marduk ist ein Beispiel für einen patriarchalen Göttin-Gründungsmord aus dem 2. Jahrtausend v. Chr. in Babylon, das Girard erwähnt, aber ohne seinen patriarchalen Charakter zu bemerken[258]. Dieser Mythos erklärt, wie die mesopotamische Despotie entstand und rechtfertigt sie nachträglich, 1000 Jahre nach ihrer Etablierung. Das Beispiel zeigt auch, dass davor eine andere Gesellschaft und »Religion«, eben die der »Grossen Göttin« – und keineswegs ein lediglich blutrünstiges »Heidentum« – existiert haben muss, deren Existenz vernichtet und deren Reichtum angeeignet wurden. Entsprechend geht es auch im Mythos um Gewalt und Raub, das Prinzip des »Teile und Herrsche« sowie die angeblich mögliche

256 Fester u. a. 2000

257 Palaver 2003, S. 382

258 Girard 2002, S. 109

»Schöpfung aus Zerstörung«, das alte und neue Motto patriarchaler Gesellschaft bis heute.

So wird Thiamat, die unvordenklich alte Groß- und Welt-Göttin getötet – aber nicht im Anschluss an ihre Ermordung erst »erfunden«! Und ihr Leichnam, die »Mutter-Materie« schlechthin[259], wird »zerstückelt«, in Erde und Himmel, oben und unten geteilt und als Lebensgrundlage herrschaftlich angeeignet.

Dass das Opfer Thiamats, die u. a. übrigens mit »Chaos« übersetzt wird, rituell wiederholt und – was die Eroberer angeht – auch einmütig gefeiert wird, dürfte klar sein. Eine solche »Einmütigkeit«, von der Girard in Bezug auf das »archaische« Opfer/n immer wieder spricht[260], kann aber bei den Eroberten, von denen Girard nicht spricht, nicht angenommen werden. (Woher will er überhaupt von einer »Einmütigkeit« wissen?)

So dürfte auch der Mord an Jesus sicher nicht der erste gewesen sein, der nicht einmütig hingenommen wurde, wie Girard behauptet, – ein Mord, der die ganze Opferei im Prinzip beendet haben soll. Es ist ja geradezu das Gegenteil der Fall.

Dass die Eroberer, die das Patriarchat als regelrechte, auf Dauer gestellte Gesellschaftsordnung auf den eroberten matriarchalen Gesellschaften erst aufbauen, daher die Teilung und Spaltung, die Dichotomisierung der Gesellschaft und den Dualismus von Gut und Böse, Oben und Unten, Männern und Frauen, Form und Stoff, Geist und Materie etc. einführen bzw. erfinden, denn vorher gab es ihn nicht, ergibt sich aus der Tatsache der Eroberung und anschließenden Etablierung einer Fremdherrschaft. Natürlich muss so die »Gleichheit«, die frühere Egalität, als äußerste Bedrohung angesehen werden, wie dies auch Girard tut[261]. Denn für ihn ist die Gleichheit nicht mit der herrschaftlichen »Normal«-Ordnung vereinbar. Die Bedrohung gilt also nur für die Sieger. Denn durch »Gleichheit« wäre es ja mit der Herrschaft wieder vorbei.

259 Girard 1994, S. 94

260 Girard 2002, S. 14, 81, 107, 120

261 Girard 2002, S. 77-81, 88

Die patriarchale Negation der matriarchalen Gesellschaft als derjenigen, auf der noch jedes Patriarchat »aufsitzt«, und die Verweigerung einer »Periodisierung« der Geschichte über das Patriarchat hinaus ist bei Girard vorausgesetzt, obwohl er mit der Tatsache der Existenz matriarchaler Kultur, ja Hochkultur, viel mehr hätte erklären können, als er es ohne sie tut: z. B. die Tatsache des Frauenopfers im Patriarchat generell, die er ja mit der »weiblichen Schwäche« begründet[262]. Treusch-Dieter und andere haben nachgewiesen, dass das Frauenopfer die ganze Antike und ihre »Mysterien« (sic!) begleitet und zugleich Holocaust, also Brandopfer gewesen ist[263], wie wir es bei Ketzern und Hexen, Juden sowie der Sati, der traditionellen indoeuropäischen Witwenverbrennung, ebenso wie bei den modernen Mitgiftbrandmorden an indischen Ehefrauen wiederfinden[264]. So kommt das Frauen- und Blutopfer – nicht das Menstruationsblutopfer! – ursprünglich aus dem Krieg, dem Eroberungskrieg der sich patriarchalisierenden Kriegerhorden gegen unbewaffnete matriarchale Völker, und ist nicht etwa ewiger Begleiter menschlicher Kultur, wie Girard immer noch annimmt[265].

Die matriarchalen Mythen erzählen entsprechend auch nicht vom Opfer, sondern sie sind umgekehrt allesamt Geburts-, Abkunfts- und Abstammungsmythen, Mythen über die Verbundenheit aller Lebewesen durch die Urmutter, konkretisiert in der Gestalt eines Gestirns, eines Muttertiers, einer Pflanze, Landschaft oder Menschenfrau[266]. Es kommt eben nicht der Mord vor der Geburt, wie bei Girard, und menschliche Kultur begann entsprechend um das »mater arché«, den Lebensanfang aus den Müttern (arché = Anfang, Beginn, Ursprung, Gebärmutter), und nicht um einen »Gründungsmord«. Entsprechend musste »das Heilige« auch nicht erfunden werden, schon gar nicht durch eine Gewalttat, sondern in

262 Girard 2002, S. 208

263 Treusch-Dieter a. a. O., Straube a. a. O.

264 Mies 1985

265 Dieckvoss a. a. O., Eisler 1983

266 James a. a. O., Derungs 2003

matriarchalen Gesellschaften gilt alles Vorhandene als »heilig«, es sind »sakrale« Gesellschaften[267].

Ich frage mich, warum Girard hier Georges Bataille nicht erwähnt, mit dem er ja viel gemeinsam hat[268]. Denn Bataille hat die Ambivalenz des (patriarchalen) Heiligen als gleichzeitig »Verfemtem« in einer Weise herausgearbeitet, der man noch ansehen kann, dass hier möglicherweise eine Entwicklung zugrunde liegt, in der das Heilige ursprünglich keineswegs verfemt und auch nicht von einem Nicht-Heiligen getrennt war[269]. Währenddessen scheidet bei Girard diese Möglichkeit schon dadurch aus, dass das Heilige – bei den vorchristlichen Religionen – erst aus dem Verfemten entstehe. Dadurch ist die vollständige Verkehrung des Heiligen ins Verfemte, dem die Gewalt gilt, bzw. der Gewalt ins Heilige, vollzogen. Damit sind wir bei Girard ohne Übergang mitten im Patriarchat, das die Opfer seiner Kriege und Gewalttätigkeiten nachträglich »heiligt«, damit sie weitergehen können. Dass davor ein anderes Heiliges unabhängig von der Gewalt existiert haben könnte, ja muss, das inzwischen durch den Göttin-/Muttermord unsichtbar gemacht worden ist, ist nur bei Bataille noch erahnbar.

Die Gewalt ist eine mögliche menschliche Verhaltensweise, die natürlich auch in matriarchalen Gesellschaften vorkommt, aber sie tritt aus deren Verständnis nicht ein wegen Satan, sondern weil in der Gemeinschaft – und nicht bloß beim Einzelnen – Konflikte aufgetreten sind, die nicht oder nicht rechtzeitig bemerkt wurden. Matriarchale Menschen wissen, wie sie damit umgehen können, indem sie gemeinsam die Verantwortung übernehmen und um Wiedergutmachung bemüht sind, also gerade ohne Gewalt und Bestrafung vorgehen, um Konflikte zu lösen[270]. Die Gewalt auch noch zum System zu machen, ist für sie gerade ausgeschlossen. Dies wäre der äußerste Tabubruch.

---

267 Göttner-Abendroth 1988

268 Bataille 1997

269 Bataille 1975

270 Lauderdale 1996, Göttner-Abendroth / Derungs 1997, Göttner-Abendroth 1991 und 2000

Niemand, weder »die Mächte«, noch »die Masse«, ist also zur Gewalt als Schicksal gezwungen. Eine Gesellschaftsordnung, die das anerkennt und Gewalt vermeiden will, führt keinen Krieg, erfindet keine Klassen oder den Krieg gegen die Frauen sowie die Tiere und Herrschaft als System, und auch keine Theorien darüber, dass der Mensch und vor allem die Frau ebenso wie Satan und die Natur insgesamt im Prinzip notwendig böse und gewalttätig seien. Wenn die Auswirkungen dieses Denkens nicht so entsetzlich wären, könnte man einfach darüber lachen. Aber die Hybris, die in dieser Verurteilung des Lebens liegt, ist inzwischen derart verbreitet und hat sich über das Christentum hinaus überall so im Säkularen etabliert, dass einen das Grausen packt angesichts der vernichtenden Folgen in allen Bereichen des Lebens – einschließlich der mimetischen Aneignung dieser Ablehnung des Lebens, wie sie sich im Ekel vor dem Lebendigen ausdrückt.

Aus einer mütterlichen Perspektive ist die patriarchale Sicht des Lebens als prinzipiell Böses und als Gewaltvorgang nur mehr abstoßend und absurd: Welche Mutter hält ihr Kind für böse? Welche Frau würde dann überhaupt noch gebären? Wie würden Mütter ihre Kinder aufziehen, wenn sie das glauben würden?

Nur im Patriarchat hält man Mütter für böse oder zumindest naiv und das entsprechend organisierte Eingreifen von »Institutionen« der Erziehung für zentral. Damit wird dann sichergestellt, dass die Kinder wirklich einmal gewalttätig werden[271].

Für Gandhi etwa war »jede Art von Gewalt … unwahr«[272], und Gewaltlosigkeit bestand für ihn in »satyagraha«, der Suche nach Wahrheit. Denn die Gewaltanwendung verschweigt einen zu Grunde liegenden Widerspruch. Daher rief er zum gewaltfreien Widerstand auf. Das scheint Girard nicht kennen zu wollen, denn für ihn gibt es auch eine »gute« Gewalt, außerdem ist Gandhi kein Christ, und drittens ist Girard auch gegen jeden Widerstand.

Dies belegt seine christliche Ablehnung der »Anklage«, die Satan

271 Renggli 1992, Gruen a. a. O.

272 Gandhi 2000, S. 84

vorbehalten sei[273], um das Opferritual und die Ermordung des – nach Jesus – unschuldigen Opfers zu inszenieren. Die »Anklage« ist also angeblich allein dem Opferritual zuzuordnen und in ihrem Charakter »satanisch«.

Solch ein Reduktionismus und Automatismus sind abzulehnen. Anklage führt keineswegs unausweichlich zum Tod Unschuldiger, wie Girard behauptet, sondern kann auch zur gemeinsamen Erkenntnis von Schuld, zur Beendigung des schuldhaften Verhaltens und zum Versuch einer Wiedergutmachung dieser Schuld führen.

Diese Praxis ist sehr alt, aber eben nicht patriarchal, und nur durch sie ist auch eine wirkliche Versöhnung möglich. Diese kann aber nicht auf Grund einer Illusion, der Erwartung, dass das Opfer einfach vergibt, oder der Erzwingung einer solchen Vergebung beruhen, sondern nur auf Grund der gemeinsamen Erkenntnis der Ursachen einer Gewalttat, der Reue und der Bereitschaft, in Zukunft von ihr abzulassen.

Auf heute angewandt: Sollen wir warten, bis die letzten Wälder gerodet, die letzten Kulturen und Arten ausgerottet, und das Erdklima für immer und ewig gekippt ist? Wo liegt denn hier die Gewalt: in der Vernichtung oder in der Empörung darüber? Müssen wir nicht genau dies tun: die Waldvernichter und Klimazerstörer eben jetzt anzeigen, gegen sie Anklage erheben und ihnen gemeinsam das Handwerk legen? Sie sollen ja dafür nicht zum Tode verurteilt werden. Aber unschuldig sind sie auf gar keinen Fall. Sie könnten sich ja etwa an der Wiederaufforstung beteiligen, finanziell, organisatorisch oder/und physisch. Und vor allem müssten sie mit der fortgesetzten Vernichtung von »Mutter Erde« aufhören, anstatt weiter ihren unendlichen Produktions- und Wachstumswahn zu befriedigen.

Ist Girard daher gegen die Anklage, weil sie unweigerlich zum Widerstand gegen das eigentliche Problem, die heutige Gesellschaftsordnung und ihre Vertreter führen würde?

Das negative Menschen- und insbesondere Frauenbild des Patriarchats, des Christentums und Girards kommt daher, dass der Aufstand gegen die Herrschaft immer befürchtet werden muss und

273 Girard 2002, S. 227

daher aller Anklage der Aufstand unterstellt wird. Indem Herrschaft eine »Fehlform« ist[274], muss sie das Böse von sich auf die Beherrschten projizieren. Ohne Herrschaft gibt es keine Notwendigkeit für ein Bild vom Menschen als schlecht, sündig oder niedrig. Herrschaft legitimiert sich, weil sie eben nicht gewollt wird, und dafür muss sie sich systematisch als besser, höher und edler darstellen als die Beherrschten und als die alte Herrschaftsfreiheit[275]. Dasselbe gilt natürlich für das Geschlechterverhältnis im Patriarchat. Man(n) stelle sich vor: Die Frauen klagen an! Da fürchten die Männer, dass sie mit ihnen dasselbe machen wollen, was sie mit den Frauen gemacht haben. Plötzlich »wissen« sie um das, was sie sonst dauernd leugnen, bagatellisieren oder unsichtbar machen: Mutter- und Göttinnenmord, Kindsmord, Folter, Missbrauch, Vergewaltigung, Unterdrückung und Ausbeutung sowie generell (Todes)Strafen für Frauen auch ohne Gerichtsurteile[276], im Opferritual oder ohne es.

Männer projizieren ihre eigene Gewalttradition auf die Frauen – was sogar Girard bemerkt, aber nicht analysiert[277] – und können sich einfach nicht vorstellen, dass es nicht darum geht, »den Spieß umzudrehen«, sondern darum, an den besseren Traditionen menschlicher Kultur wiederanzusetzen. Etwas anderes ist nach den Gewaltorgien des Patriarchats heute sowieso nicht gefragt, jedenfalls gerade nicht bei sehr vielen der Beherrschten.

In Matriarchaten ist Herrschen ein Tabu. Die Gleichheit als materielle, die Egalität der Rechte und Pflichten darf auf keinen Fall durchbrochen werden. Deshalb und nicht, weil es immer ein Opfer geben muss, wie bei Girard, wird der bedroht, der sich über die Gleichen erhebt[278]. Er wird damit daran erinnert, dass er seine vorübergehend andere Position als König, Kazike, Häuptling etc. nicht missbrauchen darf für egoistische Zwecke. Diese Position dient

274 Ernst 1996

275 Clastres 1976 und 1981, Sigrist 1994

276 von Werlhof 1996a

277 Girard 1994, S. 209

278 Girard 1994, S. 158f

nämlich hier der Aufrechterhaltung der egalitären Ordnung, nicht ihrer Zerstörung. Auch nicht-patriarchale Menschen wissen um die Gefahren der Macht, und sie gehen so damit um, dass sie sie vermeiden können[279].

Pierre Clastres, den Girard nicht zitiert, obwohl er als französischer Anthropologe so gearbeitet hat, dass Girard ihn unmöglich hat übersehen können, nennt die angeblich »primitiven« staatslosen und egalitären Gesellschaften »Staatsfeinde«[280]. Manchmal wird dort der Ungleiche nur eingesetzt, um die Gemeinschaft an die Gefahr der Macht zu erinnern und sie nicht aufkommen zu lassen. Denn hier ist man nicht naiv. Niemand soll sie ausbreiten wollen, denn Macht ist gefährlich und macht arm. So wird der vorübergehend Mächtigere und Wohlhabendere zum Häuptling gewählt, um alle Macht und allen Reichtum wieder zu verlieren. Für die sogenannten Primitiven ist daher nicht eine archaische Ursprungsmacht, sondern gerade deren Ablehnung kennzeichnend[281].

Der Muttermord gilt in matriarchalen Gesellschaften als abscheulichstes aller Verbrechen (vgl. Orest) und die Autorität der Mütter, aber auch von Männern, richtet sich nach ihrer Lebenserfahrung, Kompetenz und Weisheit. Bei den Tolteken in Mexiko etwa ist das Wort für Gerechtigkeit dasselbe wie für Schönheit, die »Macht« ist die Eigenmächtigkeit der Lebewesen und wird beschrieben als »Blume, die in den Händen der Menschen spazieren geht«[282]. Da scheint es ja sehr gewalttätig zuzugehen!

Frauen sind in solchen Gesellschaften ökonomisch nicht von Männern abhängig. Ihre Kultur ist lebensorientiert, sieht das Diesseits als in das All eingebettet und nicht von einem sogenannten Jenseits getrennt. Da geht es auch nicht darum zu opfern, sondern zu schenken und zu (ver)teilen[283].

279 Clastres 1981

280 Clastres 1976

281 Clastres 1981

282 von Werlhof 1996b

283 Vaughan 1997

Das Patriarchat hinterlässt Reste des vorherigen Matriarchats als »zweite Kultur«[284]. Die Mutter-Kind-Mimesis gehört dazu; und von ihr stammen nach wie vor Liebe, Freundschaft und Gegenseitigkeitsverhältnisse, das Gefühl für Verantwortung und das sich Kümmern umeinander. Dass dies auch heute noch vorkommt, ist gewiss kein Verdienst des Patriarchats und auch nicht des Christentums.

Jedenfalls hat Jesus die patriarchale Gesellschaftsordnung Roms sehr wohl thematisiert, ja auf das Schärfste angegriffen[285], und er hat sehr wohl das Gute in den Menschen, gerade in den sogenannten Sündern und Frauen gesehen, angesprochen und darauf gebaut. Er hat ihnen ihre Würde wieder gegeben. Satan hat er aber nicht verabsolutiert. Auch deswegen ist Jesus unter anderem in viel älteren matriarchalen Traditionen anstatt im Gnostizismus patriarchaler Weltverleugnung anzusiedeln.

Schluss im Angesicht der »Apokalypse«: Wovon Girard nicht spricht – der Logik einer Verallgemeinerung des Exorzismus als Opferritual auf individueller Basis und Ersatz für die Abschaffung des Patriarchats

In der Logik Girards muss das Böse, das in allen von uns, vor allem den Frauen, wirkt, in und aus uns beseitigt werden, sonst kämen wir nie zum Frieden Jesu. Wäre nach der Logik Girards dazu heute nicht gerade die allgemeine »Teufelsaustreibung«, der Exorzismus geeignet?

Exorzismus wäre Hilfeleistung für Jesus, und die wäre gerade heute nötig, weil ja – nach Girard – die satanische »Selbstaustreibung« Satans nicht mehr stattfindet[286], Satan also selbst nicht mehr als sein eigener Exorzist wirken kann. Denn da das Opferritual heute angeblich abgeschafft ist, sind wir – nach Girard – Satan nun auch noch pausenlos, ohne die vorübergehend angeblich »Frieden« stiftende und

284 Genth 1996

285 Girard 2002, S. 125

286 Girard 2002, S. 180

»versöhnende« Unterbrechung und »Entspannung« durch das Opfer ausgeliefert. Das Fehlen des Opferrituals führe ja auf die Dauer zum Zusammenbruch der allgemeinen Ordnung. Ist diese nicht gerade auch die Satans als des sogenannten »Herrschers der Welt«[287]?

Dann wäre das die Lösung! Mit der allgemeinen Ordnung müsste auch Satan dran glauben: »Satan wird sein Reich zerstören und sich selbst vernichten«[288]. Wir geben die Ordnung auf, und Satan muss weichen. Wunderbar: kein Patriarchat und kein Satan mehr weit und breit.

Genau diese Schlussfolgerung kommt bei Girard natürlich nicht vor. Denn für ihn ist der Zusammenbruch der Ordnung verbunden mit einem Untergang in der Expansion der »raubtierhaften«[289] – oder eher der maschinen-»mimetisch«-affektiv -satanischen? – Gewalt eines jeden gegen jeden.

Es bliebe dann das Problem, ob der individuelle Exorzismus Satan auch nur vorübergehend oder für immer austriebe. Man stelle sich vor, alle Menschen müssten nun jeder einzeln von Satan befreit werden, und das vielleicht mehrmals in ihrem Leben.

Eine große Aufgabe stünde der Christenheit bevor. Vor allem würde sie nie aufhören, zumindest, was die Frauen angeht. Es sei denn, das neue Leben würde, wie bereits erwähnt, bald maschinell, bio- und gentechnisch produziert, und es bedürfte der Frauen als besonderes Einfallstor Satans nicht mehr, jedenfalls nicht, was das Kinderkriegen angeht. Das ist ja das Hauptmotiv und -projekt des Patriarchats, dass es die Frauen gar nicht mehr braucht! Die Utopie des Patriarchats von einer mutter- und übrigens auch naturlosen Welt[290] ist demnach sehr christlich und girardistisch.

Solange es eine solche Welt nicht gibt, ist es kein Zufall, dass der Exorzismus fast immer an Frauen vollzogen wurde. Wie wird das also in Zukunft sein?

---

287 ebenda

288 ebenda

289 Girard 2002, S. 86

290 von Werlhof 2007d

Im Anschluss an den »Großen Exorzismus« (1614), das Rituale Romanum, und die Hexenverfolgung gab es eine neue Art der »Behandlung«: Die Frauen wurden ab ca. dem 18. Jahrhundert statt auf den Scheiterhaufen in die Psychiatrie eingeliefert[291]. Wie ist also der Übergang vom alten Opfer-Mechanismus und dem alten Exorzismus sowie dem Scheiterhaufen über den Opfer-Mechanismus durch die Psychiatrie hin in den neuen Exorzismus zu denken?

Auf jeden Fall würde mit dem neuen Exorzismus verhindert werden, dass Unschuldige geopfert werden »müssten«, vorausgesetzt, es stirbt niemand (mehr) dabei und man glaubt mit Girard, dass es heute auch sonst kein Opfer/n mehr gäbe.

Anders formuliert: Wenn man die Apokalypse doch »verzögern«, den »Weltfrieden« vor der »Wahrheit« retten und auch ohne unmittelbar drohenden Weltenbrand in die Zukunft gehen möchte, dann wäre vielleicht der Exorzismus zu propagieren als die einzige Möglichkeit, die sich noch auftäte. Könnte man die allgemeine Wiedereinführung des Exorzismus, die Papst Benedikt ja schon betreiben soll, auf diese Weise nicht besonders gut rechtfertigen? Würde die katholische Kirche auf einer solchen »fundamentalistischen« Grundlage nicht wieder ihre Macht in der Welt und gegenüber anderen Religionen bzw. »Heiden« stabilisieren und ausbauen können?

Der Exorzist würde also an die Stelle Satans treten. Das heißt, man müsste Satan in seiner »positiven« Gewalt neu erfinden und gewissermaßen »einüben«.

In Wirklichkeit würde allerdings auf diese Weise das Opfern auch noch verdoppelt, und unter Katholiken wäre letztlich niemand vom Exorzismus ausgenommen. Dennoch würde auch der Exorzismus nicht endgültig helfen, da auch er uns Satan anschließend erneut ausliefern würde. Der Verdacht drängt sich auf, dass es kein Entkommen geben soll, sondern immer nur eine Rückkehr – in den »Schoss der Kirche« wie in den – wenn er einen hätte – Satans.

Eine Rückkehr in die Arme von Mutter Erde ist da jedenfalls nicht vorgesehen, obwohl wir damit den ganzen Spuk hinter uns lassen

291 Kimmerle a. a. O., S. 102-134

könnten, wie ich es, natürlich im Gegensatz zu Girard, sehe. Denn nach ihm ist ja Mutter Erde das eigentliche Problem: das irdische Leben selbst.

Girards Analyse hat jedenfalls zum Ergebnis, dass wir nicht die Gesellschaft, sondern uns selbst ändern sollen.

Allein noch das säkular daherkommende Projekt der Moderne, nämlich die Welt technisch insgesamt in ihr Gegenteil, nämlich ins »Höhere«, zu transformieren, tatsächlich »auf den Kopf zu stellen«, wäre dann statt des Exorzismus eventuell geeignet, um eine angebliche »Höherentwicklung«, ja ein neues »Paradies« und gar einen womöglich gänzlich post-satanischen »neuen Menschen« zu schaffen. Dieses Projekt, das wirklich existiert[292], müsste von Girard eigentlich sogar als positiver Weg in Richtung Jesus betrachtet werden.

Der Versuch der Realisierung einer möglichst nicht mehr rein irdischen, dagegen gnostisch und jenseitsorientierten, virtuellen, ja »posthumanen«, auf jeden Fall weniger leiblich-diesseitigen, maschinellen Welt – ist er nun böse oder gut, satanisch oder jesuanisch?

Was würde die prophezeite Apokalypse in diesem Zusammenhang bedeuten? Wäre sie nicht ein Moment, in dem die Zerstörung der »sündigen Welt und Menschheit« und ihre Transformation sowie ihre Neuschöpfung als eine Welt und einem Menschen »nach der Sünde« ansteht? Kann also die Apokalypse als eine Art alchemistisches Wunder einer zweiten Geburt der Erde und Menschheit, bzw. Post-Menschheit verstanden werden? Und würden eventuell der säkulare und der christliche »Post-Humanismus« nicht sogar sehr gut damit vereinbar sein?

Oder bedeutet »nach dem Menschen«, dass es nicht eine neue conditio humana gibt, die »der Mensch« und Gott womöglich gemeinsam – diesmal ganz ohne Frauen – erschaffen hätten, sondern einfach gar keine mehr?

Jedenfalls hätte Satan erst dann ausgespielt, wenn entweder die angepeilte unirdische und leiblose Welt da wäre und/oder natürlich, wenn es die Welt überhaupt nicht mehr gäbe. Aber das gälte dann für

---

292 Rifkin 1986, Schirrmacher 2001

alle anderen Beteiligten auch. Schließlich kann es kein Leben ohne Leben geben. Das ist der Widerspruch, um den auch Girard nicht herumkommt.

Am Ende geht es also um die »Schöpfung« selbst. Schließlich weiß bisher niemand, was uns der technische »Fort«-Schritt von der Schöpfung und die erwartete Apokalypse an Wahrheiten über sich und uns enthüllen werden. Werden es die gleichen oder verschiedene sein?

Der von Raymund Schwager zitierte Ulrich Horstmann sieht das Ende der Menschheit vorher[293]. Es wäre das letzte große, allgemeine, in säkularisierter Form dargebrachte Opfer, das zu verhindern Jesus – wenn auch nicht das Christentum – eigentlich angetreten war, wie ich es verstanden habe.

Das Tragische ist, dass Jesu Religion ausgerechnet zu der von Rom wurde, des damaligen patriarchalen Imperiums, worunter die Religion gerade in ihren matriarchalen Bezügen schwer gelitten haben muss[294]. Vielleicht hat Jesu Tradition in den 1700 Jahren seitdem deshalb nicht gesiegt.

Aber nach Girard ist Jesus sowieso anders zu interpretieren, und es geht heute um den Neu-Anfang einer geläuterten Menschheit, und wenn nicht der ganzen, dann immerhin der einer »hellsichtigen Minderheit«.

Wie aber, wenn im Gegenteil die Apokalypse deshalb einträte, weil Christentum und Patriarchat gerade aufgrund ihrer Leib- und Lebensfeindlichkeit einen solchen Rückzug des Lebens von der Erde produziert und provoziert hätten, dass insbesondere gnostische Heilige dies wegen ihrer durchaus intendierten Lebensuntüchtigkeit nicht überleben würden?

Bliebe als Alternative vor, während oder nach der Apokalypse noch eine Rückbesinnung auf das matriarchale Erbe des Westens, z. B. »Alt-Europas«[295].

---

293 Horstmann 1985

294 Mulack 2009

295 Gimbutas 1996

Das kommt natürlich für Girard nicht infrage, denn er erkennt die Gewalt ja nicht als Ergebnis des Patriarchats, sondern sieht in ihr eine geradezu »universelle« und »absolute« Macht. Für ihn wird »das Spiel der Gewalt ... zum Spiel des Universums insgesamt«[296]. Hier ist Girards Satanologie am Ende in Satanismus und die Jesus- und Gottvaterreligion in eine Satansreligion umgeschlagen ...

Der Göttin sei Dank sind dessen ungeachtet anderswo die Menschen längst dabei, die Befreiung von Patriarchat, Kapitalismus und Gewalt eigenhändig in die Tat umzusetzen[297]. Und so könnte Satan am Ende besiegt werden, wenn es ihn denn gäbe, weil die Menschen ohne Herrschaftsordnung nicht mehr prinzipiell schlecht gemacht werden, zu machen sind; ganz im Sinne Jesu? – aber nicht im Sinne Girards. Nicht Befreiung von Patriarchat und Gewalt, sondern Erlösung zum »opfer«losen Leiden ist seine Devise, zum »Leben« als Verzicht, und das angeblich ohne Opfer.

Wie das wohl gehen mag?

Literatur

Amadiume, Ifi: Reinventing Africa. Matriarchy, Religion and Culture, London 1997, Zedpress

Amin, Samir: Die neue Agrarfrage. Drei Milliarden Bäuerinnen und Bauern sind bedroht, in: Widerspruch, Nr. 47, 24. Jg., 2. Halbjahr, Zürich 2004, S. 25-30

Arlacchi, Pino: Ware Mensch. Der Skandal des modernen Sklavenhandels, München / Zürich 1999, Piper

Baecker, Dirk (Hg.): Kapitalismus als Religion, Berlin 2003, Kulturverlag Kadmos

Bales, Kevin: Die neue Sklaverei, München 2001, Antje Kunstmann Verlag

Bammé, Arno, Feuerstein, Günter, Genth, Renate u. a.: Maschinen-Menschen – Mensch-Maschinen. Grundrisse einer sozialen Beziehung, Reinbek 1983, Rowohlt

Bataille, Georges: Das theoretische Werk. Die Aufhebung der Ökonomie. Der Begriff der Verausgabung. Der verfemte Teil. Kommunismus und Stalinismus, Paris 1975 (1967), Rogner und Bernhard

Bataille, Georges: Theorie der Religion, München 1997, Matthes & Seitz

296 Girard 1994, S. 144

297 Deloria 1978, Mies 2002, von Werlhof u. a. 2003, Shiva a. a. O., Korten a. a. O., Mouratidi 2006, Holloway a. a. O., Kumar a. a. O.

Bennholdt-Thomsen, Veronika und Mies, Maria: Eine Kuh für Hillary. Die Subsistenzperspektive, München 1997, Frauenoffensive

Bergmann, Anna: »Auf Teufel komm raus« – Moderne Technologie und Exorzismus im Kreißsaal, in: Werlhof, Claudia von, Schweighofer, Annemarie und Ernst, Werner (Hg.): Herren-Los. Herrschaft – Erkenntnis – Lebensform, Frankfurt / Paris / New York 1996, Peter Lang, S. 189-2003

Bergmann, Anna: Chimärenzeugungen: Prinzipien des Zerstückelns und Neuzusammensetzens in der Transplantationsmedizin, in: Wolf, Maria (Hg.): Optimierung und Zerstörung. Intertheoretische Analysen zum menschlich Lebendigen, Innsbruck 2000, Studia Universitätsverlag, S. 135-159

Biegert, Claus (Hg.): Der Erde eine Stimme geben. Indianische Welten, Reinbek 1991, Rowohlt

Böhme, Hartmut: Natur und Subjekt, Frankfurt a. M. 1988, Suhrkamp

Bornemann, Ernst: Das Patriarchat. Ursprung und Zukunft unseres Gesellschaftssystems, Frankfurt a. M. 1979, Fischer

Bourdieu, Pierre u. a.: Das Elend der Welt. Zeugnisse und Diagnosen alltäglichen Leidens an der Gesellschaft, Konstanz 1997, UVK – Universitätsverlag Konstanz

Chossudovsky, Michel: Global Brutal. Der entfesselte Welthandel, die Armut, der Krieg, Frankfurt a. M. 2002, Zweitausendeins

Chossudovsky, Michel: War and Globalization. The Truth Behind September 11, Quebec 2003, Global Outlook

Clastres, Pierre: Staatsfeinde. Studien zur politischen Anthropologie, Frankfurt a. M. 1976, Suhrkamp

Clastres, Pierre: Freiheit – Fatalität – Namenlos, in: Pflasterstrand, Band 8, Berlin 1981, S. 85-99

Corea, Gena: Die MutterMaschine. Reproduktionstechnologien – von der künstlichen Befruchtung zur künstlichen Gebärmutter, Berlin 1986, Wagenbach

Deloria, Vine jr.: Nur Stämme werden überleben, München 1978, Lamuv

Deschner, Karl Heinz: Das Kreuz mit der Kirche. Eine Sexualgeschichte des Christentums, Düsseldorf / Wien 1992, Econ

Derungs, Kurt: Die Natur der Göttin, in: James, Edwin O.: Der Kult der Grossen Göttin, Bern 2003, Amalia, Vorwort

Descartes, René: Von der Methode des richtigen Vernunftgebrauchs und der wissenschaftlichen Forschung, hg. von Lüder Gäbe, Hamburg 1990, Felix Meiner

Diamond, Jared: Kollaps. Warum Gesellschaften überleben oder untergehen, Frankfurt a. M. 2005, Fischer

Dieckvoss, Gerd: Wie kam Krieg in die Welt? Ein archäologisch-mythologischer Streifzug, Hamburg 2003, Konkret Literatur Verlag

Drewermann, Eugen: Die Botschaft der Frauen, Olten und Freiburg 1992, Walter

Eisler, Riane: Kelch und Schwert. Von der Herrschaft zur Partnerschaft. Männliches und weibliches Prinzip in der Geschichte, München 1993, Frauenoffensive

Ernst, Werner: Metapsychologie und »egologisches Subjekt«, in: Werlhof, Claudia von, Schweighofer, Annemarie und Ernst, Werner W. (Hg.): Herren-Los. Herrschaft – Erkenntnis – Lebensform, Frankfurt / Paris / New York 1996, Peter Lang, S. 80-110

Federici, Silvia: Caliban and the Witch. Women, the Body and Primitive Accumulation, New York 2004, Autonomedia

Fester, Richard, König, Marie und Jonas, F. Doris: Weib und Macht. Fünf Millionen Jahre Urgeschichte der Frau, Frankfurt a. M. 2000 (1979), Fischer

Firestone, Shulamith: Frauenbefreiung und sexuelle Revolution, Frankfurt a. M. 1975, Fischer

Frank, Andre Gunder: Kapitalismus und Unterentwicklung in Lateinamerika, Frankfurt a. M. 1968, EVA

Galtung, Johan: Strukturelle Gewalt. Beiträge zur Friedens- und Konfliktforschung, Reinbek 1982, Rowohlt

Gandhi, Mahatma: Die Kraft der Gewaltlosigkeit, Gütersloh 2000, Kiefel

Gebauer, Gunter und Wulf, Christoph: Mimesis. Kultur – Kunst – Gesellschaft, Reinbek 1992, Rowohlt

Genth, Renate: Matriarchat als zweite Kultur, in: Werlhof, Claudia von, Schweighofer, Annemarie und Ernst, Werner (Hg.): Herren-Los. Herrschaft – Erkenntnis – Lebensform, Frankfurt / Paris / New York 1996, Peter Lang, S. 17-38

Genth, Renate: Über Maschinisierung und Mimesis. Erfindungsgeist und mimetische Begabung im Widerstreit und ihre Bedeutung für das Mensch-Maschine-Verhältnis, Frankfurt / Paris / New York 2002, Peter Lang

Gimbutas, Marija: Die Zivilisation der Göttin. Die Welt des Alten Europa, Frankfurt a. M. 1996, Zweitausendeins

Girard, René: Das Heilige und die Gewalt, Frankfurt a. M. 1994, Fischer

Girard, René: Ich sah den Satan vom Himmel fallen wie einen Blitz. Eine kritische Apologie des Christentums, München / Wien 2002, Carl Hanser

Göttner-Abendroth, Heide: Das Matriarchat, Band 1: Geschichte seiner Erforschung, Stuttgart 1988, Kohlhammer

Göttner-Abendroth, Heide: Das Matriarchat II,1: Stammesgesellschaften in Ostasien, Ozeanien, Amerika, Stuttgart 1991, Kohlhammer

Göttner-Abendroth, Heide: Das Matriarchat II,2: Stammesgesellschaften in Amerika, Indien, Afrika, Stuttgart 2000, Kohlhammer

Göttner-Abendroth, Heide (Hg.): Gesellschaft in Balance. Dokumentation des 1. Weltkongresses für Matriarchatsforschung 2003 in Luxemburg, Stuttgart 2006, Kohlhammer

Göttner-Abendroth, Heide und Derungs, Kurt (Hg.): Matriarchate als herrschaftsfreie Gesellschaften, Bern 1997, Amalia

Guggenberger, Wilhelm, Palaver, Wolfgang, Sandler, Willibald, Steinmair-Pösel, Petra: Ursprünge der Gewalt. Eine kritische Auseinandersetzung mit der Theorie matriarchaler Gesellschaft aus der Sicht der mimetischen Theorie, in: Palaver, Wolfgang u. a. (Hg.): Aufgeklärte Apokalyptik, Innsbruck 2007, iup, S. 321-353

Greco, Monica: Homo Vacuus. Alexithymie und das neoliberale Gebot des Selbsteins, in: Bröckling, Ulrich, Krasmann, Susanne und Lenmke, Thomas (Hg.): Gouvernementalität in der Gegenwart. Studien zur Ökonomisierung des Sozialen, Frankfurt a.M. 2000, Suhrkamp, S. 265-285

Grossman, Dave: On Killing. The Psychological Cost of Learning to Kill in War and Society, Boston/New York/London 1996, Little, Brown and Company – Back Bay Books

Gruen, Arno: Der Kampf um die Demokratie. Der Extremismus, die Gewalt und der Terrorismus, Stuttgart 2002, Klett-Cotta

Günther, Siegwart: Uran-Geschosse: Schwergeschädigte Soldaten, missgebildete Neugeborene, sterbende Kinder, Freiburg 2000, Ahriman Verlag

Hecht, Kai (Hg.): »Helm ab zum Gebet«? Nein! Protest auf der Domplatte. Gegen Soldatengottesdienste, Aufrüstung und die Militarisierung der Gesellschaft, Köln 1999, Eigenverlag

Holloway, John: Die Welt verändern ohne die Macht zu übernehmen, Münster 2006: Westfälisches Dampfboot

Horstmann, Ullrich: Das Untier, Frankfurt a.M. 1985, Suhrkamp

Illich, Ivan: Vom Recht auf Gemeinheit, Reinbek 1982, Rowohlt

Illich, Ivan: In den Flüssen nördlich der Zukunft. Letzte Gespräche über Religion und Gesellschaft mit David Cayley, München 2006, C.H. Beck

Institoris, Heinrich und Sprenger, Jacob: Hexenhammer. Nachdruck der deutschen Übersetzung des »Malleus Maleficarum«, v. J.W.R. Schmidt o.O. 1974 (1487)

James, Edwin: Origins of Sacrifice, A Study in Comparative Religion, London 1933, John Murray

James, Edwin O.: Der Kult der Grossen Göttin, Bern 2003, Amalia

Kimmerle, Gerd: Hexendämmerung. Studie zur kopernikanischen Wende der Hexendeutung, Tübingen 1980, Konkursbuchverlag

Kissler, Alexander: Der geklonte Mensch. Das Spiel mit Technik, Träumen und Geld, Freiburg 2006, Herder

Korten, David: The Great Turning. From Empire to Earth Community, San Francisco 2006, Berrett-Koehler/Kumarian

Kumar, Corinne (Hg.): Asking, we walk. The south as a new political imaginary, Bangalore 2007, Streelekha

de La Mettrie, Julien Offray: Der Mensch als Maschine. Mit einem Essay von Bernd A. Laska, Nürnberg 1988, LSA

Lauderdale, Pat: Indigene nordamerikanische Alternativen zur Vorstellung von Recht und Strafe in der Moderne: Was die Natur uns lehrt, in: Werlhof, Claudia von, Schweighofer, Annemarie und Ernst, Werner W. (Hg.): Herren-Los. Herrschaft – Erkenntnis – Lebensform, Frankfurt/Paris/New York 1996, Peter Lang, S. 133-156

Liedloff, Jean: Auf der Suche nach dem verlorenen Glück. Gegen die Zerstörung unserer Glücksfähigkeit in der frühen Kindheit, München 1980, Beck

Loraux, Nicole: Die Trauer der Mütter. Weibliche Leidenschaft und die Gesetze der Politik, Frankfurt/New York 1992, Campus

Margotsdotter-Fricke, Dagmar: Menstruation – von der Ohnmacht zur Macht,

Rüsselsheim 2004, Christel Götter Verlag
Marx, Karl: Der achtzehnte Brumaire des Louis Bonaparte, in: ders. und Engels, Friedrich: Ausgewählte Werke in sechs Bänden, Band II, Frankfurt a.M. 1970, Verlag Marxistische Blätter, S. 299-417
Meier-Seethaler, Carola: Von der göttlichen Löwin zum Wahrzeichen männlicher Macht, Zürich 1992, Kreuz
Meier-Seethaler, Carola: Das Gute und das Böse. Mythologische Hintergründe des Fundamentalismus in Ost und West, Zürich 2004, Kreuz
Mies, Maria: Erwünschte Frauen – unerwünschte Frauen, in: Beiträge zur feministischen Theorie und Praxis, Nr. 14, Köln 1985, S. 37-48
Mies, Maria: Patriarchat und Kapital. Frauen in der internationalen Arbeitsteilung, Zürich 1992a (1988), Rotpunkt
Mies, Maria: Wider die Industrialisierung des Lebens, Pfaffenweiler 1992b, Centaurus
Mies, Maria: Globalisierung von unten. Der Kampf gegen die Herrschaft der Konzerne, Hamburg 2002, EVA
Mies, Maria: Über die Notwendigkeit, Europa zu entkolonisieren, in: Werlhof, Claudia von, Bennholdt-Thomsen, Veronika und Faraclas, Nicholas (Hg.): Subsistenz und Widerstand. Alternativen zur Globalisierung, Wien 2003, Promedia, S. 19-40
Mies, Maria: Krieg ohne Grenzen. Die neue Kolonisierung der Welt, Köln 2004, PapyRossa
Mies, Maria und Shiva, Vandana: Ökofeminismus, Zürich 1993, Rotpunkt
Mies, Maria und Werlhof, Claudia von: Lizenz zum Plündern. Das Multilaterale Abkommen über Investitionen – MAI. Globalisierung der Konzernherrschaft und was wir dagegen tun können, Hamburg 2003 (1998), Europäische Verlagsanstalt/EVA
Modelmog, Ilse: Empirische Sozialforschung als Phantasietätigkeit, in: Ethik und Sozialwissenschaften, Streitforum für Erwägungskultur, Heft 4, 1991, S. 534-544
Mumford, Lewis: Mythos der Maschine. Kultur, Technik und Macht, Frankfurt a.M. 1977, Fischer
Mouratidi, Katharina: Venceremos! Die andere Globalisierung, Bönningheim 2006, Ed. Braus im Wachter Verlag
Mulack, Christa: Die Wurzeln weiblicher Macht. Frauen leben ihre Stärke, München 1996, Kösel
Mulack, Christa: Der veruntreute Jesus. Die Botschaft Jesu vom »Reich der Königin«, Holthausen 2009, Pomaska-Brand
Palaver, Wolfgang: René Girards mimetische Theorie. Im Kontext kulturtheoretischer und gesellschaftspolitischer Fragen, Münster 2003, LIT
Palaver, Wolfgang: Gespräch mit René Girard, in: Sinn und Form, 59. Jg., 4. Heft, Juli/August, Berlin 2007, S. 454-461
Perkins, John: Confessions of an Economic Hit Man, San Francisco 2004, Berrett-Koehler
Renggli, Franz: Selbstzerstörung aus Verlassenheit, Hamburg 1992, Rasch & Röhring

Rifkin, Jeremy: Genesis zwei. Biotechnik – Schöpfung nach Maß, Reinbek 1986, Rowohlt

Riesman, David: Die einsame Masse. Eine Untersuchung der Wandlung des amerikanischen Charakters, Reinbek 1958, Rowohlt

Schirrmacher, Frank: Die Darwin AG. Wie Nanotechnologie, Biotechnologie und Computer den neuen Menschen träumen, Köln 2001, Kiepenheuer & Witsch

Schmölzer, Hilde: Die abgeschaffte Mutter. Der männliche Gebärneid und seine Folgen, Wien 2005, Promedia

Schober, Doris: Angst, Autismus und Moderne, Frankfurt/Paris/New York 1998, Peter Lang

Scott Peck, Morgan: Die Lügner. Eine Psychologie des Bösen – und die Hoffnung auf Heilung, München 1990, Claudius

Schwager, Raymund: Erbsünde und Heilsdrama. Im Kontext von Evolution, Gentechnik und Apokalyptik, Münster 2004, LIT

Sigrist, Christian: Regulierte Anarchie. Untersuchungen zum Fehlen und zur Entstehung politischer Herrschaft in segmentären Gesellschaften Afrikas, Hamburg 1994 (1979), EVA

Shiva, Vandana: Earth Democracy, Cambridge 2005, South End press

Skinner, Burrhus Frederic: Was ist Behaviorismus? Reinbek 1982, Rowohlt

Sloterdijk, Peter: Die wahre Irrlehre. Über die Weltreligion der Weltlosigkeit, in: ders. und Macho, Thomas (Hg.): Weltrevolution der Seele. Ein Lese- und Arbeitsbuch der Gnosis, Bd. 1, Gütersloh 1991, Artemis & Winkler, S. 17-56

Sloterdijk, Peter: Erwachen im Reich der Eifersucht. Notiz zu René Girards anthropologischer Sendung, in: Girard, René: Ich sah den Satan vom Himmel fallen wie einen Blitz, München/Wien 2002, Carl Hanser, S. 241-254

Somé, Malidoma Patrice: Die Kraft des Rituals. Afrikanische Traditionen für die westliche Welt, München 2000, Diederichs

Stüben, Peter E.: Strangers in Paradise. Phantasieren, Schreiben, Beherrschen – Zur Entdeckungs-, Wissenschafts- und Eroberungsgeschichte der lateinamerikanischen Regenwälder, in: ders. (Hg.): Kahlschlag im Paradies. Die Vernichtung der Regenwälder – das Ende der Stammesvölker, Giessen 1985, Focus, S. 163-188

Straube, Ingrid: Die Quellen der Philosophie sind weiblich, Aachen 2001, FACH-verlag

Sunzi: Die Kunst des Krieges, München 2001, hg. v. James Clavell, Droemer Knaur

Tarnas, Richard: Idee und Leidenschaft. Die Wege westlichen Denkens, München 1999, DTV

Tazi-Preve, Irene: Mutterschaft im Patriarchat. Mutter(feind)schaft in politischer Ordnung und feministischer Theorie – Kritik und Ausweg, Frankfurt/Paris/New York 2004, Peter Lang

Todorov, Tzetvan: Die Eroberung Amerikas. Das Problem des Anderen, Frankfurt a. M. 1985, Suhrkamp

Treusch-Dieter, Gerburg: Die Heilige Hochzeit. Studien zur Totenbraut, Herbolzheim 2001, Centaurus

Ullrich, Otto: Technik und Herrschaft. Vom Hand-Werk zur verdinglichten Blockstruktur industrieller Produktion, Frankfurt a. M. 1977, Suhrkamp

Unseld, Godela: Maschinenintelligenz oder Menschenphantasie? Ein Plädoyer für den Ausstieg aus unserer technisch-wissenschaftlichen Kultur, Frankfurt a. M. 1992, Suhrkamp

Vaughan, Genevieve: For-Giving. A Feminist Criticism of Exchange, Austin/ Texas 1997, Plain View/Anomaly

Vaughan, Genevieve (Hg.): Women and the Gift Economy. A Radically Different World View is Possible, Toronto 2007, Inanna

Voss, Jutta: Das Schwarzmondtabu. Die kulturelle Bedeutung des weiblichen Zyklus, Stuttgart 1988, Kreuz

Wallerstein, Immanuel: Aufstieg und künftiger Niedergang des kapitalistischen Weltsystems, in: Senghaas, Dieter (Hg.): Kapitalistische Weltökonomie. Kontroversen über ihren Ursprung und ihre Entwicklungsdynamik, Frankfurt a. M. 1979, Suhrkamp, S. 31-67

Weiler, Gerda: Der enteignete Mythos. Eine feministische Revision der Archetypenlehre C. G. Jungs und Erich Neumanns, Frankfurt/New York 1991, Campus

Werlhof, Claudia von: Das Rechtssystem und der Muttermord, in: dies.: Mutter Los. Frauen im Patriarchat zwischen Angleichung und Dissidenz, München 1996a, Frauenoffensive, S. 27-60

Werlhof, Claudia von: Fragen an Ramona. Die Zapatisten, die indianische Zivilisation, die Matriarchatsfrage und der Westen, in: dies.: Mutter Los. Frauen im Patriarchat zwischen Angleichung und Dissidenz, München 1996b, Frauenoffensive, S. 189-224

Werlhof, Claudia von: »Schöpfung aus Zerstörung«? Die Gentechnik als moderne Alchemie und ihre ethisch-religiöse Rechtfertigung, in: Baier, Wilhelm (Hg.): Genetik. Einführung und Kontroverse, Graz 1997, Leykam, S. 79-115

Werlhof, Claudia von: Gewalt und Geschlecht, in: dies. u. a.; Die Diskriminierung der modernen Matriarchatsforschung. Eine moderne Hexenjagd, Bern 2003a, Amalia, S. 13-33

Werlhof, Claudia von: Fortschrittsglaube am Ende? Das kapitalistische Patriarchat als »Alchemistisches System«, in: dies., Bennholdt-Thomsen, Veronika und Faraclas, Nicholas (Hg.): Subsistenz und Widerstand. Alternativen zur Globalisierung, Wien 2003b, Promedia, S. 41-68

Werlhof, Claudia von: Das Patriarchat als Negation des Matriarchats. Zur Perspektive eines Wahns, in: Göttner-Abendroth, Heide (Hg.): Gesellschaft in Balance. Dokumentation des 1. Weltkongresses für Matriarchatsforschung 2003 in Luxemburg, Stuttgart 2006, Kohlhammer, S. 30-41

Werlhof, Claudia von: West End? Die welt-vernichtende Globalisierung des Neoliberalismus und Antworten »von unten«, in: Exenberger, Andreas u. a. (Hg.).: Globalisierung und Gerechtigkeit, Innsbruck 2007a, Studia, S. 107-126

Werlhof, Claudia von: The Interconnectedness of All Being. A New Spirituality for a New Civilization, in: Kumar, Corinne (Hg.): Asking, we walk. The south as new political imaginary, Bangalore 2007b, Streelekha, Vol. 2, S. 249-268

Werlhof, Claudia von: Capitalist Patriarchy and the Negation of Matriarchy. The Struggle for a »Deep« Alternative, in: Vaughan, Genevieve (Hg.): Women and the Gift Economy. A Radically Different World View is Possible, Toronto 2007c, Inanna, S. 139-153

Werlhof, Claudia von: Das Patriarchat als Utopie von einer mutterlosen Welt. Utopie, nein danke! in: Sitter-Liver, Beat (Hg.): Utopie heute I. Zur aktuellen Bedeutung, Funktion und Kritik des utopischen Denkens und Vorstellens, Fribourg/Stuttgart 2007d, Academic Press/Kohlhammer, S. 421-455

Werlhof, Claudia von, Bennholdt-Thomsen, Veronika und Mies, Maria: Frauen, die letzte Kolonie. Zur Hausfrauisierung der Arbeit, Reinbek 1983 (1992), Rowohlt

Werlhof, Claudia von, Bennholdt-Thomsen, Veronika und Faraclas, Nicholas (Hg.): Subsistenz und Widerstand. Alternativen zur Globalisierung, Wien 2003, Promedia

Widerspruch: Religion und Gewalt, 13. Jg., Heft 26, Dezember, Zürich 1993

Wolf, Christa: Kassandra, Neuwied 1994 (1983), Luchterhand

Wolf, Doris: Was war vor den Pharaonen? Die Entdeckung der Urmütter Ägyptens, Zürich 1994, Kreuz

Wolf, Hans-Jürgen: Hexenwahn. Hexen in Geschichte und Gegenwart, Dornstadt 1990, Historia Verlag

Worms, v. Abraham: Das Buch der wahren Praktik in der göttlichen Magie, München 1988, Diederichs

Wright, Ronald: Eine kurze Geschichte des Fortschritts, Reinbek 2006, Rowohlt

Ziegler, Jean: Das tägliche Massaker des Hungers, in: Widerspruch, Nr. 47, 24. Jg., 2. Halbjahr, Zürich 2004, S. 19-24

8. Globalisierungsprozesse und Patriarchat – Antworten der Frauen (-Bewegung)[1]

Vorbemerkung 2009

Hier geht es um eine Zusammenfassung derjenigen Fragen, die sich heute mit Blick auf die »Globalisierung« des kapitalistischen Patriarchats den Frauen und Frauenbewegungen stellen. Angesichts der bereits geschaffenen Fakten zeigt sich erneut, dass die Hoffnungen von Frauen, durch eine weitere »Modernisierung« der Lebensbedingungen dem Patriarchat zu entkommen, enttäuscht werden. Denn das Patriarchat hat einen ganz anderen Charakter, als selbst die Frauenbewegung bisher vermutet hat. Es ist daher wichtig, mithilfe der Kritischen Patriarchatstheorie diesen Unterschied zu analysieren und zu erklären, damit die Frauen Wege in eine Alternative zum Patriarchat sehen und nicht auch noch – gewollt oder ungewollt – zu dessen Perfektionierung beitragen und/oder mit ihm noch mehr in den Strudel des »West-Ends« geraten, als es ohnehin der Fall sein wird.

Einleitung

Zum internationalen Tag der Frau möchte ich einen anderen als den üblichen Ansatz für die Interpretation der gesellschaftlichen Hinter-

---

1 Nach einem Vortrag zum Internationalen Tag der Frau am 8.3.2004 an der Diplomatischen Akademie, Wien. In: Birge Krondorfer / Miriam Wischer / Andrea Strutzmann (Hg.), Frauen und Politik, Nachrichten aus Demokratien, Wien 2008, Promedia, S. 146-156

gründe vorstellen, vor denen Frauen heute stehen und handeln. Ich werde dazu mein Verständnis der Globalisierung darlegen sowie deren Folgen für Frauen und dann meinen Begriff von Patriarchat, der sich in vielem daraus ergibt, weil die Globalisierung Tendenzen zu Ende bringt, die im Patriarchat schon lange angelegt sind. Anschließend gilt es zu fragen, was dies für das Handeln von Frauen und Frauenbewegungen bedeutet, welche Erfahrungen es gibt und welche Schwierigkeiten.

1. Globalisierungsprozesse

Die sogenannte Globalisierung ist ein Ausdruck der Krise des »kapitalistischen Weltsystems«[2] bzw. des »kapitalistischen Patriarchats«. Sie äußert sich darin, dass wir seit den 70er Jahren, beginnend mit dem von den USA inszenierten Militär-Putsch in Chile 1973, eine neue Wirtschaftspolitik präsentiert bekommen, nämlich den sogenannten Neoliberalismus (einer seiner Begründer ist der Österreicher Friedrich von Hayek).

In Chile wurde vor dem Hintergrund einer Militärdiktatur diese Wirtschaftspolitik zum ersten Mal ausprobiert. Sie wendet sich gegen den Sozialstaat in seiner Funktion der Vorsorge und Versorgung der Bevölkerung und verkleinert den öffentlichen Bereich und seine zum Teil außerökonomische Einflussnahme auf das Politik-, Sozial- und Wirtschaftsgeschehen immer mehr.

Der Neoliberalismus ist ein Ausdruck der Krise des Systems insgesamt, weil er durch eine verschärfte Umverteilung von unten nach oben versucht, den Profit und die Gewinne gerade der großen Unternehmen zu retten, ja zu erhöhen. Diese drohen nämlich, in der globalen Konkurrenz und Oligopol- bzw. Monopolbildung sowie aufgrund von Wachstums- und Finanzmarktkrisen verloren zu gehen.

---

2 Immanuel Wallerstein: Aufstieg und künftiger Niedergang des kapitalistischen Weltsystems. In: Dieter Senghaas (Hg.): Kapitalistische Weltökonomie. Kontroversen über ihren Ursprung und ihre Entwicklungsdynamik, Frankfurt 1979, S. 31-67

Der Neoliberalismus ist damit einseitig orientiert an den Interessen von international und global operierenden Konzernen. Neoliberalismus ist Konzernpolitik.[3]

Erfahrungen mit dieser Politik wurden seit den 80er Jahren in vielen Ländern des Südens sowie in den USA und in England mit Ronald Reagan und Margaret Thatcher gemacht. Österreich hat selbst mit dieser Politik angefangen, nachdem es 1995 der EU beigetreten ist. Die EU ist ein neoliberales Projekt, was man den Verträgen von Amsterdam und Maastricht bis hin zu den Ergebnissen des EU-Verfassungs-Konvents ansehen kann.[4]

Die globalen Projekte des Neoliberalismus sind an der Tätigkeit der Weltbank und des Internationalen Währungsfonds, IWF, sowie den Abkommen der Welthandelsorganisation, WTO, insbesondere dem GATS, zu erkennen. Das »General Agreement on Trade in Services« hat einen zentralen Stellenwert. Es thematisiert nichts Geringeres als die Absicht, alles Handeln, Denken und Fühlen der Menschen auf der Welt und diese, inklusive der Natur-Elemente, neben dem Boden auch das Wasser, die Wärme/Energie und sogar die Luft möglichst restlos in Waren zu verwandeln und damit für die konzern-private Kommerzialisierung verwertbar zu machen.[5]

Wenn die neuzeitliche Wirtschaft überhaupt als der Versuch angesehen werden kann, neben allen Gütern auch den Boden und die Arbeitskraft zu Waren zu machen[6], dann ist dies als Prozess zu verstehen, der bisher zwar weltweit ausgedehnt wurde, aber (noch) nicht

---

3 Noam Chomsky: Profit over People. Neoliberalismus und globale Weltordnung. Hamburg/Wien 2000; Michel Chossudovsky: Global Brutal. Der entfesselte Welthandel, die Armut, der Krieg. Frankfurt 2002; Maria Mies/Claudia von Werlhof (Hg.): Lizenz zum Plündern. Das Multilaterale Abkommen über Investitionen – MAI. Globalisierung der Konzernherrschaft – und was wir dagegen tun können, Hamburg 2003; Claudia von Werlhof: Alternativen zur neoliberalen Globalisierung oder Die Globalisierung des Neoliberalismus und seine Folgen, Wien 2007

4 Gerald Oberansmayr: Auf dem Weg zur Supermacht, Die Militarisierung der Europäischen Union, Wien 2004

5 Mies/von Werlhof: Lizenz, S. 7-23: von Werlhof: Alternativen, S. 46-51

6 Wallerstein: Aufstieg

über bestimmte Grenzen hinausgekommen ist. Bisher nicht zugängliche Regionen in der Wildnis, nicht zugängliche politische Regime (z. B. das Vorkriegs-Jugoslawien oder der Vorkriegs-Irak), generell der öffentliche Sektor sowie die häusliche Privatsphäre waren bisher, die letzteren beiden ganz bewusst, als »non-profit«-Sektoren von der Kommerzialisierung ausgenommen.

Die neoliberale Politik macht damit Schluss. Das NAMA – Non Agricultural Market Access – Abkommen der WTO dient der Erschließung der letzten Wildnisse für Zwecke des Profits, der Krieg dient dem Regimewechsel nicht westlich orientierter Regierungen, der »Öffnung« ihrer Märkte und der Plünderung ihrer Ressourcen[7], und das GATS der WTO dient der Verwandlung des öffentlichen Sektors und des Privatlebens in kommerzialisierbare »Dienstleistungen«.[8]

Was wir also erleben, ist, dass die neuzeitliche Wirtschaft nicht dabei stehen bleibt, nur die Subsistenzproduktion und die »einfache«, also immer noch an den Bedürfnissen der Menschen orientierte Warenproduktion lokaler oder regionaler Provenienz in kapitalistische Warenproduktionen für nationale bzw. Welt-Märkte zu verwandeln.[9] Sondern nun soll diese »Great Transformation« auch mit der (Produktion für die) Reproduktion geschehen, also all den Bereichen, die bisher davon ausgenommen waren. Denn es galt aufgrund der zu Beginn der Industrialisierung gemachten Erfahrungen: Ohne Reproduktion keine Produktion. Oder: Wo das Leben und die Lebewesen nicht relativ frei von Vermarktungs-Interessen und unmittelbarer Ausbeutung nachwachsen können, da ist letztere auch später nicht möglich. Aus diesem Grunde ist vor allem die moderne Kleinfamilie und mit ihr die gratis arbeitende Hausfrau geschaffen worden, die dafür sorgt, dass nicht nur täglich, sondern auch über die Generationen hinweg die (Re)Produktion der entsprechend geeigneten Arbeitskräfte geschieht, ohne dabei größere Kosten zu verursachen.

---

7 Maria Mies: Krieg ohne Grenzen. Die neue Kolonisierung der Welt, Köln 2004

8 Mies / von Werlhof: Lizenz, S. 7 ff

9 Karl Polanyi: The Great Transformation. Politische und ökonomische Ursprünge von Gesellschaften und Wirtschaftssystemen, Frankfurt 1978

Abgesehen vom letzteren soll sich das nun ändern. So werden zurzeit bereits Gesundheit, Bildung, Transport, Kommunikation, Kultur und etwas so Grundlegendes wie die Wasserversorgung in profitable Geschäfte verwandelt.[10]

Gerechtfertigt wird diese Politik damit, dass mehr Wachstum und Arbeitsplätze gebraucht und damit ein Wohlstand angestrebt würden, der durch die Tätigkeit privater Unternehmen besser, professioneller und rationaler gewährleistet wäre als durch diejenige öffentlicher oder gar häuslicher Einrichtungen.

In der Zwischenzeit haben sich diese Behauptungen als falsch herausgestellt. Die neuen Privaten sind immer teurer, die Qualität, die sie anbieten, ist immer schlechter, weil Infrastrukturinvestitionen der Kosten wegen hintangehalten werden; und die Versorgung ist am Ende nur mehr dort gewährleistet, wo hohe Preise gezahlt werden können.

Der neue Wohlstand zeigt sich entsprechend vor allem bei den Konzernen, die neue, profitable Betätigungsfelder erhalten und die »Filet«-Stücke des Umbaus und der »Privatisierung« des öffentlichen Sektors an sich reißen.

Dazu tragen konkret auch die SAPs, die »Strukturanpassungsprogramme« von IWF und Weltbank gegenüber den Ländern des Südens bei. Im Norden heißen sie »Sparpakte«. Es sind dies Politiken, die zur Durchsetzung der konzernorientierten Globalisierungs-, Liberalisierungs- und Privatisierungspolitik, der »GLP«-Politik, erfunden worden sind.

Auf diese Weise wird ein Raubzug durch die Welt organisiert, um alles, was noch nicht auf den Weltmärkten erscheint, dorthin zu bekommen. Dass bei dieser als »Entwicklung« deklarierten Politik direkt wie indirekt die internationalen Konzerne die Hauptrolle spielen, bedeutet, dass kleine, mittlere und selbst größere Unternehmen nur vorübergehend, wenn überhaupt, dabei mit»spielen« können. Die »Global Players« sind andere.

---

10 Maude Barlow/Tony Clarke: Blaues Gold. Das globale Geschäft mit dem Wasser, München 2003

Die zunehmend mono- und oligopolistische Macht-Struktur zeigt an, dass das Marktgeschehen, wie es für die kapitalistische Wirtschaft überhaupt gilt, nun umso mehr von einem ungleichen, anstatt einem »fairen« oder gleichen Tausch geprägt ist. Außerdem zeigt sie an, dass auch die dem Tausch vorausgehende Verwandlung in Waren zumeist eine rüde Plünderung, gewaltsame Beraubung und oft irreversible Zerstörung von Leben, Lebensräumen und Kulturen bedeutet. Diese werden damit einem fortgesetzten Prozess »ursprünglicher Akkumulation« unterworfen, der zur Folge hat, dass sie ihrer Überlebensmöglichkeiten verlustig gehen. Die Kapital-Akkumulation geschieht also immer mehr auf der Grundlage purer Enteignung. Dafür gibt es inzwischen zahllose Beispiele, Bereiche und Analysen.[11]

Es wird in den Abkommen des Neoliberalismus abgelehnt, diesem Prozess einen Riegel vorzuschieben oder Maßnahmen zu ergreifen, damit diese Wirtschaftspolitik auch eine soziale oder gar eine ökologische Seite hat. Das gilt aus Konzernsicht sogar als »indirekte Enteignung«, was angesichts der tatsächlichen Verhältnisse eine groteske Verdrehung darstellt. Die Konzerne gehen davon aus, dass ihnen alle Ressourcen, Märkte und Investitionsfelder allein zustehen.[12]

Daher sind auch in den Abkommen entsprechende Klauseln eingebaut, die dafür sorgen sollen, dass eine (inter)nationale oder kommunale Politik, die sich diesen Interessen widersetzt, nicht mehr möglich sein soll. Sie kann per Schiedsgericht der WTO sogar zivilrechtlich belangt werden – und wird auch belangt.

Die Abkommen der WTO werden zwischen Regierungsvertretern und Konzernen verhandelt, aber immer geheim. Die Öffentlichkeit, deren Einfluss ohnehin nicht vorgesehen ist, ist davon stets ausgeschlossen gewesen. Die Medien berichten darüber entweder nichts oder nur Zustimmendes und Belangloses.

Es soll diese Politik auch nicht transparent werden, damit sie ohne

11 Claudia von Werlhof/Veronika Bennholdt-Thomsen/Nicholas Faraclas (Hg.): Subsistenz und Widerstand. Alternativen zur Globalisierung, Wien 2003

12 Maria Mies: Globalisierung von unten. Der Kampf gegen die Herrschaft der Konzerne, Hamburg 2002, S. 7

Widerstand wirksam wird. »Speed kills!« heißt es zynisch dazu.[13] Ist ein Abkommen einmal unter Dach und Fach und damit internationales Recht, sogar mit Völkerrechtsstatus, dann kommt jede Reaktion zu spät. Das GATS hat z. B., so wie alle WTO-Abkommen, die Wirkung und den Status von nichts Geringerem als einer globalen Verfassung. Diese soll eine Konzern-Privatisierung zur Folge haben, die man nicht mehr zurücknehmen kann.

Der gigantische Prozess, die ganze Welt in eine Fabrik und einen Markt zu verwandeln, und alle Dinge, Tätigkeiten und Bedürfnisse in Waren, nebst dem ersten und letzen Tropfen Wasser, den wir zu uns nehmen, oder gar dem ersten und letzten Atemzug, den wir tun, wird damit als Priorität gesetzt und »legalisiert«. Dazu gehört im Zweifel auch seine gewaltsame Durchsetzung.[14]

Indem die Neuzeit damit zu ihrem Teil II kommt, dem Prozess der »alchemistischen« Verwandlung der Welt in Ware, also in Geld, Kapital, Maschinerie und Kommando über Arbeit[15], die bis in den letzten Winkel der Erde und bis in die Tiefen der Gesellschaft und der Körper hinein durchgesetzt wird, findet heute eine Art Revolution von oben statt.

Dabei werden konsequenterweise auch die demokratischen Regeln – nicht nur in Chile – immer mehr und immer offener außer Kraft gesetzt.

2. Die Bedeutung der Globalisierung für Frauen

Mit der Schließung öffentlicher Betriebe, mit ihrem Verkauf und Umbau und dem Schleifen des Sozialstaates sind vor allem Frauen die Verliererinnen der Globalisierung, weil viele halbwegs vernünftige Frauen-

13 Claudia von Werlhof: »Speed kills!« Hochschulreform als neoliberaler »Putsch«? in: Nikolaus Dimmel/Josef Schmee (Hg.): Politische Kultur in Österreich 2000-2005, Wien, S. 284-292

14 Mies: Krieg

15 Karl Marx: Das Kapital. Kritik der Politischen Ökonomie, 1. Bd., MEW 23, Berlin 1974

Arbeitsplätze verschwinden und eine Alternative dazu nicht in Sicht ist. Neue Arbeitsplätze werden vor allem in unsicheren, »prekären« Verhältnissen angeboten. Frauen befinden sich zunehmend in einer Situation, in der sich die Schere zwischen Arbeit und Einkommen immer mehr auseinander entwickelt. Frauen werden gerade jetzt Lohnarbeit suchen müssen, aber nur noch eine sehr schlecht bezahlte und nicht mehr langfristig abgesicherte finden. Gleichzeitig beginnen die Kosten für den Lebensunterhalt zu steigen, und das Bildungs- wie das Gesundheitswesen sind im Prozess der Privatisierung, wodurch viele Menschen sich diese Leistungen bald bzw. bereits nicht mehr leisten können. Daher werden den Frauen die dadurch zunehmenden häuslichen Lasten durch Kranke, Alte und Kinder auch noch aufgebürdet.

»Hausfrauisierung«, Teil II, also das Ernstmachen mit dem Projekt, Frauen noch mehr unbezahlte Arbeit in- und außerhalb des Hauses abzupressen, bedeutet, dass der Zusammenbruch der bisherigen Reproduktion der Arbeitskraft in Quantität und Qualität voraussehbar ist. Wir sehen es am »Gebärstreik« der Frauen, an den Scheidungsraten und an der Zunahme von armen Familien und armen Alten sowie verwahrlosten Kindern.

Die Verwandlung von allem in eine Ware wird also an ihre Grenzen stoßen. Aber zunächst ist zu sehen, dass sie nicht zur Entstehung regulärer Lohnarbeitsverhältnisse führt, weder allgemein, noch gar, was die bisher unentlohnte Hausarbeit angeht. Das ist ein bemerkenswerter Widerspruch zu dem, was der Theorie nach mit der Warenproduktion und ihrer Verallgemeinerung einhergehen soll.[16]

Früher forderten Frauen einen »Lohn für Hausarbeit«[17]. Jetzt ist es so, dass die Hausarbeit immer mehr kommerzialisiert wird, soweit das möglich ist, und damit ihren formellen »Subsistenz«-Charakter als Nicht-Waren-Produktion nun auch reell verliert. So ist die Hausarbeit

16 Claudia von Werlhof: Keine Kapitalismuskritik ohne Patriarchatskritik! Warum die Linke keine Alternative ist, in: Widerspruch, Nr. 50: Alternativen! Zürich 2006, S. 99-112

17 Power of Women Collective / Lotta Femminista / Brigitte Galtier: Frauen in der Offensive. Lohn für Hausarbeit oder: Auch Berufstätigkeit macht nicht frei, München 1974

bisher wie Subsistenzarbeit organisiert, aber sie bringt am Ende immer wieder eine (potentielle) Ware hervor: die menschliche Arbeitskraft. Die Hausarbeit ist daher die bisher wichtigste Vermittlungstätigkeit, Scharnier zwischen Leben/Subsistenztätigkeit und Arbeitsmarkt/ Warenproduktion. Die mit ihrer tendenziellen Kommerzialisierung einhergehende zunehmende Verwandlung in »eindeutige« Warenproduktion bzw. Lohnarbeit bedeutet heute aber gerade nicht, dass nun auch wirklich nennenswerte bzw. vertraglich geregelte Vergütungen bzw. Löhne dafür gezahlt werden. Es kommt also trotz einer Art »Vergesellschaftung« der Hausarbeit gerade nicht zu einem »gerechten« Lohn für sie. Denn es geht um die zunehmende »Hausfrauisierung« und nicht um die »Proletarisierung« der Lohnarbeit der Frauen ebenso wie inzwischen auch der Männer. Das beweist die »Informalisierung« und »Prekarisierung« der Arbeitsverhältnisse überall.[18] Das Ergebnis nenne ich eine »hausfrauisierte«, praktisch »lohnlose Warenproduktion«.[19] Sie kann die Form »kommerzialisierter« Hausarbeit (neue Dienstmädchenfrage), prekärer Arbeit, neuer Sklaverei oder Leibeigenschaft, ausgelagerter »Vertragsproduktion« und sogar von Zwangsarbeit annehmen.[20]

Auf diese Weise wird das neuzeitliche Prinzip der Nichtentlohnung der Reproduktion der Arbeitskraft, die erst die Profitabilität anderswo garantiert[21], nicht nur nicht abgeschafft, sondern mit dem Neoliberalismus auch noch ausgedehnt, ja wo möglich verallgemeinert. Das »Billiglohngeschlecht« steht dabei Modell für die Verbilligung der Arbeit generell. Diese ist für den Großteil der Gewinne heute verantwortlich.

---

18 Widerspruch, Nr. 49: Prekäre Arbeitsgesellschaft, Zürich 2005

19 Claudia von Werlhof: Der Proletarier ist tot. Es lebe die Hausfrau? In: dies. Was haben die Hühner mit dem Dollar zu tun? Frauen und Ökonomie, München 1991, S. 114-133

20 Kevin Bales: Die neue Sklaverei, München 2001

21 Mascha Madörin: Zur Verknüpfung von Kapitalismus und Männerherrschaft, in: Elmar Altvater u. a.: Die Gewalt des Zusammenhangs. Neoliberalismus – Militarismus – Rechtsextremismus, Wien 2001, S. 125-142

Dieses Phänomen ist im Süden und neuerdings im Osten bereits viel ausgeprägter. Da gibt es nicht nur die unbezahlte Hausfrau, sondern auch Massen von kleinen Warenproduzenten, die fast nichts verdienen, wie die Kleinbauern, die Marginalisierten und daneben neue Sklaven und die hausfrauisierten Lohnarbeiterinnen der »ausgelagerten« Industrien in den »Freien« und »Sonder-Produktionszonen« oder »Weltmarktfabriken«, wo die Konzerne alles vom Turnschuh bis zum Computer-Chip produzieren lassen.[22]

Nun werden die Verhältnisse im Norden immer mehr denen im Süden angeglichen, die der Männer denen der Frauen.[23] Die Unterentwicklung hält Einzug im Norden. Nicht die 3. Welt wird wie die 1., sondern die 1. wie die 3. Es ist eben profitabler, keine oder nur geringfügige Löhne zu zahlen. Daher ist es immer schon nicht der »Proletarier«, sondern die »Hausfrau«, die das Ideal der Arbeitskraft im Kapitalismus abgibt.[24] Nun geht es darum, dies möglichst überall durchzusetzen.

Die Logik dieses Vorgangs ist bisher den meisten Menschen verborgen geblieben, weil die Hausarbeit unsichtbar gemacht wurde, indem sie nicht als Arbeit, sondern als »Natur der Frau« gilt. Damit wird die zentrale Bedeutung der Hausarbeit für die Möglichkeit, überhaupt zu wirtschaften, und dies auf einer profitablen Grundlage zu tun, nach wie vor notorisch unterschlagen.

Die Behauptung von Sozialisten, die Befreiung der Frauen sei möglich über die Vergesellschaftung/Industrialisierung der Hausarbeit und generell durch die Lohnarbeit außerhalb des Hauses, bewahrheitet sich damit nicht. Es gibt keine Perspektive für Frauen, weder dass sie auf die Dauer innerhalb/mit der Hausarbeit und dem dazugehörigen »Brotverdiener« überleben werden, noch mit Lohn-

---

22 Christa Wichterich: Die globalisierte Frau. Berichte aus der Zukunft der Ungleichheit, Reinbek 1999

23 Veronika Bennholdt-Thomsen / Maria Mies / Claudia von Werlhof: Frauen, die letzte Kolonie. Zur Hausfrauisierung der Arbeit, Zürich 1992 (Reinbek 1983)

24 von Werlhof. Der Proletarier; Claudia von Werlhof: (Haus)Frauen, »Gender« und die Schein-Macht des Patriarchats, in: Widerspruch, Nr.44: Feminismus, Gender, Geschlecht, Zürich 2003, S. 173-189

arbeit außerhalb des Hauses. Hier kommt eine Tendenz ans Licht, die allen Ideologien und Hoffnungen auf Verbesserungen für Frauen widerspricht. Die Arbeitskraft gilt stattdessen zunehmend nur mehr als naturhafter »Roh-Stoff«, der keine/kaum eine Vergütung zu brauchen scheint. Eine entsprechende, relativ qualitätsvolle Reproduktion der Arbeitskraft erscheint von daher gar nicht mehr »notwendig«.

Das Ende der allgemeinen freien Lohnarbeit und des »Normalarbeitsverhältnisses« ist damit erreicht, ohne dass der Kapitalismus deswegen verschwinden würde. Ganz das Gegenteil ist der Fall. Das ist der Hauptwiderspruch auf der Ebene der Arbeit.[25]

Wir bemerken heute mehr als früher, dass Warenproduktion im Saldo eher Zerstörung als Neuschöpfung bewirkt. Die Produktion mündet in eine Vernichtung von »Ressourcen«. Die Welt wird verbraucht, inklusive ihrer Menschen als »Arbeitskräfte«. Kapitalismus ist buchstäblich Kannibalismus.

Das wollten bisher die Wenigsten sehen. Der Österreicher Joseph Schumpeter hat diesen Prozess »schöpferische Zerstörung« genannt, wobei für ihn das Schöpferische größer war als das Zerstörerische. Dieser Illusion können wir uns bei heutiger Ressourcenknappheit und dem eintretenden Klimawandel sowie den zunehmenden Problemen der »Humanökologie« allerdings nicht mehr hingeben.[26]

3. Patriarchat: Frauen und Natur »ersetzen«?

Unser Wirtschaftssystem bietet auch technologisch keine Lösung. Das ist deshalb der Fall, weil die moderne Wirtschaft und Technik eine Art Krieg gegen die Natur, die Frauen und das Leben sind. Es geht ihnen nur um Beherrschung und Verwandlung möglichst aller Naturdinge in Waren, Geld und andere »Schöpfungen«, aber nicht um eine wirkliche Bedürfnisbefriedigung der Menschen, geschweige denn eine Kooperation mit der Natur.

25 von Werlhof: Keine Kapitalismuskritik

26 Ronald Wright: Eine kurze Geschichte des Fortschritts, Reinbek 2006

Damit sind wir beim Patriarchat, das – im Gegensatz zum Kapitalismus, der erst 500 Jahre alt ist – schon seit etwa 5000 Jahren besteht.[27] Unter Patriarchat verstehe ich die Vorstellung, dass das männliche Geschlecht schöpferisch sei und nicht das weibliche. So versucht man ständig zu beweisen, dass die Schöpfung von den Männern, ihren Institutionen, ihrer Herrschaft und ihrer Technik kommt, und nicht von den Frauen, ihrer Kultur und der Natur. Demnach sei das Leben eigentlich eine männliche Erfindung, und ein männlicher Gott sei dessen »Schöpfer«.

Die vor allem seit der Neuzeit damit einhergehende Zerstörungspolitik wird dadurch gerechtfertigt, dass die Natur wie die Frauen beherrscht werden und unter Kontrolle sein müssten. Am Ende sollen sie allerdings ersetzt werden können durch Kunstprodukte, eben eine männliche »Schöpfung«.

Der dazu stattfindende Transformationsprozess wird definiert als technischer Fortschritt. Das Leben käme dann aus Männern oder Maschinen. Die Reproduktions-, Bio-, Gen- und Nano-Technologien sind geradezu schreiende Beispiele dafür, wie versucht wird, Frauen als Mütter und als Lebens-Produzentinnen bzw. möglichst viele Naturvorgänge generell durch technologische Großprojekte zu verdrängen.[28]

Eben deshalb ist die Warenproduktion der Neuzeit, von der Linken unbemerkt, ein Zerstörungsprojekt: Produktion entpuppt sich als Destruktion. Denn sie ist genau dieser Versuch, die Natur, die Mutterschaft und die Subsistenzproduktion durch eine Art Gegenteil zu ersetzen.

Die Neuzeit ist damit die Zeit, in der die patriarchale Gesellschaft

---

27 Claudia von Werlhof: Das Patriarchat als Negation des Matriarchats. Zur Perspektive eines Wahns, in: Heide Göttner-Abendroth (Hg.): Gesellschaft in Balance. Dokumentation des 1. Weltkongresses für Matriarchatsforschung in Luxemburg 2003, Stuttgart 2006, S. 30-41

28 Claudia von Werlhof: Patriarchat als »Alchemistisches System«. Die (Z)ErSetzung des Lebendigen, in: Maria Wolf (Hg.): Optimierung und Zerstörung. Intertheoretische Analysen zum menschlich Lebendigen, Innsbruck 2000, S. 13-31

wirklich materiell beweisen will, dass Männer als Schöpfer der Welt gelten können und der Frauen oder Natur nicht mehr bedürfen. Dass mit solchen Transformationsprozessen »Kapital« geschaffen und Geld gemacht werden kann, ist der Grund, warum sich dieses Projekt als »Kapitalismus« auf allen Ebenen durchgesetzt hat.

Der Versuch, die Welt auf den Kopf zu stellen und durch etwas anderes zu ersetzen, beruht natürlich auf einer Wahnvorstellung. Deshalb kann er nur scheitern. Indem ein solches Scheitern erkannt werden kann, tritt dieses Projekt überhaupt erst ins Bewusstsein. Denn viele Leute halten die Zerstörungen bisher für nicht so schlimm, weil sie selbst (noch) nicht betroffen sind, oder immer noch daran glauben, dass etwas anderes, eine neue, bessere Welt und eine »höhere« Zivilisation nachfolgen.

4. Antworten der Frauen(-Bewegung)

Angesichts der Folgen der Globalisierungsprozesse für Frauen gibt es zwei prinzipielle Möglichkeiten: Entweder sie machen mit, so gut oder schlecht es geht, weil sie keine andere Möglichkeiten sehen, oder/und weil sie selber an den »Fortschritt« glauben. Oder sie versuchen auszuscheren und sich nach Alternativen umzusehen.

Probleme dabei sind, dass wir bisher einen viel zu oberflächlichen Patriarchatsbegriff hatten, dass viele Frauen keinen Zusammenhang zwischen Patriarchat und Kapitalismus bzw. Globalisierungsprozessen sehen, und dass immer mehr Frauen dem Fortschrittsglauben aufgesessen sind.[29]

Unter Frauen ist, sowohl im Nord-Süd-, wie im Ost-West-Verhältnis, nicht nur eine Spaltung zu beobachten, sondern es herrscht auch eine große Verwirrung. Denn westliche Frauen haben weitgehend die kapitalistisch-patriarchale Denkweise übernommen, z. B. die Leib- und Naturfeindlichkeit, die programmatisch ist und sich nicht nur im Christentum findet. Viele Frauen wollen inzwischen selbst nicht mehr

29 von Werlhof: (Haus)Frauen

Schöpferinnen neuen Lebens sein. Sondern sie haben die patriarchale Sicht angenommen, dass sie nur dann nicht unterworfen, minderwertig, niedrig, unproduktiv und stumm zu sein brauchen, wenn sie aufgehört haben, »Leib« und »Frau« zu sein.

So werden sie verwandelt/verwandeln sich selbst von der »leibhaftigen« Hexe zur körperbetonten Hausfrau und von da qua Technik in eine Art »Gender«-, Arbeits-, Sex- und/oder Gebär-Maschine. Die Verwandlung der Frauen geht damit immer mehr in Richtung auf ihre Abschaffung/Ersetzung, inzwischen also sogar unter ihrer eigenen Mitwirkung.[30] So wird Frauenpolitik heute zu Technologiepolitik. Wie werden wir es los, dass wir Frauen sind, dass wir einen Leib haben? Viele versuchen also, das patriarchale Frausein auf ebenso patriarchalem Wege zu verlassen. Das ist auch ganz logisch. Es ist die systemimmanente Antwort auf die Zumutungen, mit denen Frauen konfrontiert waren und sind. Aber das Sich-Verabschieden aus dem Frau-Leib-Sein ist letztlich weder möglich noch erstrebenswert. Ohne Leib keine Leibeigenschaft? Das mag sein, aber ohne Leib auch kein Leben.

Der angeblich »postmoderne« Versuch, eine besondere »Identität« anzunehmen oder sich von bestehenden Identitäten abzusetzen, ist meist ein Pyrrhussieg für Frauen. Er führt auch zu ihrer Entsolidarisierung, in dem sie – ganz im Sinne des Patriarchats – ihre technologische Ersetzung quasi vorwegnehmen und sich schon von sich aus selbst umzumodeln und zu ersetzen versuchen. Die patriarchale Leib- und Frauenfeindlichkeit findet sich damit ganz konkret bei den Frauen selbst wieder – zum Beispiel bei denen, die sich die Brüste abnehmen lassen oder in Magersucht verfallen, um durch diese Art von Verstümmelung oder Reduzierung dem leiblichen Frau-Sein zu entkommen.

Frauenbewegung ist der Versuch, auszubrechen aus Verhältnissen, in denen keine Zukunft liegt. Das ist heute das Heim, denn als Hausfrau und Mutter kann frau heute generell nicht mehr dauerhaft überleben. Die Perspektive war: Wir gehen in den Bereich der Lohnarbeit.

---

30 Tina Thürmer-Rohr u. a. (Hg.): Mittäterschaft und Entdeckungslust, Berlin 1989

Dieser Bereich bricht aber jetzt als Befreiungsperspektive für die meisten zusammen.

Was ist unsere Zukunft? Haben wir überhaupt eine? Das eine geht nicht mehr, das andere geht auch nicht mehr. Die neue Selbständigkeit erweist sich ebenfalls nicht als Lösung. Weder Proletarierinnen noch Kapitalistinnen können wir werden, und Mütter zu werden, können wir uns nicht mehr leisten.

Es ist die Falle der Aufklärung, dass dort nach Gleichheit gesucht wird, wo es ja gerade eine Ungleichheit zwischen Männern und Frauen gibt, und dass man oder frau durch den technischen Fortschritt diese Ungleichheit, nämlich insbesondere die Gebärfähigkeit, technisch zu beseitigen plant. Dies läuft auf den Versuch einer Abschaffung der Frauen – zumindest als Mütter – hinaus.[31] Das bedeutet aber nicht, dass dies gelingen kann, sondern nur, dass dem Leben dadurch bereits jetzt schwere Schäden zugefügt werden.

Es ist ein dem patriarchalen Denken und Projekt Auf-den-Leim-Gehen, das ich als Hauptproblem der Frauen(Bewegungen), vor allem im Norden, heute sehe. Die Frauen haben selbst angefangen zu glauben, sie seien »als Frauen« wirklich niedrig, unproduktiv und wertlos. Lange genug ist ihnen diese »Wahrheit« über sich selbst ja auch eingebrannt worden![32]

Für mich ist das ein Insassenphänomen. In diesem System zu leben, bedeutet für viele, dass es wie das Gefängnis unüberwindlich wirkt und dass es kein Draußen zu geben scheint. Das System hat scheinbar alles geschluckt. Eine Natur gibt es angeblich nicht mehr, oder sie bedeutet Ausplünderung pur. Ein Frauendasein außerhalb des Systems existiert offenbar nicht (mehr). Es ist nur noch möglich, innerhalb des Systems zu versuchen, irgendeine »Macht« zu ergreifen[33], die »Macht als Mitmachen«.

---

31 Hilde Schmölzer: Die abgeschaffte Mutter. Der männliche Gebärneid und seine Folgen, Wien 2005

32 Silvia Federici: Caliban and the Witch. Women, the Body and Primitive accumulation, New York 2004

33 Michel Foucault: Überwachen und Strafen. Die Geburt des Gefängnisses, Frankfurt 1977

Es geht also um die Schwierigkeit, sich von diesem System zu distanzieren.

Die Befreiung der Frauen kommt aber weder aus ihrer Anpassung, noch aus ihrer Abschaffung, sondern erst einmal aus dem inneren, geistigen Heraustreten aus den kapitalistisch-patriarchalen Voraussetzungen, die heute qua Globalisierung ohnehin an ihre Grenzen gelangen.

Die Denkfähigkeit der Frauen sollte daher nicht einfach angewendet werden, um affirmativ das System zu bestätigen oder gar zu »fetischisieren«[34], sondern um sich als dissident gegen das System zu verstehen und zu verhalten. Es ist der Versuch zu unternehmen, die bestehenden Voraussetzungen nicht als die einzige und unabänderliche Realität unseres Daseins anzusehen und hinzunehmen.

Denn die Befreiung der Frauen findet weder in der Hausarbeit, noch in der Lohnarbeit statt, sondern nur durch die Befreiung vom Patriarchat, einschließlich seiner neuesten Variante, des globalen Kapitalismus (inklusive Sozialismus).

Der Irrweg der Frauen ins Patriarchat muss an irgendeinem Ariadnefaden wieder herausgeleitet werden in eine Situation, in der Frauen nicht nur eine mutter- und leiblose Zukunft bzw. die Zukunft in einer Leib- und Mutterlosigkeit sehen, und auch nicht gezwungen werden, an der Selbstverhöhnung teilzunehmen, die es bedeutet, an dieses System auch noch zu glauben und seine Interessen als die eigenen zu vertreten.

Sondern es geht darum, dass die Frauen sich in radikaler, grundlegender Weise von ihrem Selbsthass und den patriarchalen Kriterien ihrer Beurteilung als Frauen verabschieden und sich wieder erinnern an ihre unabhängige Frauenkultur, die es überall auf der Welt gegeben hat und immer noch gibt, auch hier, mitten unter uns, nämlich als »2. Kultur«[35], und die in vielen alternativen Bewegungen

---

34 John Holloway: Die Welt verändern ohne die Macht zu übernehmen, Münster 2006

35 Renate Genth: Matriarchat als »zweite Kultur«. in: Claudia von Werlhof/Annemarie Schweighofer/Werner Ernst (Hg.): Herren-Los. Herrschaft – Erkenntnis – Lebensform, Frankfurt 1996, S. 17-38

wieder entsteht. Deshalb sind diese Bewegungen vor allem Frauenbewegungen.

Frauen können sich die Lebensfreude wiederholen, den Nihilismus des globalen Patriarchats und die systematische Zerstörung durch die moderne Gesellschaft, die ja kein Zufall, sondern beabsichtigt ist, ablehnen und sich die Fülle des Lebens zurückerobern – etwas anderes wird ihnen auch gar nicht übrig bleiben.

Bitte beachten Sie auch die folgenden Seiten.